校企合作双元开发新形态信息化系列教材
高等职业教育汽车技术类"十四五"技能型人才培养活页式教材

二手车鉴定与评估

（活页式）

主　编　莫荣珍　林世明　宁　斌
副主编　甘剑和　黄　坚　韦举成　于淑君
　　　　韦美丽　李云超
参　编　李骏民　罗建国　许新福　廖玉新
　　　　黄富辉

课程学习网站(学银在线)

西南交通大学出版社
·成　都·

图书在版编目（CIP）数据

二手车鉴定与评估：活页式 / 莫荣珍，林世明，宁斌主编. —成都：西南交通大学出版社，2023.2（2025.1 重印）
ISBN 978-7-5643-9165-2

Ⅰ. ①二… Ⅱ. ①莫… ②林… ③宁… Ⅲ. ①汽车 – 鉴定 – 高等职业教育 – 教材②汽车 – 价格评估 – 高等职业教育 – 教材 Ⅳ. ①U472.9②F766

中国国家版本馆 CIP 数据核字（2023）第 009728 号

Ershouche Jianding yu Pinggu（Huoye Shi）
二手车鉴定与评估（活页式）

主编／莫荣珍 林世明 宁 斌	责任编辑／赵永铭
	封面设计／何东琳设计工作室

西南交通大学出版社出版发行
（四川省成都市金牛区二环路北一段 111 号西南交通大学创新大厦 21 楼 610031）
发行部电话：028-87600564　　028-87600533
网址　http://www.xnjdcbs.com
印刷　四川玖艺呈现印刷有限公司

成品尺寸　185 mm×260 mm
印张　16.75　　字数　398 千
版次　2023 年 2 月第 1 版　　印次　2025 年 1 月第 2 次

书号　ISBN 978-7-5643-9165-2
定价　48.00 元

图书如有印装质量问题　本社负责退换
版权所有　盗版必究　举报电话：028-87600562

前言

党的二十大报告指出，"坚持以人民为中心的发展思想。维护人民根本利益，增进民生福祉，不断实现发展为了人民、发展依靠人民、发展成果由人民共享，让现代化建设成果更多更公平惠及全体人民"。近年来，中国经济得到了快速、持续、健康的发展，人们收入水平不断提高，越来越多的中国家庭圆了自己的汽车梦。根据网上发布的统计数据显示，截至 2022 年年底，我国汽车保有量 3.19 亿辆，是全球汽车保有量第一的国家。

随着经济的发展，人们购车、换车的需求日益增长，促进了二手车行业飞速发展。据网上数据统计显示，全国 2022 年新车销售量为 2686.4 万辆，同比增长了 2.1%。而二手车交易量达到了 1 602.78 万辆，显示出二手车市场具有巨大的发展潜力，但与发达国家汽车市场中二手车交易量是新车交易量的 2 倍左右相比，我国的二手车市场还有很大的发展空间。制约二手车市场发展的因素很多，其中二手车的交易技术性强、业务范畴广、流程复杂等是其中较为关键的因素，因此掌握二手车鉴定与评估就成为了当下一种紧缺的职业技能。

相应地，"二手车鉴定评估师国家职业技能证书"、职业院校"1+X"证书"机动车鉴定评估与回收职业技能等级证书"等已颁发，是二手车鉴定、评估、交易等行业认可度较高的技能证书，也是一些地方开展二手车鉴定评估、交易业务重要的资质证书。二手车鉴定评估的主要工作是核实车辆手续是否齐全，对行驶里程、车辆事故、修复经历等进行判断与核实，对二手车的技术状况进行鉴定，并评估其价值，从而提高用户对二手车的信任度，将有利于二手车市场的健康发展。

本书介绍有关二手车鉴定与评估的基础知识和基本技能，通过学习，了解二手车市场特点以及业务流程，熟练掌握二手车的静态检查和动态技术鉴定，以及事故车、调表车、火烧车、泡水车的鉴定，熟练掌握二手车的各种评估方法和二手车的交易流程。

本书由广西机电职业技术学院的国家教学名师、全国交通职业院校优秀专业带头人彭朝晖教授担任总顾问，全国优秀教师、全国汽车技能大赛优秀指导教师林世明高级工程师担任总指导；由全国汽车行业职业技能竞赛优秀指导教师、担任竞赛组裁判员、二手车高级评估师莫荣珍主持，由省级高水平专业群团队共同编写，其中广西机电职业技术学院莫荣珍负责项目1、项目6并担任全书总策划，韦举成负责项目2，于淑君负责项目4，甘剑和负责项目5，韦美丽负责项目7，黄坚负责项目8；广西职业技术学院宁斌、广西物资学校李云超负责项目3。

本书在编写过程中得到了广西东盟二手车市场资深的二手车鉴定评估专家李骏民等同志进行专业指导，在此表示由衷的感谢。本书的编写过程中，除了参考文献外，还参考了网站的相关文章，在此也对原作者表示谢意。由于编者水平有限，书中难免有不当之处，敬请广大读者批评指正。

编 者

2022 年 10 月

本书数字资源

序号	项目	资源名称	页码
1	项目1	二手车市场的发展	003
2		二手车售后服务现状	006
3	项目2	二手车证件查询	019
4		解读汽车VIN码	027
5		解读汽车玻璃标签信息	033
6		汽车性能指标	040
7	项目3	人工鉴定漆面	046
8		仪器鉴定漆面	047
9		车身缝隙检查	053
10		发动机舱钣金结构和电气检查	075
11		中控台及方向盘检查	089
12		座椅及安全带检查	091
13		车顶内饰检查	093
14		行李箱检查	094
15	项目4	内饰鉴定水泡车	104
16		发动机舱鉴定水泡车	107
17		行李箱鉴定水泡车	109
18		火烧车损失评估	123
19	项目5	试车前检查车辆	131
20		电气设备检查	137
21		发动机噪声检查	147
22		怠速及制动系统检查	150
23		变速箱检查	153

24		成新率计算	165
25		重置成本法	177
26	项目6	清算价格法	183
27		收益现值法	189
28		现行市价法	196
29		二手车商的收车渠道	227
30		哪些车不能收	229
31	项目8	二手车门店销售	232
32		二手车置换	235
33		二手车网上销售	237
34		二手车过户	247

目录 CONTENTS

项目 1 二手车鉴定与评估概述 ·· 001
任务 1-1 了解二手车市场 ··· 003
任务 1-2 了解二手车鉴定评估职业资格 ·· 012

项目 2 二手车静态检查 ··· 017
任务 2-1 基本信息检查 ··· 019
任务 2-2 解读汽车 VIN 码 ·· 027
任务 2-3 识读汽车玻璃标签信息 ·· 033
任务 2-4 了解汽车的性能指标 ·· 038

项目 3 事故车鉴定 ·· 043
任务 3-1 车辆外观检查 ··· 045
任务 3-2 车身板件检查 ··· 060
任务 3-3 发动机舱与底盘检查 ·· 075
任务 3-4 内室与行李箱检查 ··· 089

项目 4 水泡车与火烧车鉴定 ·· 101
任务 4-1 水泡车检查 ·· 103
任务 4-2 火烧车检查 ·· 120

项目 5　二手车动态技术鉴定 ·· 129
任务 5-1　动态技术鉴定前的准备工作 ·· 131
任务 5-2　发动机怠速及试车鉴定 ·· 146

项目 6　二手车评估方法 ·· 163
任务 6-1　成新率确定 ·· 165
任务 6-2　重置成本法 ·· 177
任务 6-3　清算价格法 ·· 183
任务 6-4　收益现值法 ·· 189
任务 6-5　现行市价法 ·· 196

项目 7　新能源二手车鉴定及评估 ·· 203
任务 7-1　新能源汽车的评估技术鉴定 ·· 205
任务 7-2　新能源二手车鉴定评估 ·· 216

项目 8　二手车交易实务 ·· 225
任务 8-1　二手车收购与销售 ·· 227
任务 8-2　二手车提档过户 ·· 247

参考文献 ·· 259

二手车鉴定与评估

项目 1

二手车鉴定与评估概述

任务 1-1　了解二手车市场

知识目标

1. 了解二手车市场的运营状况。
2. 了解二手车业务发展情况。

能力目标

1. 能简单撰写本地区（某市）二手车市场调研报告。
2. 能通过了解二手车交易中的一些案例，分析存在的问题。

素质目标

通过调研活动，培养调查研究的良好习惯。

任务引入

作为一名汽车技术服务与营销服务专业的学生，你将来可能会从事二手车鉴定与评估工作，或者自己购买一辆二手车来使用。有人说，二手车交易隐患颇多，是真的吗？

相关知识

一、我国二手车市场的发展

"衣食住行"乃民生大事，"行"更能直接反映当代人类文明的进步与发展。中国自 2001 年加入世界贸易组织以来，经过 20 多年的快速发展，人民生活水平日益提高，作为"行"之代表的汽车逐渐走进千家万户，汽车的保有量不断提升。据中国汽车工业协会官方消息，截至 2022 年年底，全国机动车保有量达 4.17 亿辆，其中汽车 3.19 亿辆，汽车保有量居全球第一位，比 2001 年的 0.11 亿辆提升了近 30 倍，按 14 亿人口计算，已达到了 227 辆/千人。

二手车市场的发展

随着汽车的不断普及，汽车保有量将持续上升，按照市场发展规律，当汽车保有量达到一定程度后，二手车市场就开始放量，并逐渐成为汽车流通市场的重要组成部分。近年来，我国汽车保有量越来越大，二手车市场显示出巨大的发展潜力。据统计，2021 年，我国二手车交易量达 1 758.5 万辆，2022 年，我国二手车交易量为 1 602.78 万量。表 1-1-1 为近五年来我国汽车保有量、销售量、二手车交易量的统计。

表 1-1-1 近五年汽车保有量、售售量、二手车交易量统计表

年份	汽车保有量/亿辆	汽车销售量/万辆	二手车交易量/万辆	新能源汽车保有量/万辆	新能源汽车销售量/万辆
2018 年	2.4	2 799	1 382	260.8	125.6
2019 年	2.6	2 576.9	1 492	380.9	120.6
2020 年	2.81	2 531.1	1 434	492.0	136.7
2021 年	3.02	2 627.5	1 758.5	783.5	352.1
2022 年	3.19	2 686.4	1 602.78	1 310	688.7

资料来源：中国汽车流通协会。

二、影响我国二手车市场发展的主要因素

虽然，近几年来我国二手车的交易相对于新车交易的增长速度有较大的增幅，二手车交易呈现快速发展态势，但实际上，仍远低于国际成熟汽车市场比例，属于起步阶段。通过与欧美等国家成熟的二手车市场相比，不难发现，制约我国二手车市场发展的主要因素有以下几个方面：

1. 受传统观念影响，消费者接受程度有限

发达国家汽车产业开始的时间较早，人们对汽车了解得比较多且对二手车也比较认可，二手车是大多数发达国家年轻人购车的首选。但我国消费者对于二手车的选择还比较保守，其原因一方面是由于我国汽车近二十年才发展较快，在很多人的观念中汽车消费仍属高档消费品，再者旧观念也会左右人们对二手车的态度，在很大程度上影响着二手车市场的交易量；另一方面是由于消费者所掌握的汽车相关知识有限，对二手车质量的好坏、信息真假、技术保障等很难做出全方位的判断，尤其是对事故车的技术缺陷以及心理阴影等在很大程度上影响了消费者对二手车的接受程度。

2. 缺少价格参考体系和第三方认证

在发达国家，人们通常使用第三方信息服务机构所提供的价格手册，而手册主要来源于拍卖场的公开价格信息，具有明确和透明的价格参考体系。而这正是我国二手车市场尚需完善的，主要原因可归纳为以下几个方面：

（1）经营主体零散。我国的二手车市场在过去的十几年里，基本上是个体经销商、网络经销商以及部分品牌经销商和官方认证的二手车经销商，尤其是以个体经营为主，经营主体小而散、零而乱，缺乏体系意识，影响了二手车市场的规模化发展。

（2）价格参考信息缺乏。由于没有完善的交易体系支撑，再加上原车主个人意识淡薄，很少将车辆送到检测机构评估，车辆的历史交易记录、维修记录等没有能完整保留下来，造成对二手车的鉴定评估存在漏洞。

（3）第三方评估机构不够规范。尽管国内已成立了不少的二手车评估机构，同时也有部

分汽车经销商直接加入到二手车的鉴定评估队伍，但由于源头信息的缺乏以及鉴定评估尚不能做到系统、规范，导致鉴定评估结果缺乏公信力。一方面，个体的经销商在经营的时候并不是那么诚信，原车主、经销商、购买者之间存在信息不对称、价格不透明，一些"没有中间商赚差价"的广告铺天盖地，反而更容易引起消费者的质疑。而另一方面，普通购买者并不是汽车领域的专家，一些二手车买回去使用后才发现问题，却常常索赔退货无门。

上述因素严重降低了消费者的购买欲望，阻碍了二手车市场的规范化发展。

3. 质量保证及售后服务体系不完善

目前，我国的新车销售基本已建立了完整的生态链，从信息咨询、配件供应、4S店精工维修、汽车保险等一体化的服务都已成体系。与新车市场相比之下，二手车的售后服务体系还比较滞后。二手车售后服务的缺失影响了消费者购买二手车的信心，在很大程度上阻碍了二手车市场的体系化发展。在这方面可借鉴美国二手车市场，一辆二手车在出售后，卖家会给客户提供一段质保时间。如美国二手车经营商巨头 CarMax，推出了 150 项质量保障，确保其销售的每一辆二手车都经过严格的质量检测，而且只要该车行驶不超过 250 英里（约 402.34 km），CarMaxR 的客户还享有 5 天无理由退货保障等，对部分车辆还提供长达 4 年的质量保障，彻底打消了消费者购买二手车的顾虑。

4. 配套的政策不完善

各地对二手车的支持政策也不一样。一是二手车跨区域限迁、商品属性不明确、经销业务受限多等政策性问题，造成二手车的入户难、税收不确定、后期维护的保障跟不上；二是二手车来源碎片化，众多的二手车经销商都拥有各自不确定的收车区域，二手车的来源存在很多的不确定性和风险性，造成经营成本增加，并无法保证其车辆的来源和品质。

二手车市空潜力巨大，为激活二手车交易的难点、痛点，国家也出台了相应的政策，在一定程度上推动二手车市场的可持续健康发展。这主要包括以下几个方面：

（1）取消限迁政策。2016年国务院印发《关于促进二手车便利交易的若干意见》，首次从国家层面提出推动取消二手车限迁政策。2021年，国家相关主管部门出台了《商务领域促进汽车消费工作指引》，进一步提出"全面取消二手车限迁政策"。目前，除大气污染防治重点区域外，全国主要城市基本已取消对二手车交易的限迁政策，打通了二手车跨区域流通的路径。

（2）税收优惠。财政部税务总局2020年第17号《国家税务总局关于二手车经销有关增值税政策的公告》：从2020年5月1日起到2023年年底，国家对二手车经销企业销售旧车减按销售额的0.5%增收增值税。在政策层面主要聚焦支持新能源汽车购买使用、活跃二手车市场、促进汽车更新消费、支持汽车平行进口、优化汽车使用环境、丰富汽车金融服务等，为二手车的经营提供了重要支持，通过减少二手车增值税征收，降低二手车经销企业的经营成本，促进4S店等经销商二手车业务的发展，可以有效的改善二手车经营的散乱现状，将进一步推动二手车经营向专业化、品牌化发展。

（3）便利二手车交易。2021年"两会"政府工作报告中明确提出"取消对二手车交易不合理限制"，同时商务部、公安部和国家税务总局联合发布《关于推进二手车交易登记跨省通办便利二手车异地交易的通知》，从制度方面推行二手车异地交易，便利二手车转移登记。

（4）扩大二手车出口。一方面，我国已经成为全球第一大汽车保有国，为二手车出口提供了充足货源、品类齐全的有利条件。同时，我国二手车性价比比较高，国际竞争力比较强，不少车况好、价格低的二手车在发展中国家市场受到欢迎。另一方面，我国汽车生产和出口经营企业在全球建立了较好的国际营销服务网络，可以为外国消费者提供较全面的全方位的服务。可以预测，未来我国二手车出口发展潜力巨大。

三、我国二手车售后服务现状

二手车售后服务现状

售后服务是二手车交易中和交易后消费者最关注的重要环节之一。优质和有保障的售后服务，是确保二手车市场规范、健康发展的重要保障。一般地，二手车在交易前，有专业人士进行鉴定和第三方机构出具的检测报告，让消费者可以明确了解二手车的技术状况和质量等级，让消费者在一定程度上消除了购买二手车的恐惧心理和吃亏心理。但售后服务跟得上，才能真正让消费者吃上定心丸。一般地，二手车售后服务一般包含但不限于以下几个方面的内容：

（1）质量保证期限。一般二手车经营企业应向消费者提供不少于 3 个月或 500 km 的质量保障。

（2）质量保证的范围。一般包括发动机转向系统、传动系统、自动系统以及悬挂系统等，此外，二手车经营企业应向消费者提供明确的售后服务清单，不得擅自增加未经消费者同意的服务项目。

（3）二手车经营企业应建立售后服务热线及服务技术档案。记录车辆基本资源、最后一次转移登记日期、销售时间、销售地点以及客户基本信息、汽车保养材料等。

优秀的二手车经营企业一般都管理规范、服务周到，做到职责明晰。但不可否认的是，由于二手车市场起步较晚，时间较短，很多的二手车经销商还存在不少问题。一是部分二手车经营者缺乏诚信，对消费者隐瞒真实车况，提供虚假信息，尤其是一些跨区域的二手车。二是为了增加二手车的附加值，二手车原车主在使用过程中有可能进行了改装，但在出售时又恢复原厂配置，不能真实反映车辆的使用情况。

四、发达国家二手车市场的发展

发达国家的二手车市场是一个巨大的市场，很多年轻人第一辆车都是选择二手车。之所以选择二手车，除了二手车具有价格上的优势外，最直接的原因还是因为二手车和新车一样有保障，这使得二手车销量远远高于一手车。根据数据统计，2021 年美国的二手车销量是 4 090 万台，而新车销售仅为 1 493 万辆，二手车销量是新车销量的 2.74 倍。近几年来，德国、英国、日本的二手车销量基本上达到了新车销量的 2、3.5、1.4 倍（见表 1-1-2）。

表 1-1-2　2021 年一些发达国家与中国的新车与二手车交易量比例

国家	二手车交易量/新车交易量
美国	2.7
德国	2
英国	3.5
日本	1.4
中国	0.67

经过了数十年的发展，发达国家的二手车市场发展比较成熟、比较规范，主要体现在几下几个方面：

（1）每家汽车经销商都会有自己的二手车交易专区，大大方便了消费者对二手车的选择。

（2）二手车的检测比较严格。如美国的二手车会经专业的评估公司评估，只要在网络上输入车辆的 VIN 码，那么车辆的相关信息就会一目了然，可对车辆的各种数据全面了解，促使评估价格客观、公正。

（3）二手车必须张贴标志，而在标志里会严格记录车辆的维修和保养信息。这样方便消费者对车辆进行一个全面的了解，同时还能追根溯源，最主要的是还能防止二手车经销商夸大其词，误导消费者。

五、我国新能源二手车发展趋势与服务市场现状

在利好政策驱动下，我国新能源汽车产业呈蓬勃发展态势，在新车市场，新能源汽车销售持续火爆。2020 年新能源汽车销量 136.7 万辆，2021 年销量达到了 352.1 万辆，2022 年由于受燃油价格上涨等因素的影响，新能源汽车销量达到 688.7 万辆。

新能源汽车保有量不断增多，以后势必会有很多的新能源汽车走向二手车市场。虽然目前新能源二手车不如新车销售迅猛，但也处于上升期。据二手车电商平台——大天拍车公布的《2021 年度二手车在线拍卖数据报告》显示，2021 年新能源二手车成交量同比增长了 65%，明显高于一般二手车增长 22.6% 的幅度。同时，天天拍车的数据显示，新能源车的置换周期比燃油车更短，43.3% 的新能源车开不满 3 年就会被卖出，这样的置换周期，对于二手车市场来说，也意味着更活跃的流通。

保值率是影响消费者是否购买二手车的重要因素。据中国汽车流通协会 2021 年的数据统计表明，一些品牌的新能源汽车保值率趋于稳定，一些较著名品牌的新能源汽车一年保值率可以达到 80%，如五菱宏光 MINIEV，保值率可以达到 79.92%，蔚来 ES6 保值率为 78.12%，趋于稳定的保值率将有利于新能源二手车市场稳步发展（见表 1-1-3）。

表 1-1-3 2021 年 H1 中国纯电动新能源汽车一年保值率前十排名

排名	品牌	车系	保值率
1	保时捷	Taycan	90.39%
2	特斯拉	ModelX	83.99%
3	五菱	宏光 MINIEV	79.92%
4	蔚来	ES6	78.12%
5	比亚迪	汉 EV	76.06%
6	特斯拉	ModelS	74.84%
7	特斯拉	Model3	73.35%
8	小鹏汽车	P7	72.59%
9	雷克萨斯	UX	70.19%
10	比亚迪	唐 EV	69.63%

资料来源：中国汽车流通协会。

另一个有利于促进新能源二手车市场发展的因素是一些品牌厂商纷纷加入。2021 年 2 月，特斯拉（上海）有限公司经营范围发生工商变更，新增新能源汽车整车销售、汽车新车销售、二手车经销、汽车零配件批发等内容，这意味着，特斯拉或将在中国市场大举进入二手车市场。而除了特斯拉，其他新能源车企也开始布局二手车市场。如蔚来在 2021 年初了发布了官方二手车业务体系，保证收购价平稳、做好二手车服务等。还有吉利几何，推行了"两年 7 折超值回购"等活动，为新能源二手车市场的发展注入了强劲的动力。

影响新能源二手车交易的因素也很多。一是新能源汽车的保值率低，虽然一些品牌厂商的保值率有所提升并趋于稳定，但由于在宏观上新能源汽车还处于快速发展阶段，产品更新迭代快，使得大部分厂商的新能源汽车相对于燃油汽车而言，保值率仍比较低下，对消费者的心理有一定的影响。二是电池的续航能力下降，一般而言，目前新能源汽车的电池成本占整车的四分之一，甚至达到三分之一，电池组的寿命和性能直接影响了新能源二手车的价格。随着电池技术的进步，现在部分新能源汽车续航里程可超过 1 000 km，而前几年才 200 km 左右续航里程的新能源汽车自然就不受欢迎了，极大影响了交易的愿望和价格。三是由于目前新能源二手车评估体系是由燃油二手车评估发展而来的，在很多方面是不匹配的，特别是很多商家对新能源汽车三电评估没有成熟统一标准，也没有成熟的技术手段和工具，即使是有也是在少数的新能源汽车厂家内部使用，因而二手车经销商家对三电的评估存在模糊、不精准的现象，一部分商家主要是靠续航等外在表现能力来倒推电池动力性能从而进行估价，另一部分商家估价全凭经验或保守估价，甚至有些二手车经销商直接拒收，或者是先订货后收车等。四是新能源汽车的地方补贴政策、上牌政策、限行政策，也对新能源二手车的市场产生较大的影响。另外，配套设施也是值得考虑的一个因素，国内一、二线城市经济比较发达，新能源汽车配套设施相对完善，但在欠发达地区充电等配套设施就相对落后，造成了新能源

二手车的自由流通范围受限。

党的二十大报告提出"积极稳妥推进碳达峰、碳中和"。随着碳达峰、碳中和承诺的日期逐渐临近，国家对发展新能源汽车的政策不断向好，使得今后一段较长时间内，新能源车都将处于高速发展的时期，大量技术研发力量的投入，促进了大量新产品上市，车型迭代速度更快、成本更低、智能化更高、网联化更快等，全面促进了新能源汽车行业的升级。可以预见，在未来新能源二手车市场将有更大的发展，并逐渐超越传统燃油车的市场规模。

任务实施

1. 组织学生到当地 4S 店、二手车行进行行业调研。以小组为单位，独立完成以下任务：
（1）了解本地汽车限购政策；
（2）了解本地二手车号牌指标安排政策；
（3）了解本地二手车限迁政策；
（4）了解本地区汽车以旧换新情况。
2. 网上搜索、检索相关数据，完成以下任务：
（1）搜集分析本地区近三年新车、新能源汽车销售数据；
（2）搜集分析本地区近三年二手车、二手新能源汽车销售数据。

素养与思政

本任务要求分组训练，各小组在实训过程中必须相互配合、分工明确；通过调研了解二手车交易中有关政策法规，了解二手车交易流程。在调研过程中要做到不怕辛苦，不怕困难，实事求是，逐步培养市场意识，拓展了解中国的"双碳"战略，提升绿色发展意识。

任务训练

一、问答题

1. 国家和地方对促进二手车交易出台了哪些政策？

2. 影响二手车交易的主要因素有哪些？

二、实践训练

对二手车市场进行调研

专业			班级	
姓名		学号		组号	

一、工作任务描述		
1. 根据以下信息收集表中的内容，设计一份二手车市场调研表格。		
2. 以小组为单位开展调研，至少回收 50 份以上调研表格，撰写调研报告。		
二、任务信息收集		
1. 二手车经销企业数量、规模（面积、从业人员数量、鉴定评估师比例）、业务量。		
2. 二手车客户情况，包括购买二手车人群分布、购买二手车的价位期望、了解二手车的渠道、选择二手车的理由、影响购买二手车的原因、希望购买的品牌和车型等。		
三、任务实施		
1. 调研前准备	（1）分组。 （2）外出调研安全教育。 （3）设计好调研表格，尽量做到操作简便、数字完整并且有效，提交教师进行审核、修改、完善。可以利用问卷星等生成。 （4）预先联系一些二手车经销企业。	
2. 调研	（1）分工合作，分发调研表格，或扫码通过问卷星调研。 （2）收集调研表格。 （3）在二手车市场多与经销商、鉴定评估师、客户进行交谈，每位同学至少 10 人次以上。	
3. 检查	（1）检查回收的表格。 （2）导出问卷星结果。 （3）汇总调研情况。 （4）撰写调研报告。 （5）结合现场调研和网络调研，完成以下表格：	

续表

年份	汽车保有量/亿辆	同比增长	新能源汽车保有量/万辆	同比增长	二手车交易量/万辆	同比增长	新能源汽车二手车交易量/万辆	同比增长

实践训练完成情况评价表

项目	赋分	自评得分	互评得分	教师评分
表格栏目设计合理	25			
调研内容回答方便	25			
回收表格数量充足	25			
调研报告质量高	25			
完成任务小结				
综合得分（自评得分20%，互评得分30%，教师评分50%）：				

任务 1-2  了解二手车鉴定评估职业资格

知识目标

1. 了解目前二手车鉴定、评估相关的职业资格证书要求。
2. 了解目前二手车鉴定、评估相关的职业技能证书（1+X 证书）要求。

能力目标

能根据相关证书要求，制定学习计划。

素质目标

1. 培养学生熟悉了解二手车鉴定评估职素养的要求。
2. 养成考取相关专业资格证书、技能证书的良好习惯。

任务引入

一些工作岗位需要持证上岗，行业组织有职业资格证书，职业教育推行 1+X 证书，二手车鉴定、评估有哪些相关证书？有什么要求？如何考取呢？

相关知识

一、二手车鉴定评估职业技能证书

1. 证书简介

二手车鉴定评估师是国务院公布的国家六类资产评估师之一，是二手车鉴定评估、交易业必备的资格资质证书，分为中级二手车鉴定评估师和高级二手车鉴定评估师两个等级，实行统一编号、分级管理。

需要说明的是，2016 年国务院公布取消了拍卖典当鉴定估价师职业资格，二手车鉴定评估师属于该类职业工种。但取消二手车鉴定评估师职业资格，不是取消对该职业岗位的要求标准，目前二手车鉴定评估师仍由国家一级行业组织自主实施水平评价认定，同时由原来的"国家职业资格证书"改用了新的名称"国家职业技能证书——二手车鉴定评估师"。

2. 证书用途

二手车鉴定评估师的工作范围不仅包括汽车产权交易行业，还涉及汽车资产评估业、司法鉴定、国家物价部门、拍卖、典当、抵押、保险汽车贷款、新车置换等。因此二手车鉴定

评估师证书的用途至少包括以下三个方面：

（1）就业上岗。按照国家规定，在二手车交易、拍卖、评估等机构从事二手车估价必须持证上岗。

（2）可以出具评估报告。持证有二手车鉴定评估师证的专业技术人员可以专业从事汽车鉴定评估工作，签署和开具具备法律效力的鉴定评估报告书。

（3）注册二手车鉴定公司、机构等，必须有三名以上取得国家职业技能证书的二手车鉴定评估师，地方工商行政管理部门才受理核发营业执照。

3. 报考条件

持有中华人民共和国机动车驾驶证 C1 照以上，并具备以下条件之一者：
（1）连续从事本职业工作 5 年以上；
（2）中等专科学校非机动车专业和非评估类专业毕业证书，连续从事本职业工作 4 年以上；
（3）中等专科学校机动车专业或评估类专业毕业证书，连续从事本职业工作 3 年以上；
（4）大专以上非机动车专业毕业证书，连续从事本职业工作 2 年以上；
（5）大专以上机动车专业毕业证书，连续从事本职业工作 1 年以上。

二、机动车鉴定评估与回收职业技能等级证书

2019 年 4 月 4 日，教育部、国家发展改革委、财政部等部门联合印发《关于在院校实施"学历证书+若干职业技能等级证书"制度试点方案》，部署启动"学历证书+若干职业技能等级证书"（简称 1+X 证书）制度试点工作。该方案提出，探索建设职业教育国家"学分银行"，对学历证书和职业技能等级证书所体现的学习成果进行认证、积累与转换，自 2019 年开始，重点围绕服务国家需要、市场需求、学生就业能力提升，从 10 个左右领域做起，启动 1+X 证书制度试点工作。

在教育部有关部门专家的指导下，物产中大集团股份公司于 2021 年制定了《机动车鉴定评估与回收职业技能等级标准》（1.0 版）。参加起草本标准的还有北京物研科技有限公司、北京络捷斯特科技发展股份有限公司、浙江经济职业技术学院等。

1. 证书简介

机动车鉴定评估与回收职业技能等级证书的颁发机构为世界 500 强的物产中大集团股份有限公司，共设为初级、中级、高级三种。主要针对中职汽车制造与检测、新能源汽车制造与检测、汽车电子技术应用、汽车服务与营销、汽车运用与维修、汽车车身修复、汽车美容与装潢、新能源汽车运用与维修，高职汽车制造与试验技术、新能源汽车技术、汽车电子技术、汽车造型与改装技术、智能网联汽车技术、汽车技术服务与营销、汽车检测与维修技术、新能源汽车检测与维修技术，本科汽车工程技术、新能源汽车工程技术、智能网联汽车工程技术、汽车服务工程技术等专业。

2. 证书用途

机动车鉴定评估与回收职业技能等级证书主要面向汽车后市场服务企业，从事二手车流通交易与机动车回收拆解等岗位，主要用于完成二手车置换、机动车鉴定评估、报废机动车

拆解回收等工作。

主要适用于职业院校在校学生或从事机动车鉴定评估与回收相关工作的行业从业人员。

3. 等级划分及要求

（1）初级

职业技能要求：能够熟练掌握机动车鉴定评估与回收的基本原理与方法，完成机动车信息采集判定、证件核查及相关税费核对，机动车基础技术状况鉴定，机动车鉴定评估与回收流程引导等工作。

适用人群：中职在校学生或从事机动车鉴定、评估、回收等相关工作的行业从业人员。

（2）中级

职业技能要求：能够熟练掌握机动车鉴定评估与回收的专业工具与方法，完成机动车技术信息及回收报废信息采集与分析，使用各类专业工具鉴定机动车各类技术状况，评估机动车价值，解读或撰写机动车鉴定评估报告等工作。

适用人群：高等职业学校在校学生或具有同等学力者，或从事机动车鉴定评估与回收相关工作的行业从业人员。

（3）高级

职业技能要求：能够熟练掌握机动车诊断、鉴定评估与回收的专业方法，完成特殊类别机动车鉴定评估，诊断机动车各类故障，运用精密工具诊断机动车高配置装置技术状况，修换回收及碰撞损失评估中的常损件等工作。

适用人群：应用型本科学校在校学生或具有同等学力者，或从事机动车鉴定评估相关工作的行业从业人员。

任务实施

1. 组织学生了解当地培训机构或学校了解二手车鉴定评估师职业技能证书培训考证的条件、收费、培训课程、指导就业等情况。

（1）培训点办学条件；

（2）收费情况，是否存在乱收费情况；

（3）培训课时、培训内容；

（4）培训后的证书通过率；

（5）证书对就业创业的影响。

2. 了解学校开设机动车鉴定评估与回收职业技能等级证书的考评情况。主要包括以下内容：

（1）收费，是否存在乱收费情况；

（2）培训课时、培训内容等，是否列入专业人才培养计划？

（3）考评的重点、难点；

（4）证书通过率；

（5）证书对就业创业的影响。

> **素养与思政**

在调研了解二手车鉴定、评估的相关职业资格证书、职业技能等级证书的过程中,养成实事求是、不怕辛苦、不厌其烦的工作态度。

任务训练

一、问答题

1. 国家和地方对考取二手车鉴定、评估职业技能等级证书有哪些政策?

2. 当地二手车运营企业是否要求持证上岗?证书是否具有就业、提职等方面的优势?

二、实践训练

对二手车市场持证情况进行调研

专业			班级	
姓名		学号		组号
一、工作任务描述					
以小组为单位开展调研,每小组至少调研 5 个企业,其中走访至少 1 个二手车交易企业。对工作人员持证情况进行摸底调研。					
二、任务信息收集					
1. 二手车经销企业数量、规模(面积、从业人员数量)、业务量。 2. 技术人员持证情况(持证人数、证书级别),是否必须?					
三、任务实施					
1. 调研前准备	(1)分组。 (2)外出调研安全教育。 (3)设计好调研提纲及表格,尽量做到操作简便,提交教师进行审核、修改、完善。可以利用问卷星等生成。 (4)预先联系一些二手车经销企业。				

续表

2. 调研	（1）分工合作，分发调研提纲及表格，或扫码通过问卷星调研。 （2）收集调研表格。 （3）在二手车市场多与经销商、鉴定评估师、客户进行交谈，每位同学至少10人次以上。										
3. 检查	（1）检查回收的表格。 （2）导出问卷星结果。 （3）汇总调研情况。 （4）撰写调研报告。 （5）结合现场调研和网络调研，完成以下表格										
	企业	从业人数	技术人员	职业资格证	技能等级证	是否必须	是否有帮助	对证书考评有何建议	其他		

实践训练完成情况评价表

项目	赋分	自评得分	互评得分	教师评分
表格栏目设计合理	25			
调研内容回答方便	25			
回收表格数量充足	25			
调研报告质量高	25			
完成任务小结				
综合得分（自评得分20%，互评得分30%，教师评分50%）：				

二手车鉴定与评估

项目 2

二手车静态检查

任务 2-1 基本信息检查

知识目标

了解二手车的各种证件。

能力目标

能通过检查证件判断车辆是否合法。

素质目标

1. 通过课堂教学活动培养学生的职业素养及法律意识。
2. 通过学生小组合作学习,培养学生爱岗敬业、团结互助、诚实守信的价值观。

任务引入

2018年7月30日,某客户欲出售自己的荣威Rx5 2016款2.0T两驱自动互联网智享版爱车,特到天津某二手车鉴定有限公司对车辆进行鉴定评估,了解大概估价。鉴定评估师主动询问和索取车辆资料和信息,判定是否可交易、签订鉴定评估委托书后,完成车辆基本信息的登记,其中车辆单证信息齐全,随后对该二手车进行现场鉴定评估,并根据技术鉴定的结果利用重置成本法二对车辆进行了估价,鉴定评估报告复核后,最终备份所有过程文件及文档,完成此项业务。

本任务主要讲的是二手车评估交易前的车辆静态检查,通过证件查询、车辆相关信息的解读来对车辆进行鉴定评估。

相关知识

一、二手车证件查询

核对证件是现场鉴定的第一个环节,需要核查待评估车辆证件和税费;确认待评估二手车的来历凭证、机动车登记证和机动车行驶证等证件是否齐全、有效,并判定是否属于可交易车辆。要核对以下信息:身份证、机动车行驶证、车船使用税支付证明、机动车交通事故责任强制责任保险保险单、机动车综合商业保险保险单、年检检验合格标志、强制保险标志、车辆购置税完税标志等。

二手车证件查询

1. 机动车所有人证明

机动车所有人证明包括身份证、护照及港澳居民来往内地通行证、临时身份证+户口本、组织机构代码证+公章（单位车辆）。

2. 机动车销售发票/二手车销售发票

购车发票包括原始发票或二手车发票。

（1）原始发票：机动车销售发票是一种用来表明已销售机动车的规格、数量、价格、销售金额、运费和保险费、开票日期、付款条件等内容的凭证（见图 2-1-1）。

（2）二手车销售统一发票：由二手车交易市场、经销企业和拍卖企业开具的，存根联、记账联、入库联由开票方留存；发票联、转移登记联由购车方记账和交公安交管部门办理过户手续。

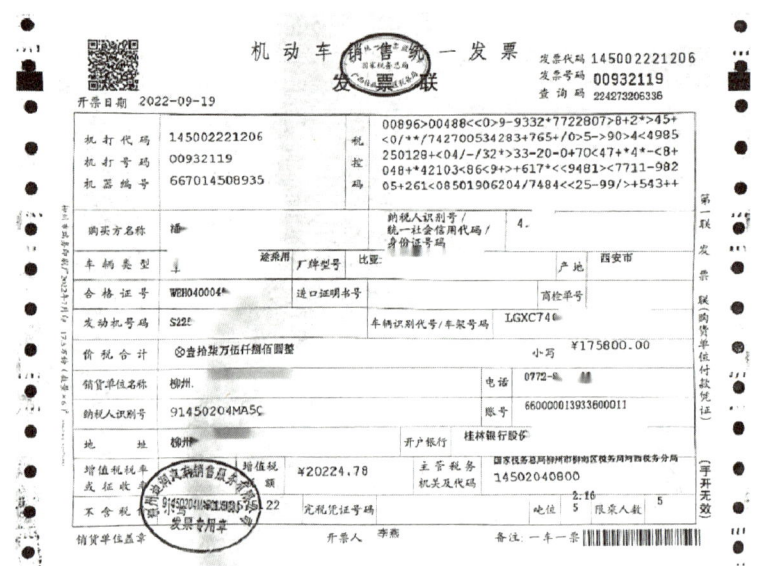

图 2-1-1　购车发票

3. 机动车登记证书

机动车登记证书：是车辆所有权的法律证明，由车辆所有人保管，不随车携带。此后办理转籍、过户等任何车辆登记时都要求出具，并在其上记录车辆的有关情况，相当于车辆的户口本（见图 2-1-2）。

对于机动车登记证，需要核对以下信息：

（1）机动车登记证书过户的次数；

（2）是否有贷款或抵押；

（3）登记发动机号是否有变更；

（4）车架号是否有变更；

（5）车身颜色是否有变更是否异地转入；

（6）机动车所有人核对名称及证件编号核对登记日期；

（7）核对车牌号；

（8）核对发动机号及底盘号核对车辆获得方式；

（9）核对车辆使用性质核对出厂日期；

（10）核对发证日期。

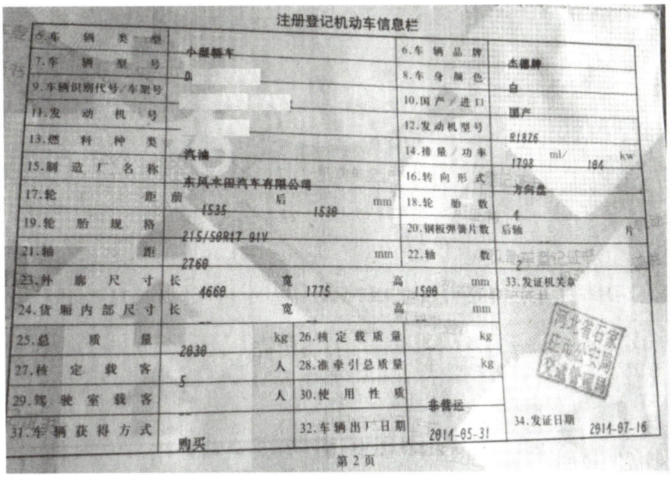

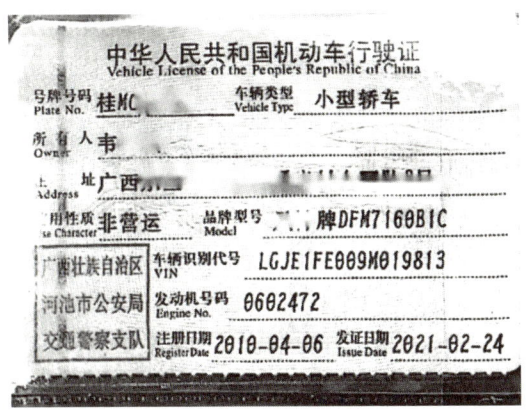

图 2-1-2　机动车登记证书

4. 行驶证

行驶证是准予机动车在我国境内道路上行驶的法定证件（见图 2-1-3）。机动车行驶证是我国法律、法规认可的重要证件，具有非同小可的作用。机动车驾驶员务必高度重视它，以保障自己的合法权益不受损害。

检查行驶证，需核对以下信息：

（1）行驶证丢失；

（2）检验有效期；

（3）底盘号发动机号；

（4）注册日期、发证日期；

（5）核对车身颜色；

（6）核对是否改装。

图 2-1-3　行驶证

5. 车辆购置税完税证明及缴税收据

车辆购置税完税证明及缴税收据是纳税人交纳车辆购置税的完税依据，也是作为车辆管理部门办理车辆牌照的主要依据（见图 2-1-4）。

中华人民共和国
税收完税证明

No. 345025220100013735

填发日期：2022年 01月 11日　　税务机关：国家税务总局第二...

纳税人识别号	45		纳税人名称	孔...	
原凭证号	税种	品目名称	税款所属时期	入(退)库日期	实缴(退)金额
345026220100054042	车辆购置税	车辆购置税	2022-01-11至2022-01-11		10153.98
金额合计	（大写）壹万零壹佰伍拾叁元玖角捌分				10153.98
税务机关（盖章）征税专用章	填票人 zabs		发票价格：101539.82、车辆厂牌：大众汽车牌/VOLKSWAGEN、车辆型号：SVW71521DF、车辆识别代号：LSVAP60C9M2180523、免（减）税额（减征）：0.0		

收据联　交纳税人做完税证明

妥善保管

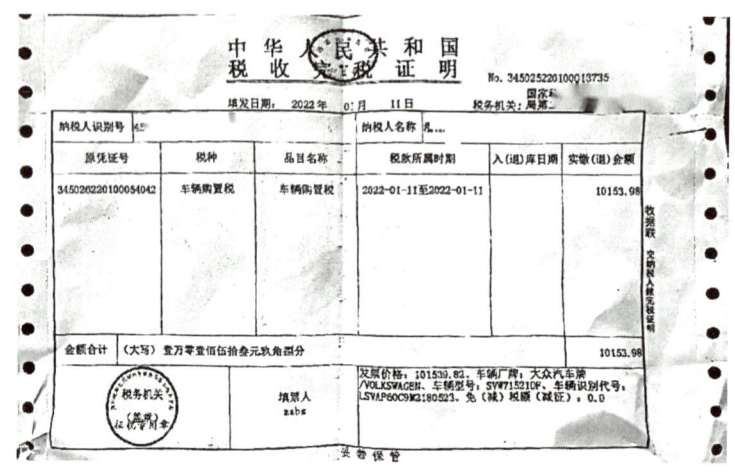

图 2-1-4　购置税单

6. 保险单及收据

检查保险单（见图 2-1-5）及收据，需要核对以下信息：

中国银行保险监督管理委员会监制　　限在　省销售

中国平安 PING AN
金融·科技

机动车商业保险保险单（电子保单）

下载平安好车主APP

确认码：

保单验真码：A　SMDIW

行驶证车主：

保险单号：

鉴于投保人已向保险人提出投保申请，并同意按约定交付保险费，保险人依照承保险种及其对应条款和特别约定承担赔偿责任。

被保险人信息	以下信息来源于您的投保申请，是为您提供理赔及售后服务的重要依据，请务必仔细核对。如果有错误或遗漏请立即拨打95511进行修改				
	姓　　名：	证件类型：　身份证		证件号码：	
	出生日期：1	性别：		联系电话：　*****	
	通讯地址：河			E-Mail：	
车辆信息	号牌号码	发动机号码		车架号	
	核定载客　5人	初登日期	2019-09-29	厂牌型号	大众汽车SVW71512AF轿车
	核定载质量　-	使用性质	非营业	机动车种类	六座以下客车
争议解决方式	诉讼				
保险期间	自　2020年9月30日00:00时起至2021年9月29日 24:00时止				

投保险别		保险金额/责任限额	保费小计（元）	绝对免赔率	保费合计(元)
机动车损失保险		68486.40元	577.52	—	577.52
机动车第三者责任保险		1000000.00元	353.5	—	353.50
增值服务	附加机动车增值服务特约条款代为送检服务特约条款	1 次	—	—	—
	附加机动车增值服务特约条款（道路救援服务特约条款）	2 次	—	—	—
车损险每次事故绝对免赔额		0元/次			
保险费合计		RMB931.02元　（大写）人民币玖佰叁拾壹元零贰分			

特别约定：1）尊敬的客户：投保次日起，承保及理赔等信息您可通过本公司网页www.pingan.com、客服热线95511、门店核实信息。若对查询结果有异议，请登陆网站留言或拨打服务热线。 2）保险期间内，如发生本保险合同约定的保险事故造成被保险车辆损失或第三者财产损失，保险人可采取实物或修复方式进行保险赔付。 3）本保单所承保的道路救援服务区域覆盖全国城市中心区100公里以内可供车辆行驶道路，高架、高速、隧道或政府管制区域、非车辆行驶道路不在服务范围内，详细服务介绍可查阅平安好车主APP道路救援专区《平安道路救援服务协议》。 4）无其它特别约定。尊敬的客户：您本次是通过直接销售渠道购买的车辆保险，渠道名称：　，业务员姓名　。如有异议，请拨打公司客户服务电话95511。

银行流水号：

收费确认时间：2020年9月28日14:43时　投保确认时间：2020年9月28日14:43时　打印时间：2020年9月28日14:43时

重要提示：
1. 本保险合同由保险条款、投保单、保险单、批单和特别约定组成。
2. 收到本保险单、承保险种对应的保险条款后，请立即核对，如有不符或疏漏，请及时通知保险人并办理变更或补充手续。
3. 请详细阅读承保险种对应的保险条款，特别是责任免除和赔偿处理。
4. 被保险机动车因改装、加装、改变使用性质等导致危险程度显著增加以及转卖、转让、赠送他人的，应通知保险人。
5. 被保险人应当在保险事故发生后及时通知保险人。

公司名称：

公司地址：

报案及服务电话：95511　网址：www.pingan.com.cn　签单日期：2020年9月28日（保险人签章）

核保：admin 2020年9月28日　制单：2333830 2020年9月28日　经办：admi

温馨提示：您收到保单后可登陆中国平安网站(http://www.pingan.com/bjdzbd)或拨打95511，通过右上角的“保险...

中国平安财产保险股份有限公司 PING AN PROPERTY & CASUALTY INSURANCE COMPANY OF CHINA, LTD. 保单专用章 SPECIAL SEAL FOR POLICY

中国平安财产保险股份有限公司
PING AN PROPERTY & CASUALTY INSURANCE COMPANY OF CHINA, LTD.

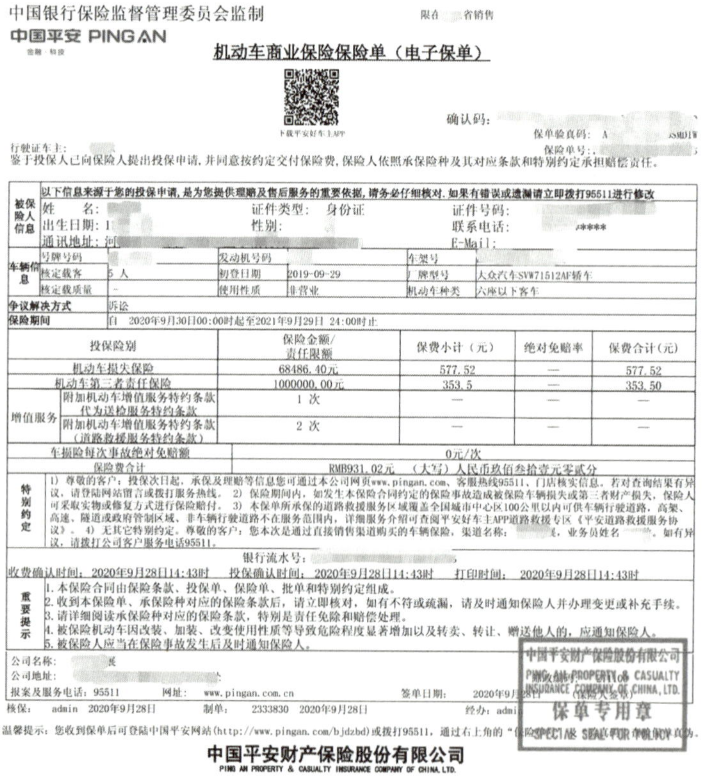

图 2-1-5　保险单

（1）被保险人和车主是否一致；

（2）保险的有效期；

（3）保险的险种；

（4）保单丢失通过保险的查询。

7. 年检、保险合格标志

检查年检（见图 2-1-6）、保险合格标志，是否有强制保险标志。

图 2-1-6　年检标志

二、非法车辆的种类与鉴定

1. 非法车辆定义

在二手车行业中非法车辆通常俗称"黑车"，一般是指通过非法手段获得的车辆，如盗抢车、抵账车、借用车私卖等。这类车进行交易时，都不是车主本人。

2. 二手车市场当中的非法车辆类型

（1）抵押车：二手车市场中有一些抵押车，由于某些原因，不能正常进行过户，就只有使用权。但有些不法经销商通过买卖这种抵押车非法获得高额利润。利用低价吸引客户，因为抵押车不能正常进行过户，并且车上会装有多个定位器，当客户把车买到手后，使用不久车辆就又会出现被抢、被偷的事情。由于客户不是车主本人，所以很难进行维权，而这个车的丢失多半就是不法经销商所为，从而循环出售。

（2）非法改装车：未经公安管理部门许可，擅自改装机动车底盘、发动机、悬挂、变速器、转向系统、车轮、轮毂尺寸、车灯、车身颜色和外观结构，并通过非法手段刷新机动车的有关技术数据。由于改装审批手续繁琐，有部分人由于个人爱好，就会选择非法改装。改装车由于缺乏专业测试，存在很多不安全因素。

（3）拼装汽车：违反国家关于生产汽车方面的有关规定，私自拼凑零部件装配的汽车。拼装汽车和改装汽车是两个完全不同的概念。拼装的汽车一般都存在质量差、成本高、大多不符合安全检验及运行技术标准的问题，有的还因装配技术问题造成事故。因此，拼装汽车是国家禁止的一种非法生产汽车的行为。

（4）套牌车：参照真实牌照，将号码相同的假牌套在其他车上，其中有很多是报废后偷运出来的旧车翻新的。2012 年 8 月 20 日，公安部明确规定，确定为被套牌的车辆，可撤销使用套牌期间发生的交通违法信息，并可申请换车牌号和行驶证。

（5）盗抢车辆：公安车管部门已登记上牌的，在使用期内丢失的或被不法分子盗窃的，并在公安部门已报案的车辆。这些车辆很可能会流入二手车交易。

（6）走私车：没有通过国家正常进口渠道进口的，并未完税的进口车辆。

3. 如何鉴定非法车辆

第 1 步：确定卖车人与车主的信息是否一致，需要以下三个证件：①卖车人身份证；②车辆行驶证；③第三个机动车登记证。

核对卖车人身份证、姓名与车辆行驶证，所有人姓名以及车辆登记证书等所有人姓名是否一致，经检查完全一致。

第 2 步：检查车辆外观与车辆行驶证照片是否一致。经检查车辆外观、结构、颜色与轮毂。黑色与轮毂尺寸与车辆行驶证照片完全相符。

第 3 步：检查车辆牌照，首先检查车辆牌照号码，车辆行驶证和车辆登记证书上的号码是否一致，并检查完全一致。其次，检查车辆牌照的真伪，根据车辆牌照的材质、字体、颜色以及防伪标识，经检查确定，该牌照为合法牌照。

第 4 步：核对车辆车架号与车辆行驶证上的车辆识别代号是否一致。其次，检查车辆大架号是否被倒改。

素养与思政

本任务要求分组训练，各小组在实训过程中必须团结协作、合作学习；操作过程要注意安全，培养细心、专业的精神，要求全程实现 6S 管理，培养精益求精的工匠精神。

任务训练

一、基础知识巩固

1. 二手车需要查询的证件有_____、_____、_____、_____、_____、_____、_____。

2. 非法车主要有哪些类型_____、_____、_____、_____、_____、_____。

二、实践训练

二手车静态检查中的证件核查

专业			班级	
姓名		学号		组号	

一、工作任务描述

证件核查是现场鉴定的第一个环节，要求核查待评估车辆证件和税费；确认待评估二手车的来历凭证、机动车登记证和机动车行驶证等证件是否齐全、有效，并判定该车辆是否属于可交易车辆。

二、任务信息收集

客户姓名		车牌	
车型		车架号	

续表

三、请按要求模拟进行二手车证件检查相关程序，并记录办理过程过程信息

二手车证件核查基本流程		任务信息	任务完成情况
1	核查机动车所有人证明	需要核查的材料及各注意事项：	核查情况：
2	核查机动车销售发票或二手车销售发票	需要核查的材料及各注意事项：	核查情况：
3	核查机动车登记证书	需要核查的材料及各注意事项：	核查情况：
4	核查行驶证	需要核查的材料及各注意事项：	核查情况：
5	核查车辆购置税完税证明及缴税收据	需要核查的材料及各注意事项：	核查情况：
6	核查保险单及收据	需要核查的材料及各注意事项：	核查情况：
7	核查年检、保险是否合格	需要核查的材料及各注意事项：	核查情况：

四、任务完成质量检查

序号	检查项目	检查结果	
		合格	不合格
1	与客户的交流沟通、语言表达		
2	对二手车过户的流程掌握		
3	证件的核查是否完整正确		
4	验车内容是否正确全面		
5	工作态度、服务意识		

实践训练完成情况评价表

项目	赋分	自评得分	互评得分	教师评分
正确理解任务及流程	15			
语言表达及与客户沟通	20			
对任务程序的掌握程度	25			
相关材料核查的正确程度	30			
是否向客户作必要的说明	10			
完成任务小结				
综合得分（自评得分10%，互评得分30%，教师评分60%）：				

任务 2-2 解读汽车 VIN 码

知识目标

学会解读汽车的 VIN 码。

能力目标

能从汽车 VIN 码的信息中了解汽车的国别、生产时间、型号等信息。

素质目标

1. 通过课堂教学活动培养学生的职业素养及法律意识。
2. 培养积极探究的意识。

任务引入

任何一辆汽车都有一个唯一的 VIN 码，它是汽车的全球身份证，通过 VIN 码可以直接知道车辆的国别、生产时间、型号等，专业人士可以通过 VIN 码了解一些二手车的信息。

相关知识

一、解读汽车 VIN 码

1. 定义

VIN 是英文 Vehicle Identification Number（车辆识别码）的缩写，是一组由十七个字母或数字组成的独一无二的号码，它包含了车辆的制造商、车型年份、车型、车身形式及代码、发动机代码及组装地点等信息。VIN 码对于核保人正确地识别车型，具有十分重要的意义。

解读汽车 VIN 码

2. 组成

VIN 码有 17 位，可以分为三个部分，如图 2-2-1 所示。

第 1~3 位是世界制造厂识别代码（World Manufacture Identifier，WMI）。其中：

第 1 位是生产国家或地区代码，表示机动车的制造地。如 1—美国，J—日本，L—中国等，如图 2-2-2 所示。

第 2 位是著名制造商代码。如 1—雪佛兰，4—别克，J—吉普等，如图 2-2-3 所示。

027

第 3 位是汽车类型代码，但不同国家、不同厂家有不同的解释，因此有些厂商使用前 3 位的不同组合表示特定的品牌，如图 2-2-4 所示。

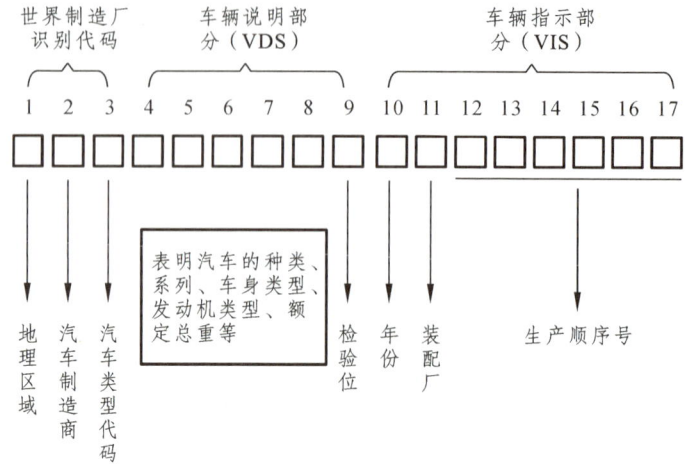

图 2-2-1　VIN 码的组成

```
1 美国        9 巴西       S 英国
2 加拿大      J 日本       T 瑞士
3 墨西哥      K 韩国       V 法国
4 美国        L 中国       W 德国
6 澳大利亚    Y 瑞典       Z 意大利
```

图 2-2-2　第 1 位：生产国家或地区代码

```
1-Chevrolet         B-BMW         B-Dodge       M-Hyundai
2-Pontiac           C-Chrysler    M-Mercury     M-Mitsubishi
3-Oldsmobile        D-Mercedes    N-Infiniti    T-Lexus
4-Buick             E-Eagle       N-Nissan      H-Acura
5-PontiacE-Eagle N-Nissan  F-Ford  P-Plymouth   T-Toyota
6-Cadillac          G-General     S-Subaru      H-Honda
7-GM Canada         A-Audi        J-Jeep        V-Volvo
8-Saturn G Suzuki   L-Lincoln     Z-Ford        A-Alfa Romeo
8-Isuzu             A-Jaguar      L-Daewoo      Y-Mazda
Z-Mazda             V-Volkswagen
G=所有所属于通用汽车的品牌：别克（BUICK）、凯迪拉克（Cadillac）、雪佛兰（Chevrolet）、
GMC、通用大宇（GM DAEWOO）、霍顿（Holden）、悍马（Hummer）、奥兹莫比尔
（OLDSMOBILE）、欧宝（OPEL）、庞蒂亚克（PONTIAC）、萨博（Saab）、土星（Saturn）
```

图 2-2-3　第 2 位：著名制造商代码

```
TRU/WAU: Audi（奥迪）         VF3: Peugeot（标致）
1YV/JM1: Mazda（马自达）       SAJ: Jaguar（捷豹）
4US/WBA/WBS: BMW（宝马）       WP0: Porsche（保时捷）
WDB: Mercedes Benz（奔驰）     SAL: Land Rover（路虎）
2HM/KMH: Hyundai（现代）       YV1: Volvo（沃尔沃）
```

图 2-2-4　WMI 码前 3 位特定的组合示例

中国的汽车厂商是通过中国汽车技术研究中心，向国际标准化组织提交申请，获得批准后将发给证书，方可使用。表 2-2-1 是中国汽车部分厂商申请获得的 WMI 码。

表 2-2-1　中国汽车厂商（部分）前 3 位 WMI 特定组合

序号	汽车厂简称	WMI 码	序号	汽车厂简称	WMI 码
1	一汽轿车	LFP	12	长安福特	LVS
2	一汽天津丰田	LTV	13	长安汽车	LS4
3	一汽大众	LFV	14	华晨宝马	LBV
4	一汽货车	LFW	15	华晨金杯	LSV
5	上海通用	LSG	16	东风雪铁龙	LDC
6	上海大众	LSV	17	东风日产	LGB
7	上汽通用五菱	LZW	18	东风起亚	LJE
8	上海华普	LJU	19	中国吉利	L6T
9	奇瑞	LVV	20	比亚迪	LGX
10	北京现代	LBE	21	广汽丰田	LVG
11	海马汽车	LHI	22	广汽本田	LHG

VIN 码的第二段（第 4～9 位）是车辆说明部分（Vehicle Descripior Section，VDS），共有 6 位字码。此部分用于识别车辆的一般特性，其代号顺序由制造厂决定。VDS 最后一位（即第 9 位）为校验位，通过一定的算法防止输入错误。

VIN 码第三段（第 10～17 位）是车辆指示部分（Vehicle Indicator Section，VIS），由制造厂按国际通例编制。

其中第 10 位为年份代码，不用的生产年份的代码如表 2-2-2 所示。如"1"表示 2001 年出厂，"A"表示 2010 年出厂。每 30 年循环一次。如 2001 年使用"1"，则 30 年后的 2031 年也为"1"。为了避免数字 0 与字母 O 等分不清，不使用数字 0 以及字母 I、O、Q、U、Z。

表 2-2-2　VIN 第 10 位年份代码

年份	代码	年份	代码	年份	代码	年份	代码
2001	1	2009	9	2017	H	2025	S
2002	2	2010	A	2018	J	2026	T
2003	3	2011	B	2019	K	2027	V
2004	4	2012	C	2020	L	2028	W
2005	5	2013	D	2021	M	2029	X
2006	6	2014	E	2022	N	2030	Y
2007	7	2015	F	2023	P	2031	1
2008	8	2016	G	2024	R	2032	2

一般第 11 位为装配厂代码，第 12～17 位为车辆出厂顺序。

VIN 码是车辆的身份证，一般都在以下部位可以找到，参照图 2-2-5 所示。

（1）目前很大一部分车型都在仪表台左侧、前挡风玻璃左下角能找到。

（2）前面雨刮导水板下面、发动机舱防火墙上面。

（3）发动机舱固定的铭牌。

（4）驾驶位的 A 柱和 B 柱位置。

（5）大梁上，在车轮部位观察。

（6）水箱框架上（龙门架）。

（7）前减振器支座上面（前叶子板内铁上面）。

（8）机动车行驶证上，新的行驶证在"车架号"一栏一般都打印 VIN 码。

（9）其他地方：如保险单上。

图 2-2-5　VIN 码的位置

二、VIN 码识别示例

示例一：新君越 VIN 码示例（见图 2-2-6）。

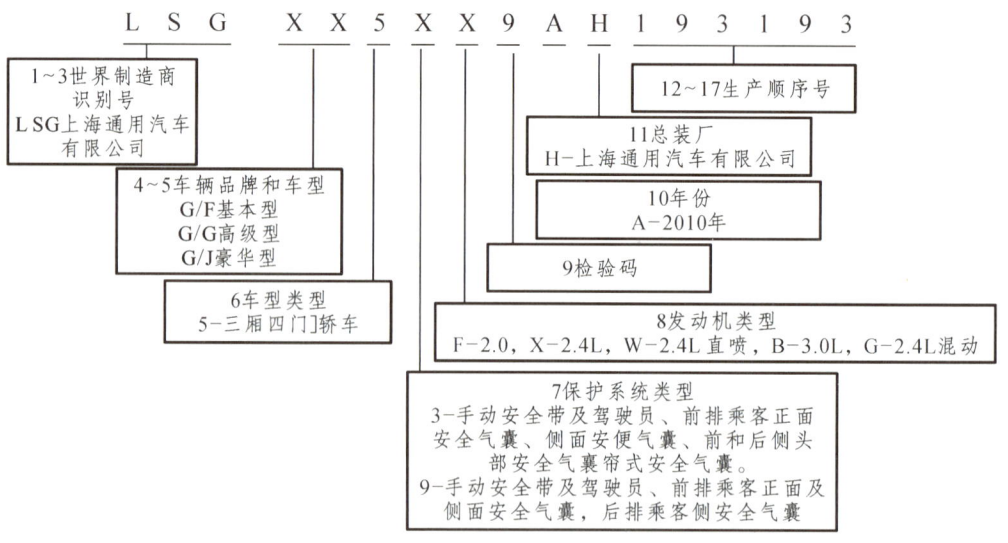

图 2-2-6　新君越 VIN 码示例

示例二：豪爵摩托车 VIN 码示例（见图 2-2-7）。

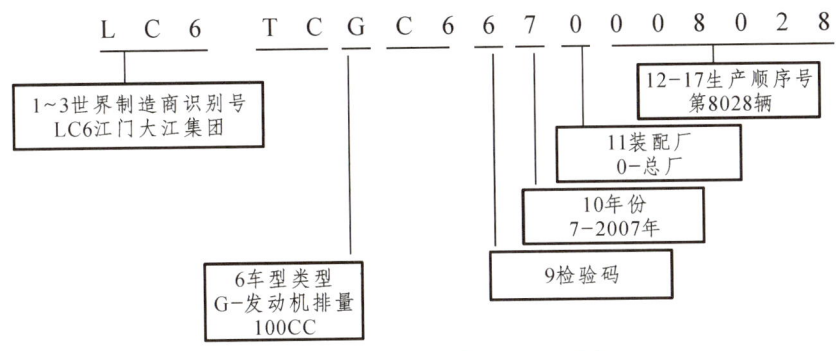

图 2-2-7　豪爵摩托车 VIN 码示例

示例三：识别码 1G1BL52P7TR115520。

第一位"1"—美国，第 2 位"G"—通用汽车，第 10 位"T"，查表是 2026 年，还没到呢？按 30 年循环一次，应减去 30，则为 1996 年生产。

示例四：LE4EJ68WAV5700321。

LE4—北京吉普，第 10 位"V"，则为 1997 年。

示例五：JF1SH95F8AG094016。

第 1 位"J"—日本，1～3 位"JF1"是斯巴鲁中国的 VIN 码，第 4 位"S"—森林人。第 10 位"A"则为 2010 年出厂。但铭牌上是 2009/1，这是制造日期。

三、小　结

（1）VIN 码的信息丰富，但对于二手车鉴定评估而言，主要使用的是两位，一是第 1 位，表示该车的国别；二是第 10 位，了解车辆的生产年份。

（2）VIN 码采用阿拉伯数字和大写拉丁字母，为了区分清楚，VIN 中不会包含 I、O、Q 三个英文字母。

（3）第 10 位表示年份的数字、字母每 30 年循环一次，缺少 0、I、O、Q、U、Z。

（4）VIN 码有些部分是由各厂商自己规定的，有不同的规则，因此要全面了解 VIN 码所代表的信息，查询起来还是很费劲。有些公司拥有资源，可以收集到绝大部分厂家生产的车辆 VIN 码，并设计成一个软件，一般客户只需扫码输入 VIN 码就可以得出 VIN 码的详细报告，但一般都需要支付一些费用。

无论是挑选二手车还是新车，车辆识别码都起着参考作用，尤其是首位编码和第 10 位编码，它们可以直接反映车辆的生产国别和生产时间。有了这些基础知识，在挑选车辆时，可以直接看出车辆的具体信息，尤其对于一些二手车而言，车辆识别码反映的车辆信息更有参考意义。例如，同样一辆宝马 5 系轿车，如果 VIN 的首位是 W，那么就是原装进口德国的，如果首位是 L，那么就是华晨宝马生产的。

素养与思政

各小组在实际操作时，团结协作，注意安全。通过了解欧美以及中国著名汽车公司的识别码等，延伸了解各汽车品牌的商标、含义以及发展历程，增强创新发展意识。

任务训练

一、基础知识巩固

1. 从 VIN 码 LGJEFE009M019813 中可以看出该车辆的生产年份为_____。
2. 查一查,中国长城汽车的 WMI 是_____。

二、简答题

VIN 码一般能在哪些部位找到?

三、实践训练

检查并分析汽车的 VIN 码核查

专业			班级		
姓名		学号		组号	
一、工作任务描述					
检查汽车的 VIN 码,并读懂其含义。					
二、任务信息收集					
客户姓名			车牌		
车型			VIN 码		
1. VIN 码的位置					
2. VIN 码					
3. 车辆品牌					
4. 类型					
5. 生产年份					

实践训练完成情况评价表

项目	赋分	自评得分	互评得分	教师评分
正确理解任务及流程	60			
操作步骤规范	20			
安全	10			
7S 管理	10			
完成任务小结				

综合得分(自评得分 10%,互评得分 30%,教师评分 60%):

任务 2-3 识读汽车玻璃标签信息

知识目标

了解汽车玻璃标签信息。

能力目标

能通过车窗玻璃上的信息判断车辆是否发生过事故。

素质目标

通过课堂教学活动培养学生积极探究的职业素养。

任务引入

任何一辆汽车上都安装了汽车玻璃，起到遮风挡雨、隔音降噪、透光等作用，市面上的汽车玻璃分为夹层玻璃、钢化玻璃、中空安全玻璃，特殊的还安装了防弹玻璃。一般玻璃上均有一定的标签，读取其标签信息，可以了解到一些玻璃的相关状况。

相关知识

汽车玻璃是汽车车身附件中必不可少的，主要起到防护作用。汽车玻璃主要有以下三类：夹层玻璃、钢化玻璃和区域钢化玻璃，能承受较强的冲击力。

汽车玻璃按所在的位置分为：前挡风玻璃、侧窗玻璃、后挡风玻璃和天窗玻璃四种。

解读汽车玻璃标签信息

一、玻璃上的汽车品牌标志

玻璃上会打上汽车生产厂商的品牌标志，一般情况下这是一块玻璃上最大的标志。例如宝马汽车公司会打上宝马的标志，丰田汽车公司会打上丰田的标志，如图 2-3-1 所示。

二、玻璃厂家标志

除了在玻璃上打上汽车生产厂商的品牌标志外，还会打上玻璃生产厂商的品牌标志，常见轿车配套玻璃品牌如图 2-3-2 所示。

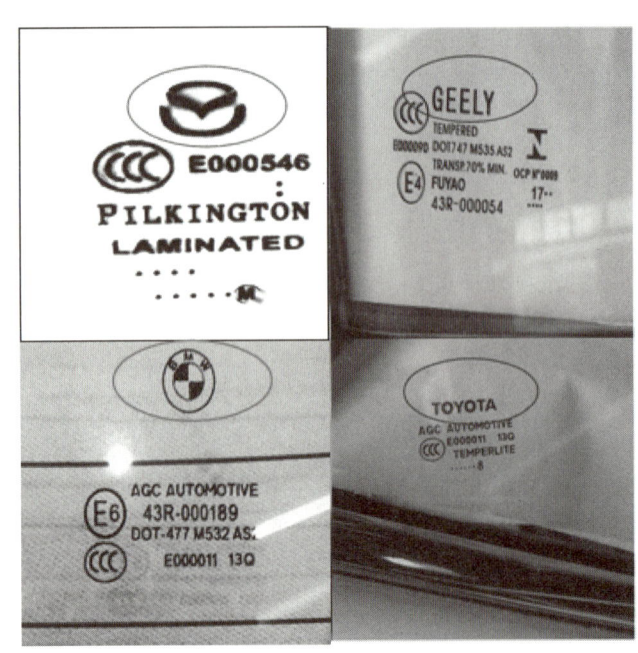

图 2-3-1 玻璃上的汽车品牌标志

图 2-3-2 常见轿车配套玻璃品牌

圣戈班（SAINT-GOBAIN）：法国一家大型的跨国企业，在欧洲汽车安全玻璃市场的占有率为 50%，欧洲排名第一，在我国主要为大众、通用、奔驰、宝马、神龙、日产等提供包边挡风玻璃及侧窗玻璃。

皮尔金顿（PILKINGTON）：英国皮尔金顿公司作为世界上最大的玻璃生产集团之一，创建于 1826 年英国 St.Helens，在全球拥有 25 个生产基地，销售公司遍布 130 个国家，是路虎的御用品牌。

旭硝子（AGC）：旭硝子株式会社，是日本一家玻璃制品公司，为全球第二大玻璃制品公司，1907 年成立至今已有超过一百年的历史。

加迪安（GUARDIAN）：加迪安玻璃集团是世界最大的平板玻璃公司之一，也是全球四大的玻璃制造公司之一。

信义（XYG）：信义玻璃控股有限公司，是全球玻璃产业链的主要制造商之一，也是中国最大的汽车玻璃生产商之一。

福耀（FY）：福耀是我国最大的汽车玻璃配套厂商，也是国内最具规模、技术水平最高、出口量最大的汽车玻璃生产供应商。

一般地，汽车玻璃厂家都会在汽车玻璃明显的位置印上标志，如图2-3-3所示。

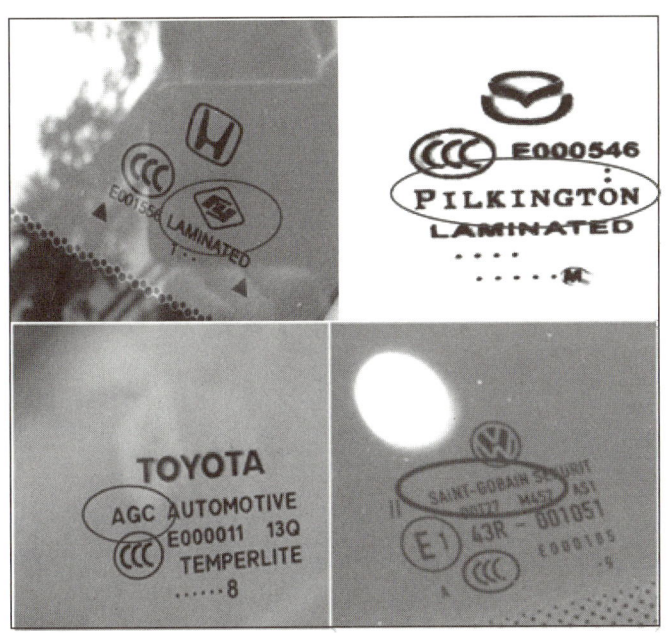

图2-3-3　玻璃厂家标志

三、汽车玻璃生产日期

玻璃上并没有直接标明生产日期，而是通过一些符号进行标识，如图2-3-4所示。"……8""17……"这些好像摩斯电码一样的符号就是玻璃的生产日期了，其中：8、17表示年份，就是2008年和2017年，同理15表示2015年，5表示2005年。黑点在数字前，表示上半年生产，计算公式是"7-黑点数"，那么图2-3-4左图就是7-6=1，所以这块玻璃是2008年1月份生产的；如果黑点在数字后，则表示下半年生产，计算公式是"13-黑点数"，那么图2-3-4右图就是13-6=7，所以这块玻璃是2017年7月生产的。

图2-3-4　玻璃生产日期

四、如何判断玻璃是否更换过

从图 2-3-5 和图 2-3-6 中可以看出玻璃的生产日期为 2017 年 7 月，整车出厂日期为 2017 年 12 月，玻璃生产日期先于整车出厂日期，可以判定这块玻璃是原厂玻璃，没有更换过。

图 2-3-5

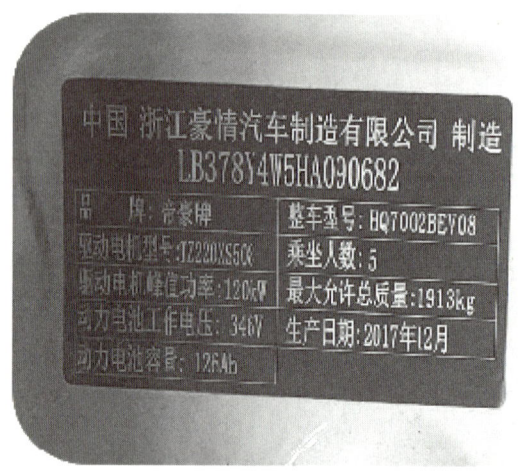

图 2-3-6

素养与思政

本任务要求分组训练，各小组在实训过程中必须团结一致、相互合作学习；课后延伸阅读了解福耀集团的创始人曹德旺的事迹以及福耀集团的核心价值观、企业家的责任等，增强社会责任意识和创新发展意识。

任务训练

一、基础知识巩固

1. 汽车玻璃一般有哪几种类型_____、_____、_____。
2. 汽车玻璃按所在位置分为_____、_____、_____、_____。
3. 汽车玻璃上显示"……15"表示生产日期是_____年____月。

二、实践训练

读出并了解汽车玻璃上的信息

专业		班级	
姓名		学号		组号	
一、工作任务描述			
查找汽车玻璃上的标签，并读懂其含义。			

续表

二、任务信息收集			
客户姓名		车牌	
车型		VIN码	
1. 玻璃标签的位置			
2. 玻璃标签信息记录			
3. 玻璃品牌			
4. 生产日期			

实践训练完成情况评价表

项目	赋分	自评得分	互评得分	教师评分
正确理解任务及流程	60			
操作步骤规范	20			
安全	10			
7S管理	10			
完成任务小结				
综合得分（自评得分10%，互评得分30%，教师评分60%）：				

任务 2-4　了解汽车的性能指标

知识目标

了解汽车技术参数与性能指标。

能力目标

能读懂汽车各项技术参数和性能指标的含义。

素质目标

通过课堂教学活动培养学生专业的职业素养。

任务引入

每辆汽车都有不同的技术参数和性能指标。这是判断车辆性能的重要信息，到底有哪些呢？

相关知识

一、汽车技术指标

汽车的主要技术参数有长、宽、高、轴距、轮距等，如图 2-4-1 所示。

1. 长、宽、高

车身长度：汽车长度方向两个极端点间的距离，即从前保险杠最凸出的位置到后保险杠最凸出的位置的距离。

车身宽度：汽车宽度方向两个极端点间的距离，但是这里不包括外后视镜、转向灯、挡泥板以及轮胎与地面接触变形的部分。

车身高度：车辆空载时从地面起到汽车最高点的距离，这个最高点包含车顶行李架，但是不包括天线。

2. 轴距

轴距是指汽车前轴中心到后轴中心的距离。对于乘用车来说，由于乘用空间布置在前后轴之间，所以轴距是影响乘坐空间的重要因素，长轴距使乘员的纵向空间更大，可以获得更宽敞的腿部和脚部空间。如别克英朗，轴距 2 640 mm；别克新君威，轴距 2 829 mm；别克林荫大道（Park Avenue）轴距 3 009 mm。

3. 轮距

轮距包括前轮距、后轮距。通常来说，轮距较大的车辆除了可以获得更好的车内空间外，车辆还会拥有更好横向稳定性。同一品牌车的车轮距也会略有不同。如别克君威 552T 智享型，轮距为 1593/1597，而别克君威 652T 智享型则为 1585/1589。一般地，SUV 车型的重心偏高，所以其轮距也要比一般轿车更宽。如别克 SUV 昂科旗，轮距为 1688/1684。

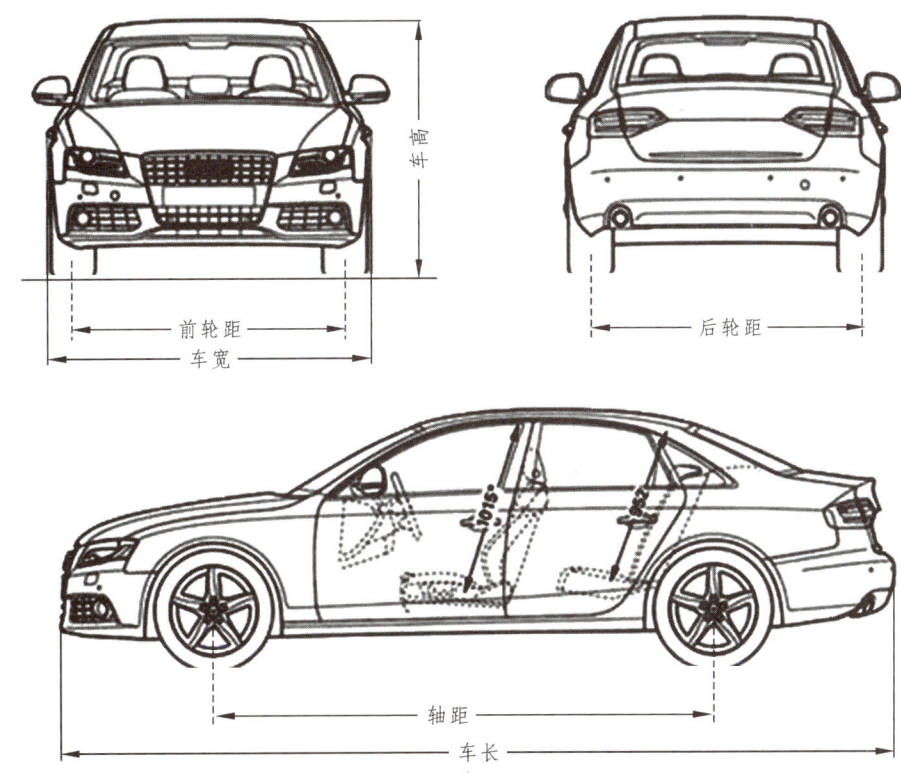

图 2-4-1　汽车的长、宽、高、轴距、轮距

4. 整备质量

汽车的整备质量是指汽车按出厂技术条件装备完整（如备胎、工具、各种油液添满、燃油量不少于 90%）的质量。通常车型级别越高，车的整备质量就越大，不过跑车除外。如丰田凌放 2.0L 汽油版旗舰两驱版，装备质量 1 630 kg；丰田汉兰达 2.5HEV 尊贵版达到 2 020 kg。别克昂科旗 652T 四驱尊贵型为 2 050 kg。

5. 车门数

一般四门五座是三厢车型，而五门五座就是两厢车型（见图 2-4-2）；有一些跑车采用两门设计。

图 2-4-2　车门数

6. 位数

位数是指车内含司机在内的座位，如图 2-4-3 所示。

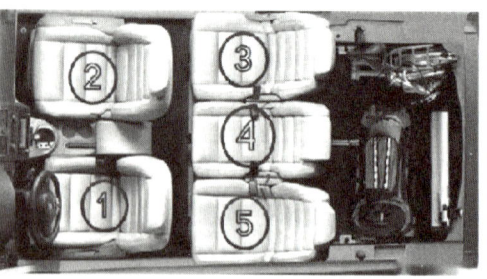

图 2-4-3　位数

7. 行李厢容积

行李箱容积可显示行李箱的载物能力。

二、主要性能指标

通常用来评定汽车的性能指标主要有：动力性、燃油经济性、制动性、操控稳定性、平顺性以及通过性等。在一定使用条件下，汽车以最高效率工作的能力，称为汽车使用性能。它是决定汽车利用效率和方便性的结构特性表征。下面我们一起来了解主要的几项指标。

汽车性能指标

1. 最高车速

汽车的最高车速是指汽车以厂定最大总质量状态在风≤3 m/s 的条件下，在干燥、清洁、平坦的混凝土或沥青路面上，汽车直线行驶能够达到的最高稳定行驶速度。如汉兰达 180 km/h，别克昂科旗可达到 210 km/h。

2. 加速能力

汽车的加速能力是指汽车在各种使用条件下迅速增加行驶速度的能力，通常用加速过程中的加速时间来评定。汽车加速时间包括原地起步加速时间和超车加速时间两种。

起步加速时间，是用汽车的百公里加速时间来计量，在一般的汽车配置单上都有，它是我们最直接判定汽车动力性的参数。一般来说，百公里加速时间越少，汽车起步越快。如丰田奕泽从 0~100 km 加速时间为 10.3 s，一些新能源汽车的加速能力较强，如比亚迪海豹，百公里加速时间达到 3.8 s。对于家庭用车来说，只要这个时间在 10 s 以内，应付日常驾驶就足够了。影响汽车加速能力的参数主要有最大功率、最大扭矩等。

3. 上坡能力

对越野汽车来说，爬坡能力是一个相当重要的指标，一般要求能够爬不小于 60% 或 30° 的坡路；轿车的车速较高，且经常在状况较好的道路上行驶，所以不强调轿车的爬坡能力，一般爬坡能力在 20% 左右。

4. 燃油指标

即百公里的最小耗油量。如丰田奕泽标称为 5.7 L/100 km。当然这一般是指最理想的状态

5. 制动性能

汽车的制动性能主要用制动效能、制动效能的恒定性和制动时汽车的方向稳定性三方面指标来评价。对于一般的用户来讲就是百公里时速时最短的刹车距离。一般应在 30～40 m 之间，超过 45 m 就说明刹车性能就不好了。影响汽车制动性能的主要参数包括车辆重量、轮胎、制动盘（鼓）、制动液（刹车油）、ABS 系统等。

素养与思政

本任务要求分组训练，各小组在实训过程中必须分工协调；操作过程中注意安全，要求全程实现 6S 管理，培养安全意识、质量意识。

任务训练

一、基础知识巩固

1. 轴距是指_____。
2. 汽车主要性能指标包_____、_____、_____、_____、_____。

二、实践训练

查阅了解汽车的技术指标和性能指标

专业			班级	
姓名		学号		组号	

一、工作任务描述				
查找汽车玻璃上的标签，并读懂其含义。				
二、任务信息收集				
客户姓名		车牌		
车型		VIN 码		
主要技术指标				
长*宽*高		轴距		
前轮距/后轮距		整备质量		
车门数		位数		
主要性能指标				
发动机		最大功率/最大扭矩		
最高车速		零百时间		
综合油耗		变速箱		

实践训练完成情况评价表

项目	赋分	自评得分	互评得分	教师评分
正确填写各项参数	60			
操作步骤规范	20			
安全	10			
7S 管理	10			
完成任务小结				
综合得分（自评得分 10%，互评得分 30%，教师评分 60%）：				

二手车鉴定与评估

项目 3

事故车鉴定

任务 3-1　车辆外观检查

知识目标

1. 能说出汽车油漆的种类及色差。
2. 能说出汽车外观的检查项目。
3. 能说出汽车检查的方法。

能力目标

1. 能分别出汽车是否存在油漆二次喷涂及色差。
2. 能用工具检查汽车板件的配合间隙。
3. 能够准确判断车门、柱体、车身覆盖件是否喷漆、钣金等。

素质目标

1. 通过课堂教学活动培养学生的职业素养及法律意识
2. 通过学生小组合作学习，培养学生爱岗敬业、团结互助、讲诚信的价值观

任务引入

二手车评估师在进行车辆外观检查时，主要看有没有重新做过油漆的痕迹，车身曲线是否流畅自然，有没有大面积地凹凸不平，车门、发动机舱盖这些部位同车身结合的缝隙是否均匀一致，车辆各灯具老化情况是否相同，玻璃品牌及生产日期是否一致，轮胎品牌一致性和磨损情况等等。本任务针对初学者讲解如何通过汽车油漆的颜色及汽车外观的检查，来判断汽车是否是事故车。

相关知识

一、车辆漆面检查

1. 颜色的基础知识

颜色的属性主要有三个：色相、明度和彩度。正确掌握这三个属性及其相互关系，是分辨颜色的基础与关键。

（1）色相：也称色调或色度，是颜色的第一个属性，我们可将物体按照这一特性描述为红色、橙色、黄色、绿色、蓝色或紫色。色彩系统中物体最基本的色相是红色、黄色和蓝色，它们也成为"物体的三原色"。三原色是不能通过混合其他颜色而得到的。这三种颜色有各自

独立存在的位置。除了三原色以外的颜色如橙色、绿色、紫色等及其他中间色，他们可以通过混合三原色而得到。

由原色、二次色和三次色相互组合而形成色相环，如图 3-1-1 所示。色相环中的三原色是红、黄、蓝，在环中形成一个等边三角形。二次色是橙、紫、绿，处在三原色之间，形成另一个等边三角形，红橙、黄橙、黄绿、蓝绿、蓝紫和红紫六色为三次色，三次色是由原色和二次色混合而成。

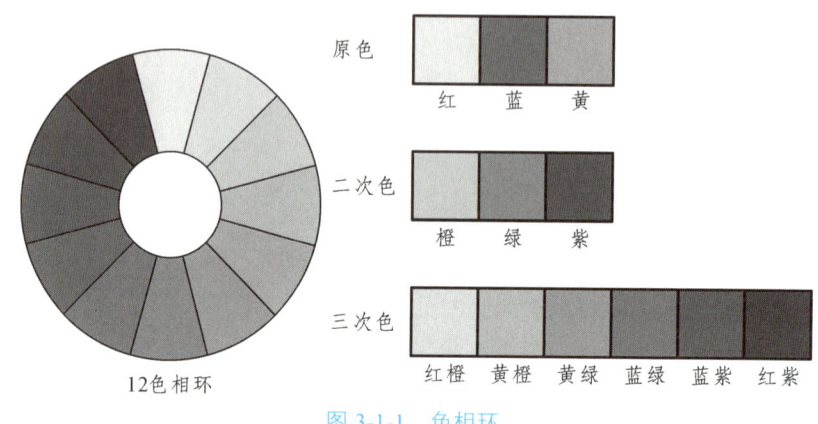

图 3-1-1　色相环

（2）明度：是指颜色的明亮程度，常用暗淡、鲜艳、靓丽等词语形容。

（3）彩度：是指颜色呈现出来的饱和程度，常用饱满、深浅等词语形容。彩度随着色相和明度的变化而变化，因此调色时要注意三者的相互变化对颜色的影响。

2. 油漆类型的分辨

（1）普通漆

普通漆是最常见的一种，而且属于最基础的车漆，它是非常单一的颜色，白色就是白色、红色就是红色，没有其他颜色的过度与掺杂，普通漆相比较金属漆和珍珠漆成本更低，但是在颜色上会比较单调，在阳光的照耀下也不会像金属漆或珠光漆发出金属、晶片的光泽，而是始终不变的。

（2）金属漆

金属漆，又叫金属闪光漆，是流行的一种汽车面漆，在它的漆基中加有微细的铝粒，光线射到铝粒上后，又被铝粒透过气膜反射出来，因此，看上去好像金属在闪闪发光一样。

（3）珍珠漆

珍珠漆又叫云母漆，也是目前流行的一种汽车面漆，在它的漆基中加有涂有二氧化钛和氧化铁的云母颜料，光线射到云母颗粒上后，先带上二氧化钛和氧化铁的颜色，然后在云母颗粒中发生复杂的折射和干涉，从不同的角度去看，具有不同的颜色。
因此，珍珠漆就给人一种新奇的、五光十色、琳琅满目的感觉。

二、漆面鉴定

1. 经验判断法

人工鉴定漆面

在二手车鉴定中，主要低靠经验来判断的。如果出现下列情况之一，说明辆车重新喷过油漆：

(1) 油漆表面出现橘皮、麻点、脏点、漆面色差。

(2) 用手摸折边，折边油漆不均匀、表面卡手不光滑；折边有残留油漆，相邻板件有飞漆。

(3) 板件固定螺栓的头部有飞漆。

(4) 拔胶条检查，如有飞漆或其他喷漆缺陷。

(5) 车辆装饰条、胶条等装饰件上有飞漆。

2. 检查油漆脱落情况

查看排气管、镶条、窗户四周和轮胎等处是否有多余油漆。如果有，说明该车已做过油漆或翻新。

用一块磁铁（最好选用冰箱柔性磁铁，不会损伤汽车漆面，且磁性足以承担此项工作）贴附车身周围移动，如遇到突然减少磁力的地方，说明该局部补了灰，做过油漆。当用手敲击车身时，如敲击声发脆，说明车身没有补过灰做过油漆；如敲击声沉闷，则说明车身曾补过灰做过油漆。如果发现了新漆的迹象，就要查找车身制造不良或金属抛光的痕迹。沿车身看，并查找是否有像波状或非线性翼子板或后顶盖侧板那样的不规则板材。如果发现车身制造不良或面板、车门、发动机罩、行李舱盖等配合不好，汽车可能已经遭受碰撞，以至于这些板面对准很困难。换句话说，车架可能发生变形。

3. 仪器鉴定漆面检查

油漆色差是重新喷漆后最常见的缺陷，由于油漆本身、烘烤工艺以及光线因素就容易出现明显的目视色差问题，由于不同观察者视觉辨别阈值的差异，为了规范油漆色差评定的标准，就可以采用色差仪、分光测色仪等专业设备来检验。在二手车评估中，为了方便操作，通常采用漆膜仪来检查。

车漆厚度跟车型、颜色、具体部位都有关，一般在 120～180 μm 之间，莫氏硬度为 0.4～0.6，车顶，车门板，前盖，厚度各有稍微不同。

仪器鉴定漆面

4. 漆膜厚度的检测

发动机舱盖、车顶、后备箱取样点如图 3-1 2 所示。通常一辆车正面取样有各部件，如发动机舱盖、车顶、后备箱，取正中、前、后、左、右 5 个点测量方法：每个点采集三次数据并取平均值，得出细节平均值，然后将 5 个点的平均值求平均算出部件的平均值，如发动机舱盖平均漆面厚度、车顶平均漆面厚度等。

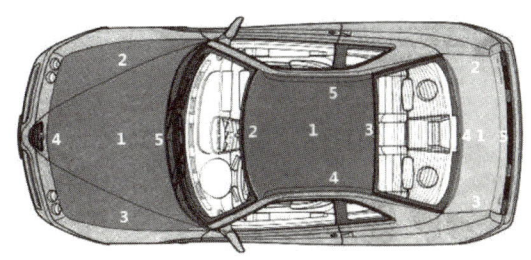

图 3-1-2 油漆取样点

翼子板、前后门取样点如图 3-1-3 所示。车身侧面取翼子板 3 个点以及前后门各 5 个点，测量方法依旧是每个点测量三次取平均值得到细节平均厚度，然后将细节平均厚度取平均，得到部件的平均厚度，如翼子板漆面厚度、车门平均厚度。

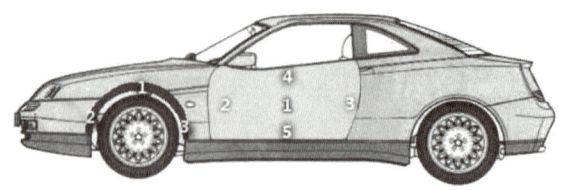

图 3-1-3　翼子板、前后门油漆取样点

漆膜厚度的检测结果：大多数车辆正常漆面数值为 80～150 μm。

读一读

车漆最小值参考标准：

第一，是针对最便宜的纯入门经济型微型车（裸车价低于 8 万）的标准，它的漆面最薄不能低于 90 μm 即可，我们对这个档次车型的漆面厚度要求可以说是比较低的，当结果低于 90 μm 的时候就可以视其为漆面偷工减料。

第二，是针对售价高于 8 万元的任何一款车型来规定的：最低不能低于 120 μm（硬性指标），若低于 120 μm 也可以视为厂家对漆面的偷工减料。

第三，欧美车系的油漆要比日韩车系的油漆厚一些。

三、车身外观检查内容

车身外观检查的内容比较多，而且车辆左边及右边检查的内容及方法相同，具体检查内容步骤如图 3-1-4 所示。

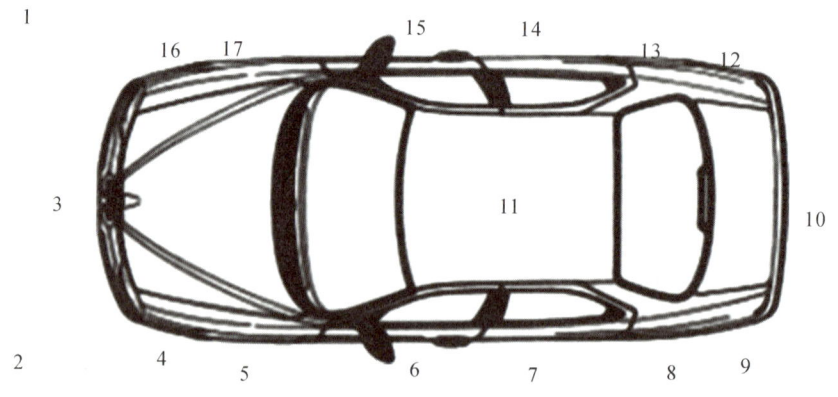

图 3-1-4　车身外观检测内容

1. 车辆右前方和左前方

车辆右前 45 度（见图 3-1-5）及左前 45 度（见图 3-1-6）检查：主要查看腰线是否顺直、凹陷、掉漆、两侧车身线条是否对称。腰线的制作是采用冲压工艺制造而成，有一定的修复难度。

图 3-1-5　车辆右前 45 度

图 3-1-6　车辆左前 45 度

2. 车辆正前方

车辆正前方（见图 3-1-7）主要检查车辆前挡风玻璃是否更换，查看玻璃生产日期；检查保险杠、发动机舱盖有无明显变形、损坏，有无矫正、重新补漆的痕迹。发动机舱盖锁、发动机舱盖液压支撑杆是否正常使用。

图 3-1-7　车辆正前方

汽车玻璃查看生产日期的方法如下：

（1）车窗玻璃的左下方或右下方会有一块编码，倒数第一排有一个数字和几个黑点，这些字符代表的就是玻璃的生产日期。

（2）编码上的数字代表生产年份，黑点代表玻璃的生产月份。

（3）玻璃的生产月份应结合黑点位置来看：黑点在数字前面，那么就用 7 减去黑点个数；黑点在数字后面，那么就用 13 减去黑点个数，最终得到的即为玻璃的生产月份。

3. 车辆左前翼子板处

检查车辆左前大灯是否有老化伤痕或更换改装，鉴别新旧是否一致。左前翼子板与发动机舱盖、车灯间缝隙与右侧发动机舱盖、车灯间缝隙是否对称、均匀顺直。漆面是否有橘皮、颗粒感、色差、凹凸不平、划痕、飞漆。

4. 车辆左前门和左后门

检查左前和左后门车窗玻璃是否更换，查看玻璃生产日期；检查左前门漆面是否有橘皮、颗粒感、色差、凹凸不平、划痕、飞漆。检查 A/B 柱、B/C 柱、底大边是否有过修复、喷漆痕迹，是否自然平顺，有没有变形。

5. 车辆左后翼子板

检查车辆左后尾灯是否有老化伤痕或更换改装，鉴别新旧是否一致。左后翼子板与后备厢盖、车尾灯间缝隙与右侧后备厢盖、车尾灯间缝隙是否对称、均匀顺直。漆面是否有橘皮、颗粒感、色差、凹凸不平、划痕、飞漆。

6. 车辆正后方

车辆正后方（见图 3-1-8）主要检查车辆后挡风玻璃是否更换，查看玻璃生产日期；检查车辆后备厢漆面是否有橘皮、颗粒感、色差、凹凸不平、划痕，保险杠有无明显变形、损坏，有无矫正、重新补漆的痕迹。检查后备箱围板是否钣金，后备箱液压支撑杆是否正常。

图 3-1-8 车辆正后方

7. 车辆顶部

检查车辆顶部漆面是否有橘皮、颗粒感、色差、凹凸不平、划痕、钣金，天窗玻璃是否完好，胶条是否有老化。

四、车辆板件配合间隙检查

1. 碰撞基础知识

如果车辆在行驶过程中发生碰撞，车辆就有可能发生变形，由于整体式车身结构比较复杂，车辆发生碰撞后，碰撞力就会通过车身的结构件传到车身的各个部位，正面碰撞时力通过保险杠支架传递到车辆内。固定在保险杠支架上的防撞元件继续将力传递到发动机支架内。前桥架梁与弹簧支座共同作用的结果可有目的地实现变形吸能性能。即使车辆的碰撞接触面很小，碰撞力也能通过保险杠横连杆、侧面防撞梁、前围和前桥架梁分散到车辆左右两侧，如图 3-1-9 所示。

图 3-1-9 正面碰撞力传递

如果侧面碰撞时可移动障碍物撞到车辆上,那么碰撞力首先从侧面防撞保护件和车门锁传递到 A 柱、B 柱和 C 柱。继续变形时侧面防撞保护件的安全钩会钩在 B 柱和 C 柱上。此外,车门内板也会支撑在车门槛上(通过结构上的重叠实现)。这样整个侧围即可非常牢固地连接在一起。这表示从这个阶段起,碰撞力通过整体式的侧框架结构作用在车厢上,如图 3-1-10 所示。

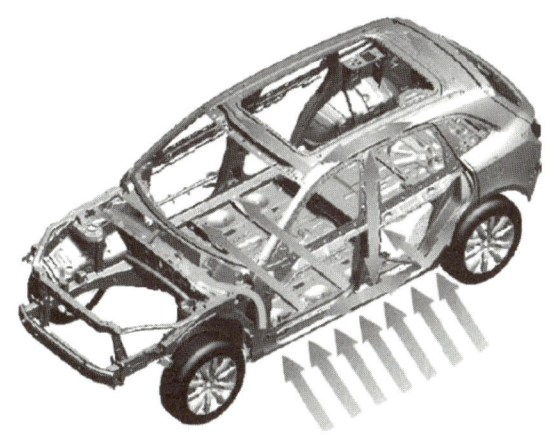

图 3-1-10　侧面碰撞力传递

发生尾部碰撞时,碰撞力通过保险杠支架及变形元件传递到车辆两侧,如图 3-1-11 所示。碰撞速度低于 15 km/h 时,这些元件作为变形吸能区可以用较低的维修费用更换。碰撞速度较高时各纵梁才会出现变形现象。通过后桥架梁和车轮,作用在车辆整个宽度上的负荷由后部底板和整个车门槛承受。在上部区域力主要由后部侧围吸收及传递。侧围将力传递至 C 柱和车顶,同时将一部分力通过车门向前传递。

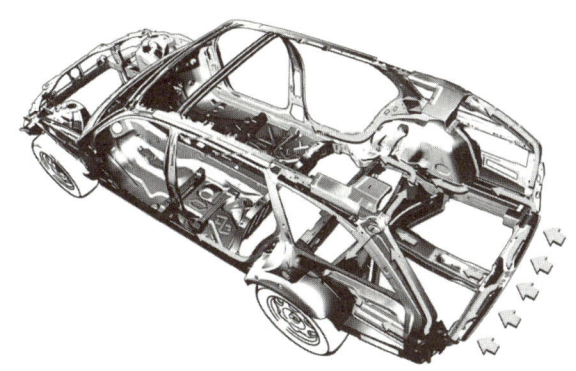

图 3-1-11　后部碰撞力传递

2. 车身损伤的判别

车身损伤的判别是车身修理作业的第一步,也是非常重要的一步。对车身损伤状况做细致检查与精确测量,是确定最佳修理方法和工作步骤的基础。如果最初的方法和工作步骤选择正确,不但可以使损伤部位巧妙地复原,并且也使整个作业时间大为缩短。

车身损伤的判别包括确定损伤范围、损伤程度、损伤类型以及车身结构是否有整体变形等几个方面。

（1）损伤范围的确定。

首先应了解轿车整个碰撞过程，如碰撞部位、碰撞方向、碰撞时车速、碰撞的物体及碰撞次数等，这对车身损伤的判别非常有意义。

确定损伤范围时，应先找到最初遭受冲击的地方（也就是最初的损伤部位），可通过油漆的剥落程度及钣金的伤痕来判定。然后沿着冲击力传播的方向系统地检查各部件的损伤，包括车身附件以及车身以外的其他总成和部件，如车轮、悬架、发动机等。

检查时要着重注意车身结构中一些应力集中区域，有部位是在车身设计中特别设置的。在碰撞冲击力的作用下，它们会按预先设定的方式变形，吸收冲击能量，保持车厢的形状，保护车内乘员的安全（被动安全）。最后确定出车身上所有损伤的部件以及它们之间的连接和装配关系。

（2）损伤程度和类型的确定。

确定出车身上所有损伤部件后，应对损坏部位进行分析，以确定损伤程度和类型。车身构件的直观损坏靠目测就可察看清楚，它可分为直接损伤和间接损伤两种类型。同时还应注意损伤部位的加工硬化。

① 直接损伤。

直接损伤是由碰撞物体与车身钢板受损部位直接接触造成。它通常以擦伤、划痕或断裂的形式出现。在所有损伤中，直接损伤通常只占一小部分，但在修理时却需要花费很多时间。

② 间接损伤。

间接损伤是由直接损伤引起的，主要有折损、挤缩等形式。

大多数碰撞都会同时造成直接和间接这两种损伤，并且大部分都是间接损伤。各种构件所形成的间接损伤没有什么本质区别，所以可采用一些基本的方法来修理大多数车身，只是由于受损部位的尺寸、硬度和位置的不同，所用的修理工具有所不同。

3. 车身损伤的检查

在大多数情况下，在碰撞部位能够观察出结构损伤的迹象。用肉眼检查后，进行总体估测，从碰撞的位置估计轿车受撞大小及方向，判断碰撞如何扩散并造成损伤。在估测中，先探查轿车上是否有扭转和弯曲变形，再设法确定出损伤的位置及各种损伤是否由同一碰撞引起。

（1）车身上容易识别的损伤变形部位。

在碰撞中碰撞力穿过车身刚性大的部件传递，如车身前立柱（A柱）、车顶纵梁、地板纵梁等箱形截面梁，最终传递深入到车身部件内并损坏薄弱部件。因此，要找出轿车损伤，必须沿着碰撞力扩散的路径，按顺序一处一处地进行检查，确认出变形情况。检查中要特别仔细观察板件连接点有没有错位断裂，加固材料（如加固件、盖板、加强筋、连接板）上有没有裂缝，各板件的连接焊点有没有变形，油漆层、内涂层及保护层有没有裂缝和剥落，以及零件的棱角和边缘有没有异样等。这样，损伤部位就容易识别出来。

① 板件的连接部位。

加固材料（如加固件、盖板、加强筋、连接板）上的缝隙，各板件的连接焊点等部位在碰撞中容易发生变形。

② 零件的棱角和边缘。

车架部件（如侧边构件）的损伤程度，可以从其四面上严重的凹痕或扭结形式来判断，而不是以部件凹面的另一面出现弧曲变形来确定。

此外，还有一点要特别注意的是，同样的碰撞力，若碰撞点部件刚性不同时，碰撞后的损伤情况不一样。当碰撞点部件的刚性较小时，碰撞点附近的损伤迹象比较显著，当能量通过附近的结构逐渐消散时，其损伤迹象很小。反之，有时碰撞点上的损伤迹象虽然很小，而能量却穿过碰撞点而传递至车身内部很深的部位，即产生"内伤"，如图3-1-12所示。

图 3-1-12　损伤部位的确定

五、检查车身部件的间隙和配合

在车身上的车门、翼子板、发动机罩、行李厢盖、车灯之间的配合间隙都有一定的尺寸要求，通过观察和测量它们之间间隙的变化可以判定发生了哪些变形。

为对比左右翼子板与发动机罩的间隙情况。车门是以铰链装在车身立柱上的，这就可通过简单地开关车门及观察门的准直来确定车身立柱是否受到损伤，通过测量和对比车门间隙来确定车门的损伤变形情况。

车身缝隙检查

在前部碰撞事故中，了解损伤最重要的是检查后车门与后顶侧板之间的间隙及水平差异；相对好的方法是比较轿车发动机罩与翼子板左侧与右侧的间隙，如图3-1-13所示。

六、车身周正性检查

检查车身是否发生过碰撞，可站在车的前部观察车身各部的周正、对称情况，特别注意观察车身各接缝，如出现不直、缝隙大小不一、线条弯曲、装饰条有脱落或新旧不一，说明该车可能出过事故或修理过。车身周正性检查常见的方法有以下两种：

（1）检查汽车两侧的前、后轮是否在同一直线上。

在汽车的前方 5~6 m 处，蹲下沿着轮胎和汽车的外表面看汽车的两侧。在两侧，前、后车轮应该排成一线；然后，在汽车后面进行同样的观察，前轮和后轮应该成一条直线。如果不是这样，则车架或整体车身弯曲了。即使左侧前、后轮和右侧前、后轮互相成一条直线，但一侧车轮比另一侧车轮更突出车身。如果是这样，则表示汽车曾经碰撞过。

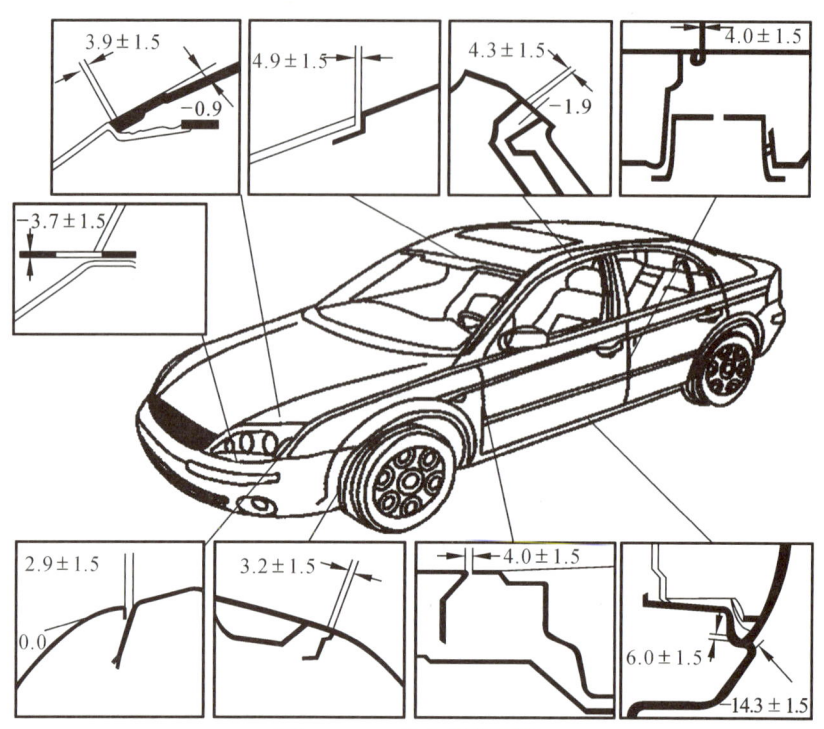

图 3-1-13　车身板件间隙

（2）检查汽车两侧的前、后轮是否在同一直线上。

蹲在前车轮附近，检查车轮后面的空间，即车轮后面与车轮罩后缘之间的距离。用直尺测量这段距离；再转到另一前轮，测量车轮后面和车轮罩后缘之间的距离。两次测量结果应该大致相同。在后轮测量同一间隙，如果发现左前轮或左后轮和它们的轮罩之间距离与右前轮或右后轮的相应距离大为不同，则表示车架或整体车身弯曲了。

任务实施

目测检查汽车车身各部位表面油漆，用漆膜仪检查车身表面油漆厚度。

（1）从 90 度、45 度、30 度的方向分别查看油漆，鉴定油漆的色差情况。

① 从正面（90 度）观察油漆颜色，如图 3-1-14 所示。

图 3-1-14　正面观察

② 从侧面（45度）观察油漆颜色，如图3-1-15所示。

图 3-1-15　正面观察

③ 从斜面（30度）观察油漆颜色，如图3-1-16所示。

图 3-1-16　从斜面观察

（2）用漆膜仪检查车身表面油漆厚度。

① 按电源键开机，按上下翻页键选择漆膜仪校对程序，按"OK"进入校对模式，如图3-1-17所示。

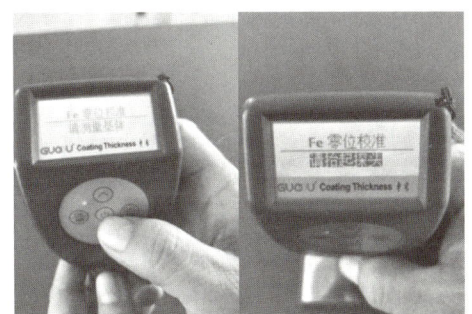

图 3-1-17　校对

② 选择漆膜片标准厚度，再次校对，如图3-1-18所示。按照要求选择其他不同厚度的漆膜片进行校对。

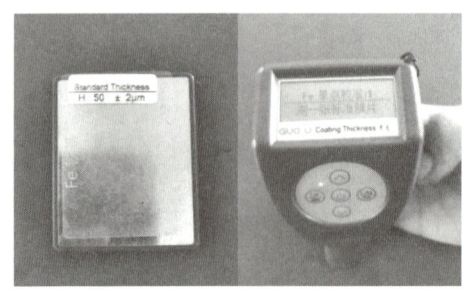

图 3-1-18　校对膜片厚度

③用漆膜仪测量车身不同部位的油漆厚度，如图 3-1-19 所示。注意塑料表面油漆的厚度不能测量。

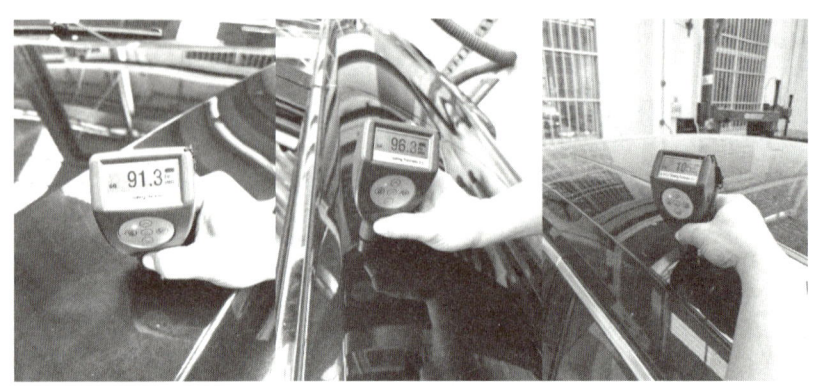

图 3-1-19　测量车身不同部位的油漆厚度

素养与思政

本任务要求分组训练，各小组在实训过程中必须团结一致、相互合作学习；了解二手车交易的法律法规，讲诚信；操作过程中注意安全，要求全程实现 7S 管理。

任务训练

一、基础知识巩固

1. 车辆漆面颜色的属性主要有三个：_____、_____ 和 _____。
2. 色相也称色调或 _____，是颜色的第一个属性。
3. 明度是指颜色的 _____，常用暗淡、鲜艳、靓丽等词语形容。
4. 油漆类型：_____、_____ 和 _____。
5. 车漆厚度跟车型、颜色、具体部位都有关，一般在 120 ~ _____ μm 之间，莫氏硬度为 0.4 ~ _____，车顶、车门板、前盖，厚度各有稍微不同。
6. 检查汽车两侧的前、后轮是否在同一直线上，在汽车的前方 5 ~ ____ m 处，蹲下沿着轮胎和汽车的外表面看汽车的两侧。
7. 玻璃上显示……6，该玻璃是 _____ 年 ____ 月生产的。

8. 车架部件（如侧边构件）的损伤程度，可以从其四面上严重的_____或_____形式来判断，而不是以部件凹面的另一面出现_____来确定。

二、问答题

1. 车身油漆鉴定的方法有哪些？

2. 车辆外观检查判断事故车，主要检查内容有哪些？

三、实践训练

实践训练1　汽车车身油漆检查

专业			班级		
姓名		学号		组号	
客户姓名			车牌		
车型			车架号		
检测项目			行驶里程数		车内贵重物品
外观确认： ○ 划伤 □ 擦伤 ◇ 碰伤 △ 凹陷 ◎ 脱落			仪表故障信息： 其他：		
检查内容及结果	(1) 油漆的颜色：				
	(2) 色差部位：				
	(3) 重喷油漆的部位：				
	(4) 油漆厚度记录：				
结果判断					
检测员签字：			服务顾问签字：		

实践训练 1 完成情况评价表

项目	赋分	自评得分	互评得分	教师评分
正确理解知识	25			
检查方法及数据正确	25			
表达清晰准确	25			
结果判断正确	25			
完成任务小结				
综合得分（自评得分10%，互评得分30%，教师评分60%）:				

实践训练 2　车辆外观检查及评价表

专业		班级	
姓名		学号		组号	

一、工作任务描述

以小组不单位，每组检查一辆车辆，记录外观检查结果。

二、任务信息收集及评分表

序号	检查项目	配分	检查结果	得分	评分标准
1	前挡风玻璃	3			
2	发动机舱盖表面	3			
3	前保险杠	3			
4	前大灯	3			
5	左前翼子板	3			1. 项目漏检不得分。
6	左后视镜	3			2. 检查方法错误，每次扣1分（检查车漆需要用漆膜厚度检测仪，检查轮胎需要用深度尺）。
7	左前车门	3			
8	左前轮轮毂	3			
9	左前轮轮胎	3			
10	左后车门	3			3. 遗漏写，错误写每项扣1分。
11	左后轮轮毂	3			
12	左后轮轮胎	3			
13	左后翼子板	3			
14	后挡风玻璃	3			
15	行李箱盖	3			
16	后保险杠	3			

续表

17	后尾灯	3			
18	右后翼子板	3			
19	车顶	3			
20	右后车门	3			
21	右后轮轮毂	3			
22	右后轮轮胎	3			
23	右前车门	3			
24	右前轮轮毂	3			
25	右前轮轮胎	3			
26	右前翼子板	3			
27	右后视镜	3			
28	四门车窗玻璃	3			
29	前后雨刮器	3			
30	漆膜仪校准	8			
31	7S 管理	5			
满分 100 分，合计得分：					

任务 3-2 车身板件检查

知识目标

1. 能说出车身覆盖件的名称及位置。
2. 能说出车身结构件的名称及位置。
3. 能说出车身覆盖件及结构件的检查方法。

能力目标

1. 能分别出车身结构件是否维修。
2. 能用工具检查汽车覆盖件是否钣金。
3. 能够准确判断车身覆盖件及车身结构件是否喷漆、钣金。

素质目标

1. 通过课堂教学活动培养学生的职业素养及法律意识。
2. 通过学生小组合作学习,培养学生爱岗敬业、团结互助、讲诚信的价值观

任务引入

二手车评估师在进行车身板件检查时,主要看车身覆盖件及车身结构件有没有做过钣金,车身曲线是否流畅自然,有没有大面积地凹凸不平,车门、发动机舱盖这些部位同车身结合的缝隙是否均匀一致,防锈胶条是否流畅、大小均匀,车身结构件是否有拉伸及焊接的痕迹等等。本任务针对初学者讲解如何通过汽车车身覆盖件及车身结构件的检查,来判断汽车是否是事故车。

相关知识

一、车身结构

轿车车身壳体通常也分为三段,即由前车身、中间车身和后车身三大部分及相关构件组成。车身前段包括如下组件或部件:机罩、前部左翼板、前部右翼板和挡泥板、散热器护栅板、车头灯、散热器及其支架、各种板件、前保险杠及其支架和装饰件。

现代轿车基本上都采用承载式车身,承载式车身又称整体式车身,是指在前、后轴之间没有起连接作用的车架,车身是承担全部载荷的刚性壳体。承载式车身虽然没有独立的车架,但由于车身主体与类似于车架功能的车身底板采用组焊等方式制成整体刚性框架,使整个车

身（底板、骨架、内外蒙皮、车顶等）都参与承载。底板、骨架、内外蒙皮、车顶等主要部件是焊接在一起的，所以车身易于形成紧密的构造，其车身连接的各板件名称如图 3-2-1 所示。

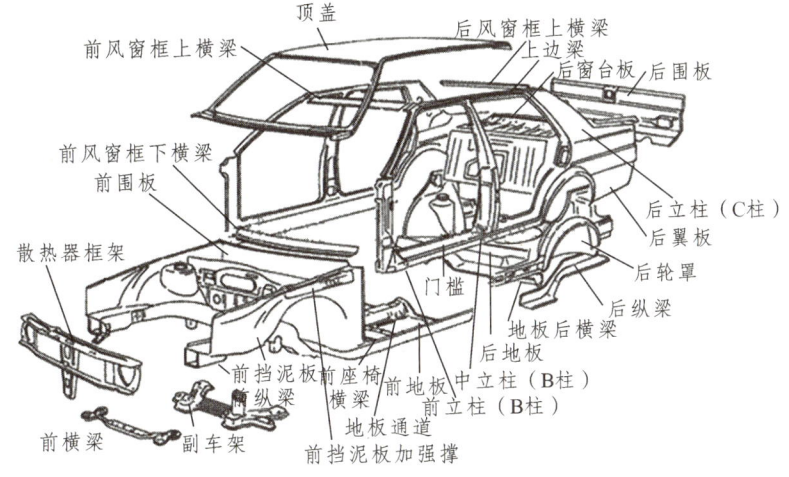

图 3-2-1　车身壳体

二、车身板件

1. 前翼子板

翼子板是遮盖车轮的车身外板，因旧式车身上该部件形状及位置似鸟翼而得名。按照安装位置又分为前翼子板和后翼子板，前翼子板位于汽车发动机罩侧下部，前轮上部，是重要车身装饰件，主要部件一般采用薄钢板冲压制造，如图 3-2-2 所示。轿车的前翼子板属于独立覆盖件，如果发生较大的变形都会整体更换。

图 3-2-2　前翼子板

2. 后翼子板

后翼子板是指后门框以后的遮盖后车轮及后侧车身的车身钣金件，也叫后侧板，如图 3-2-3 所示。

3. 发动机罩

发动机罩位于车辆前上部，是发动机舱的维护盖板，通常由外板、内板和加强梁等组成，如图 3-2-4 所示。发动机罩是最醒目的车身构件，是买车者经常要察看的部件之一。对发动机罩的主要要求是隔

图 3-2-3　后翼子板

热隔音、自身质量轻、刚性强。为了防止变形和震动，发动机罩通常由两块或两块以上的板焊接或粘接在一起。

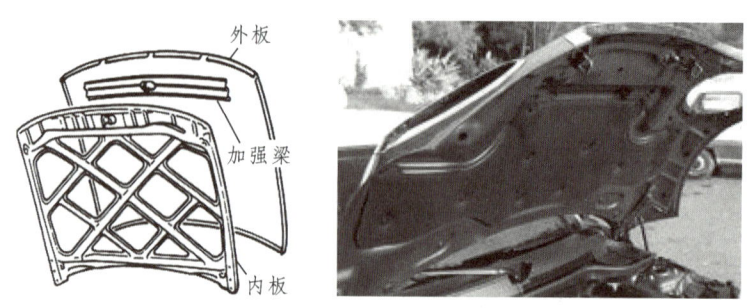

图 3-2-4　发动机罩

4. 车门

车门是通过铰链安装在车身壳体上，其结构较复杂，是保证车身的使用性能的重要部件。车门是乘员上下的通道，其上还装有门锁、玻璃、玻璃升降器等附属设施，车门框架是车门的主要钢架，铰链、玻璃、把手等部件安装在门框架上。车门及附件主要包括车门板（车门外板和车门内板）、车门内饰板、车门密封条、车门铰链（一般包括车门上铰链、下铰链）、车门锁总成等零件组成，如图 3-2-5 所示。

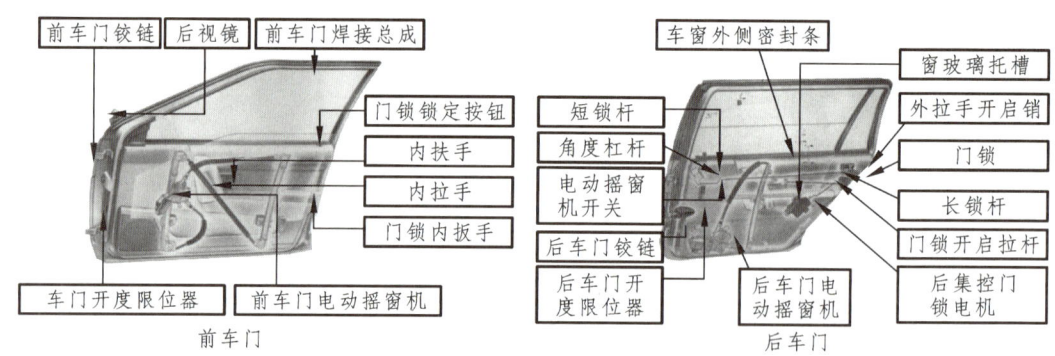

图 3-2-5　车门

三、车身覆盖件检查

1. 前/后翼子板检查

漆膜仪检测漆面，拆开后门洞封条，查看边缘焊点，有无切割更换翼子板。

前翼子板内衬：查验拆装痕迹、安装间隙、表面磨损和可见痕迹，有无修复、切割、焊接、更换。

后翼子板内衬：打开后备箱，拆开内衬，查验切割焊接更换痕迹，有无打胶喷漆。后翼子板往往是与车身中层相连，修理难度较大。有些后翼子板明显破损的情况就需要从 B 柱、C 柱附近将后翼子板切下修理或更换。而这样的大规模改动是需要将车的大部分部件，包括车门一并拆下的。所以可以根据其他地方的改动来进行判断。

2. 前后保险杠检查

前保险杠：查看部件接触间隙，左右对比判断是否有碰撞修复，杠体表面是否有色差、钣金、可见伤和更换，如图3-2-6所示。

后保险杠：漆膜仪检测漆面，后杠一般使用ABS塑料板材和PP塑料制造，查看部件接触间隙，左右对比判断是否有碰撞修复，缸体表面是否有色差、钣金、可见伤和更换。

另外，还可查看保险杠与翼子板之间的间隙是否均匀。

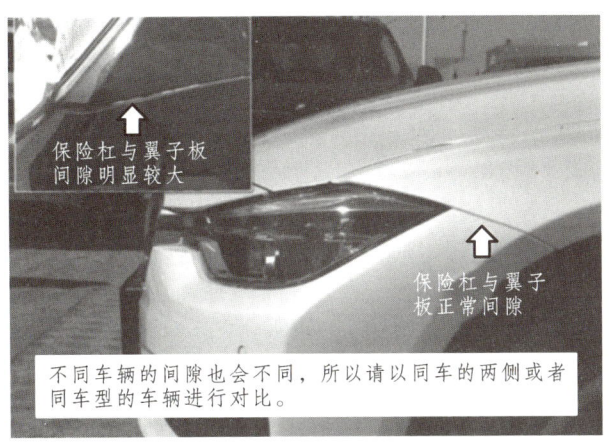

图3-2-6　检查保险杠

3. 检查发动机罩

查看发动机罩铰链和边缘封胶，以及前机盖锁定状态情况下，左右间隙是否平均一致，查看是否更换、钣金和喷漆修复，有无色差，如图3-2-7所示。查看发动机罩盖内部各个孔洞有无变形，装饰盖固定胶墩是否丢失、老化、损坏，是否为原厂封胶条，如图3-2-8所示。

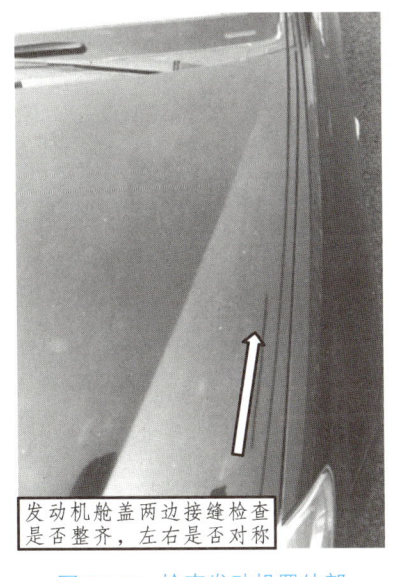

图3-2-7　检查发动机罩外部

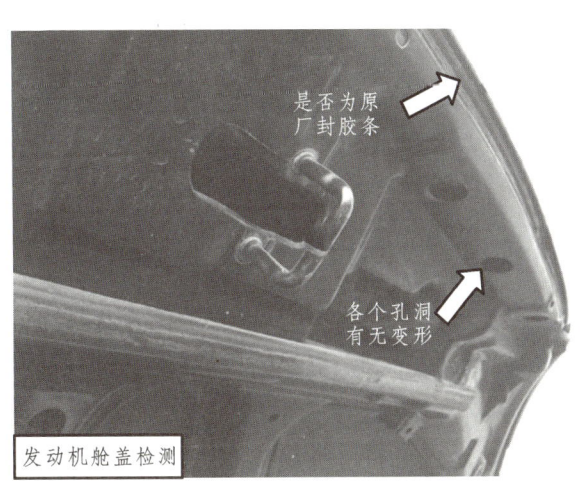

图3-2-8　检查发动机罩内部

发动机罩盖锁：扳动驾驶舱发动机罩开关，抬起发动机罩扳动外部2级开关，开关无卡滞、损坏，扣下发动机罩能正常关闭锁止。

发动机罩液压支撑杆：抬起发动机罩，支撑杆无变形、泄压、无法支撑等现象。

4. 后备箱盖、油箱盖检查

漆膜仪检测漆面，查看铰链和边缘封胶，以及后备箱锁定状态情况下，左右间隙是否平均一致，是否更换、钣金和喷漆修复，有无色差，如图 3-2-9 所示。

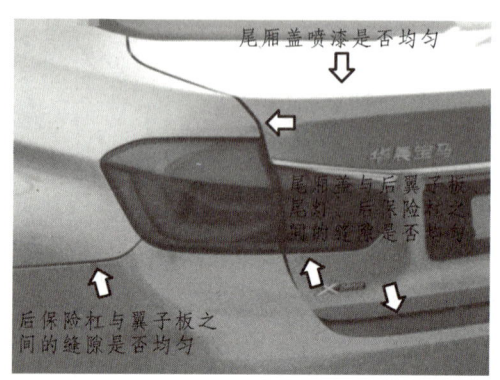

图 3-2-9　检查后备箱

后备箱围板：查验封胶，确认有无钣金修复、严重变形、焊接、锈蚀和更换。

后备箱液压支撑杆：开启后备箱，后备箱无回落痕迹。

后尾灯：使用手电筒观察，按动两侧后尾灯灯体无松动，表面无划痕、破损、水雾、裂痕现象。

尾灯是否有过更换可以通过尾灯上面的编号判断，所有原厂尾灯一定都有编号，虽然厂家之间编号规则不同，但一定有流水号并且不相同，所以如果相差太多或者编号格式不同，那么一定是更换过的。

油箱盖：搬动油箱盖开关，油箱盖开启正常，无卡滞现象，如图 3-2-10 所示。

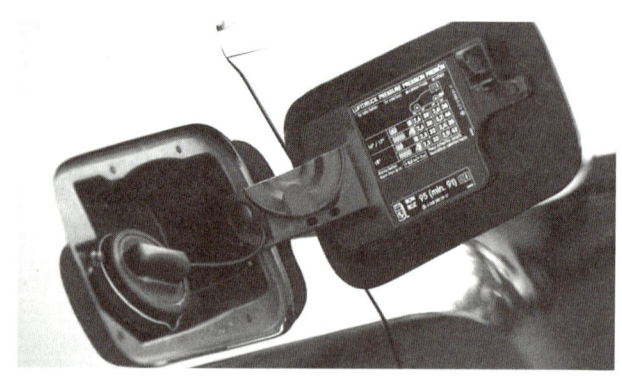

图 3-2-10　检查油箱盖

5. 车门、立柱检查

前车门：查看铰链和边缘封胶，以及前门锁定状态情况下，左右间隙是否平均一致，查看是否更换、钣金和喷漆修复，有无色差，如图 3-2-11 所示。

后车门：漆膜仪检测漆面，查看铰链和边缘封胶，以及后门锁定状态情况下，左右间隙是否平均一致，查看是够更换钣金和喷漆修复，有无色差；检查车门是否平整，周边是否有间隙，装饰条是否变形、老化等；看 B 柱门缝线条是否过大，是否整体平整，有没有变形。

图 3-2-11　检查车门

看门的局部，胶条是否变形或老化，如图 3-2-12 所示。

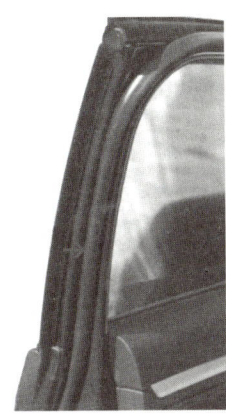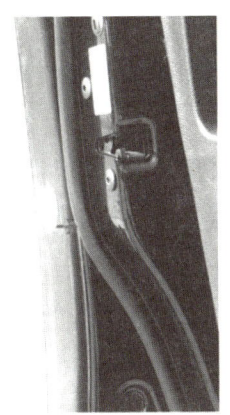

图 3-2-12　检查胶条

车辆 A 柱前门内侧是否正常，螺丝是否牢固，如图 3-2-13 所示。

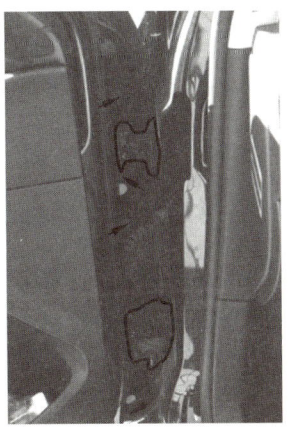

图 3-2-13　检查 A 柱

检查车辆的底边门框是否变形，如图 3-2-14 所示。

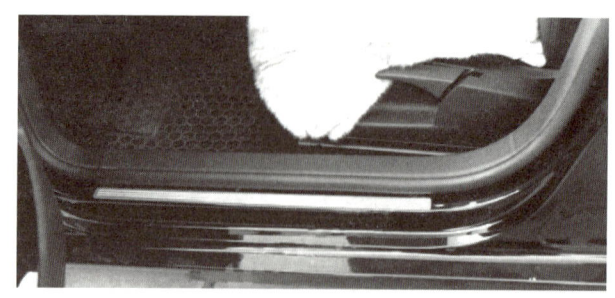

图 3-2-14 检查车辆的底边门框

检查门框是否平整，密封胶条是否老化，漆面是否有补漆的痕迹，如图 3-2-15 所示。

图 3-2-15 检查门框

两侧底大边：检查车辆底大边是否有焊接、变形、破损，如图 3-2-16 所示。

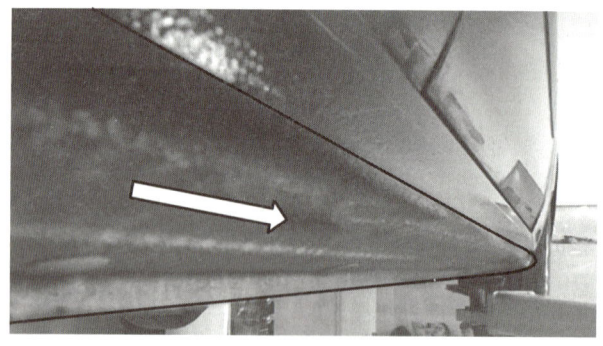

图 3-2-16 检查两侧底大边

四、车身结构件检查

汽车车身结构通常是指白车身本体、前纵梁、地板横梁、支柱等主要承力元件以及与它们相连接的板件共同组成的刚性空间结构件，如图 3-2-17 所示。客车车身多数具有明显的骨架，而轿车车身和货车驾驶室则没有明显的骨架。车身壳体通常还包括在其上敷设的隔音、隔热防振、防腐、密封等材料及涂层。

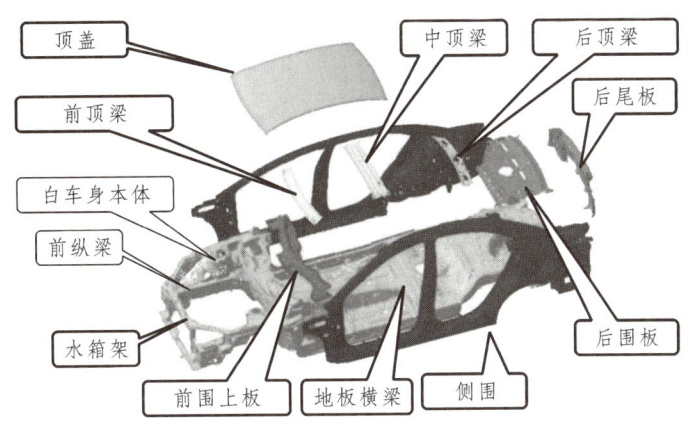

图 3-2-17　车身壳体

立柱是汽车车身上用以支撑车顶板的梁，并为打开车门提供方便，它们必须非常坚固，以便在万一发生碾压事故时保护乘客的安全，如图 3-2-18 所示。

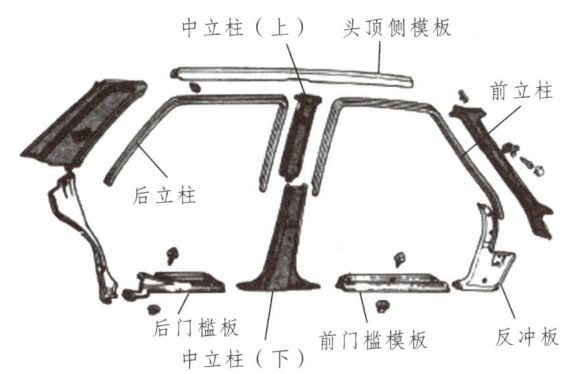

图 3-2-18　车身立柱

前立柱向上延伸到风挡的末端，必须足够坚固以保护乘客。它也叫作 A 支柱，是从车顶向下延伸到车身主干上的箱形钢梁。中间支柱也叫 B 支柱，是车顶的支承件，在四门汽车上位于前门和后门之间。它增强了车顶的强度，并且为后门铰链提供了安装位置。后支柱从后侧围板向上延伸用以支承车顶的后部和后窗玻璃，也叫 C 支柱，它们的形状随车身的型式而变化。门槛板是安装在车门底部的坚固的板条，通常焊接在车地板和支柱、反冲板或后侧围板上。

1. 检查前、后纵梁

汽车前纵梁是汽车中最重要的承载部件，而车架纵梁又是其中的关键零件之一，所以纵梁在汽车上起到重要的承载作用，汽车的边梁式车架、中梁式车架等均含有纵梁。

纵梁通常用低合金钢板冲压而成，断面形状一般为槽型，也有的做成 Z 字型或者箱型断面，如图 3-2-19 所示。根据汽车形式的不同和结构布置的要求，纵梁可以在水平面内或纵向平面内做成弯曲的以及等断面或非等断面的，而却前纵梁的前半部分都设计了吸能装置，在汽车发生碰撞时能较好的保护驾乘人员，如图 3-2-20 所示。

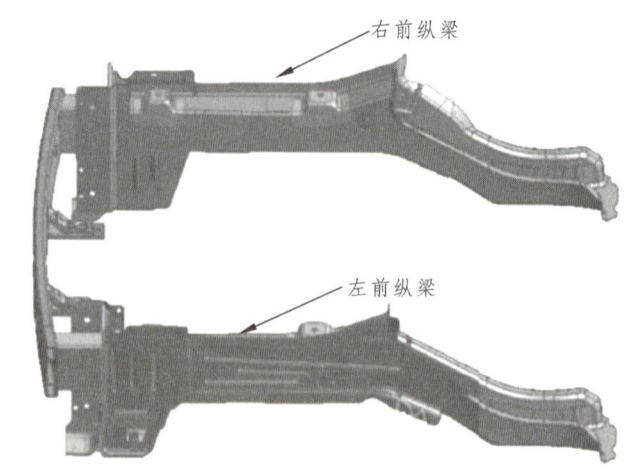

图 3-2-19 前纵梁

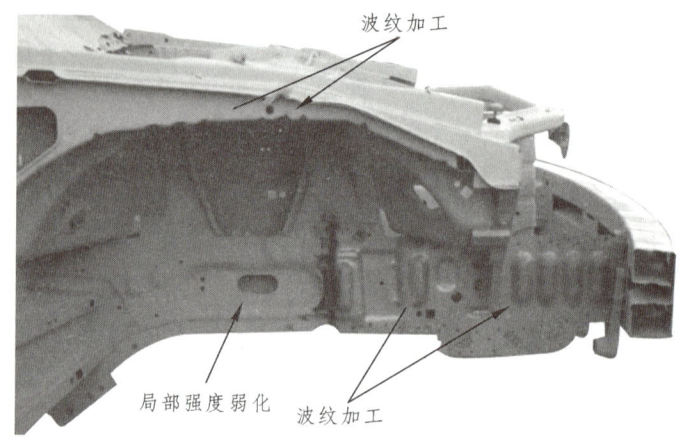

图 3-2-20 吸能装置

前、后纵梁检查主要是看是否有拉伸修复的痕迹、是否有焊接的痕迹、是否有喷漆痕迹，是否自然平顺，有没有变形，板件连接处的防锈胶是否均匀等。

2. 检查 A 柱

A 柱一般是车辆设计中最不易变形的部位之一，在碰撞中，A 柱的变形程度是作为车辆碰撞评分的重要参考。在二手车评估中 A 柱检查尤为重要。看 A 柱的漆面是否均匀，在于玻璃之间的缝隙中有无重新喷漆的迹象，用手摸上去是否有凹凸感；A 柱往往在表面件上还有一层覆盖件，覆盖件相对 A 柱会更容易更换。如果 A 柱本身与表面覆盖件存在不均匀贴合的话，轻轻敲击的声音会相差很大，如图 3-2-21 所示。

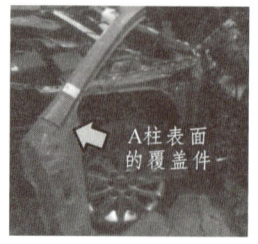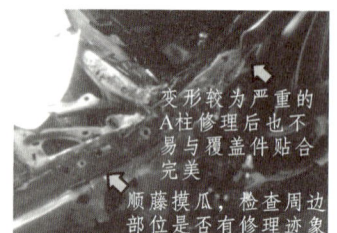

图 3-2-21 检查 A 柱

3. 检查 B 柱

B 柱检查是否有过修复、喷漆痕迹，要看是否为自然平顺的，没有变形，没有修整的痕迹，如图 3-2-22 所示。

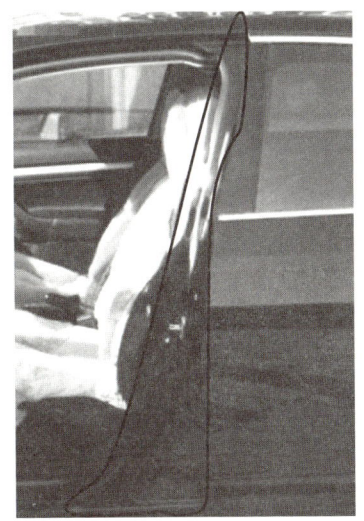

图 3-2-22　检查 B 柱

4. 检查 C 柱

C 柱检查是否有过修复、喷漆痕迹，如图 3-2-23 所示。

图 3-2-23　检查 C 柱

5. 检查车顶

使用漆膜仪按照网状检测顺序，四边和中心区域，检测点间距不超过 10 cm，无变形、切割、碰撞事故造成的钣金修复，如图 3-2-24 所示。漆面以漆膜仪检测数据为依据，正常数据范围 60~180 μm。

图 3-2-24　检查车顶

6. 检查天窗

检查天窗是否工作正常在于天窗开关时是否有异响以及抖动。如果有异响或是抖动一般是因为滑轨上有沙尘或是润滑不良。此外还应该听天窗电机的声音是否"顺滑",电机在发生故障前一般都会发出"虚脱"的声音征兆,如图 3-2-25 所示。

7. 检查水槽内

在天窗水槽内除了浮土外,任何异物都有可能造成排水管路的堵塞,或是造成天窗的异常磨损。前部的挡板下方水槽是要重点检查的地方,如图 3-2-25 所示。

8. 检查天窗排水管路

一般车型都具有左前、右前、左后、右后 4 条排水管,以便天窗水槽内的积水顺利排出车外,避免积水渗入车内,如图 3-2-25 所示。

图 3-2-25　检查天窗

任务实施

检查前后翼子板及保险杠:

(1) 查看部件接触间隙,左右对比判断是否有碰撞修复,杠体表面是否有色差、钣金、可见伤和更换；保险杠与翼子板之间的间隙是否均匀，如图 3-2-26 所示。

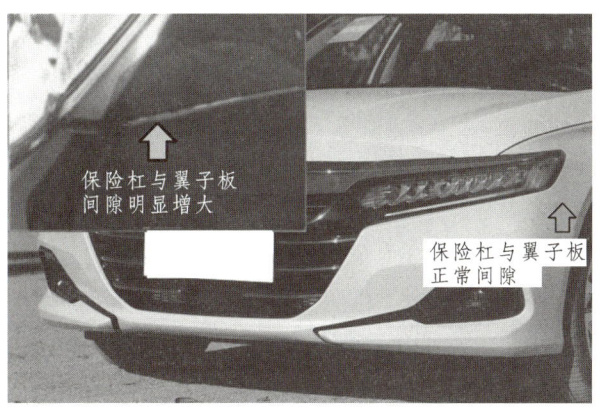

图 3-2-26　检查前保险杠

（2）后杠一般使用 ABS 塑料板材和 PP 塑料制造，查看部件接触间隙，左右对比判断是否有碰撞修复，缸体表面是否有色差、钣金、可见伤和更换，如图 3-2-27 所示。

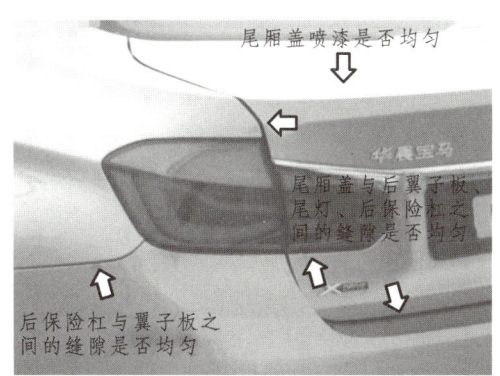

图 3-2-27　检查后保险杠

素养与思政

本任务要求分组训练，各小组在实训过程中必须团结一致、相互合作学习；了解二手车交易的法律法规，讲诚信；操作过程中注意安全，要求全程实现 7S 管理。

任务训练

一、基础知识巩固

1. 轿车车身壳体通常也分为三段，即由_____、_____和_____三大部分及相关构件组成。

2. 车身前段包括如下组件或部件：_____、前部左翼板、前部右翼板和挡泥板、散热器护栅板、车头灯、散热器及其支架、各种板件、前保险杠及其支架和装饰件。

3. 现代轿车基本上都采用_____，承载式车身又称_____。

4. 翼子板按照安装位置又分为_____和_____，前翼子板位于汽车发动机罩侧下部，前轮上部，是重要车身装饰件，主要部件一般采用_____冲压制造。

5. 检查前后保险杠判断事故车，应查看部件接触间隙，左右对比判断是否有碰撞修复，杠体表面是否有_____、_____、可见伤和更换。

6. 查看前车门判断事故车，应查看铰链和边缘封胶，以及前门锁定状态情况下，左右间隙是否_____，查看是否更换、钣金和喷漆修复，有无色差。

7. 汽车_____是汽车中最重要的承载部件，而车架纵梁又是其中的关键零件之一。

8. 纵梁通常用低合金钢板冲压而成，断面形状一般为_____，也有的做成_____或者箱型断面。

9. 检查车顶漆面，使用漆膜仪按照网状检测顺序，四边和中心区域，检测点间距不超过_____cm，无变形、切割、碰撞事故造成的钣金修复，漆面以漆膜仪检测数据为依据正常数据范围_____μm。

10. 一般车型天窗排水管路都_____条排水管，以便天窗水槽内的积水顺利排出车外，避免积水渗入车内。

二、简答题：

1. 前纵梁主要检查哪些项目？

2. 车门、立柱主要检查哪些项目？

三、实践训练

实践训练 1　汽车车身覆盖件检查

专业			班级		
姓名		学号		组号	
客户姓名			车牌		
车型			车架号		
检测项目			行驶里程数		车内贵重物品

续表

外观确认： 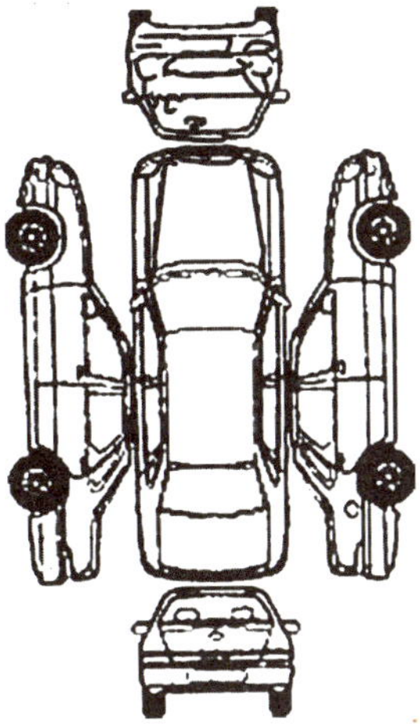		仪表故障信息：	
○ 划伤　□ 擦伤　◇ 碰伤　△ 凹陷　⊘ 脱落		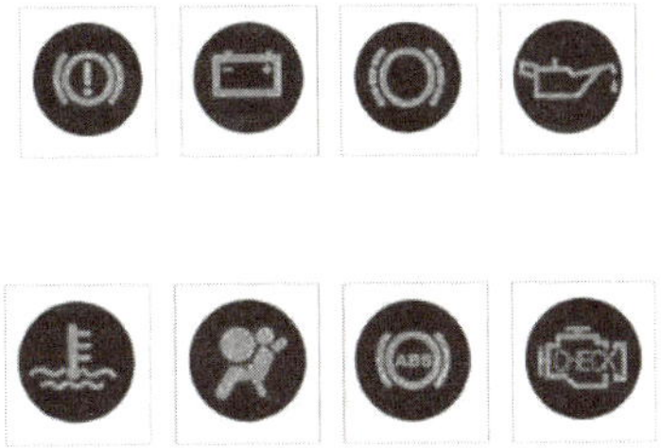 其他：	

检查内容及结果	（1）前保险杠：
	（2）后保险杠：
	（3）前翼子板：
	（4）后翼子板：
	（5）车门：
	（6）车顶：
	（7）后尾箱盖：
	（8）油箱盖：
结果判断	
检测员签字：	服务顾问签字：

实践训练 1 完成情况评价表

项目	赋分	自评得分	互评得分	教师评分
正确理解知识	25			
检查方法及数据正确	25			
表达清晰准确	25			
结果判断正确	25			
完成任务小结				
综合得分（自评得分 10%，互评得分 30%，教师评分 60%）：				

实践训练 2　车辆外观检查及评价表

专业		班级	
姓名		学号		组号	

一、工作任务描述

以小组为单位，每组检查一辆车辆，记录外观检查结果。

二、任务信息收集及评分表

序号	检查项目	配分	检查结果	得分	评分标准
1	前保险杠	4			
2	左前翼子板	4			
3	左前车门	4			
4	左后车门	4			
5	油箱盖	4			
6	左后翼子板	4			
7	行李箱盖	4			1. 项目漏检不得分。
8	后保险杠	4			2. 检查方法错误，每次扣 1 分（检查车漆需要用漆膜厚度检测仪，检查轮胎需要用深度尺）。
9	右后翼子板	4			
10	车顶	4			
11	右后车门	4			
12	右前车门	4			
13	右前翼子板	4			
14	左前纵梁	5			
15	右前纵梁	5			3. 遗漏写，错误写每项扣 1 分。
16	左后纵梁	4			
17	右后纵梁	4			
18	A 柱	5			
19	B 柱	5			
20	C 柱	5			
21	漆膜仪校准	5			
22	漆膜仪检测	5			
23	7S 管理	5			
满分 100 分，合计得分：					

任务 3-3　发动机舱与底盘检查

知识目标

1. 能说出发动机舱机械部件的鉴别方法。
2. 能说出发动机舱电气部件的鉴别方法。
3. 能说出发动机舱及底盘零的检查内容。

能力目标

1. 能分别出机械部件是否维修。
2. 能够准确判断电气部件是否维修。
3. 能够判断底盘常见故障。

素质目标

1. 通过课堂教学活动培养学生的工匠精神及法律意识。
2. 通过学生小组合作学习，培养学生爱岗敬业、团结互助、讲诚信的价值观。

任务引入

发动机舱位于整个车的车头，这个部位是最容易发生碰撞的部位。大部分事故车，车头部分都会有或大或小的损伤，所以在二手车检测过程中，发动机舱的检测是非常重要的。发动机舱就好比汽车的心脏；所以它的好坏对车价的影响很大。底盘长期暴露在外，饱受风霜雪雨、泥水、石头的侵蚀，受损概率要远大于车身，再者作为整车的支撑，对车身寿命和行车安全以及舒适度都有很大的影响。

本任务针对初学者讲解如何通过汽车发动机舱及底盘的检查，来判断汽车是否是事故车。

相关知识

一、发动机舱钣金结构和电气检查

汽车发动机固定在车身的前部，固定发动机的钣金结构件主要有：左前纵梁、右前纵梁、散热器框架（龙门架）、水箱框架、前围板、前挡泥板、副车架等，如图 3-3-1 所示。

发动机舱里一般包括发动机、空气滤清器、电瓶、发动机排气系统、节气门、水箱补液罐、继电器盒、制动助力泵、油门拉线、车

发动机舱钣金结构
和电气检查

窗玻璃清洗液储液罐、制动液储液罐、保险丝等等。

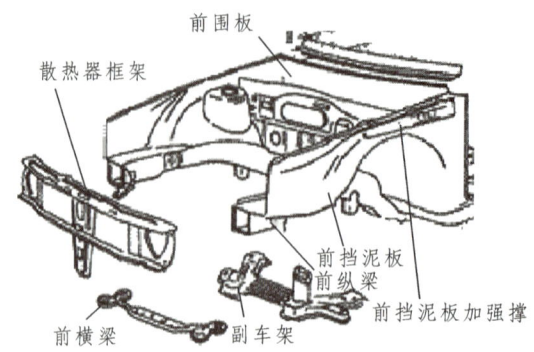

图 3-3-1　发动机舱板件

1. 发动机舱盖检查

（1）检查发动机舱盖周边是否存在扭曲变形。机舱盖是否重新喷漆，可用漆膜仪进行检测。

（2）检查机舱盖铰链的螺栓有无拆卸，一般出厂螺栓都带有完整涂漆，如果发动机舱盖螺栓被拆装过，螺栓下的垫片或者螺栓本身与之前的痕迹对比，会出现明显的错位痕迹，此迹象表明发动机舱盖有更换、做漆或修复的可能。

（3）检查密封胶条是否整齐规则、机盖锁扣是否有拆装过的情况。

2. 检查水箱框架支架、大灯

水箱框架支架一般是由比较薄的钢板冲压而成，收到冲击后容易变形，大灯属于易损零件。汽车如果发生碰撞，这两个零部件最容易损坏，所以在二手车评估中要重点查看，如图3-3-2 所示。检查的项目如下：

图 3-3-2　检查水箱框架支架、大灯

（1）检查散热器框架及水箱框架的连接位置，是否有拆卸和生锈的痕迹。检查水箱框架上支架是否有钣金过的痕迹。

（2）观察水箱架与翼子板内衬连接处的螺栓是否有拧动过的痕迹，螺栓是否有喷漆的痕迹。

（3）检查水箱和翼子板上纵梁结合部分的焊接点是否呈凸出状，是否有失圆或大小不一的点焊且焊点粗糙不光滑、排列不规则、不均匀。

（4）检查水箱框架上是否贴有标签、是否有钣金、喷漆的痕迹。

(5)检查左右大灯的位置是否错位、生产日期是否一致。

3. 检查前翼子板内衬

前翼子板分左右两块,其检查方法及项目相同,以目测检查为主,如图3-3-3所示。检查的项目如下:

(1)检查翼子板漆面是否有色差,周边是否有飞漆,两侧翼子板厚度是否一样。
(2)检查翼子板内衬是否存在钣金修复的痕迹、螺丝是否有拧动过的痕迹。
(3)检查翼子板边缘是否有褶皱痕迹,固定翼子板的螺丝是否发生错位。

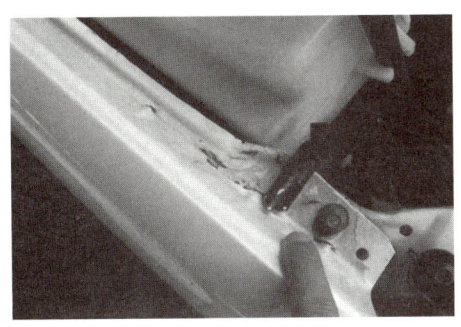

图3-3-3 检查前翼子板内衬

4. 检查前纵梁

前纵梁左右各有一根,其结构为箱型结构,上面有吸能区及测量孔,前纵梁采用高强度钢焊机而成,如果汽车发生较大的碰撞,前纵梁就有可能发生变形,如图3-3-4所示。在二手车评估中如果前纵梁被修过,那么整车的价格则会下降很多的,前纵梁的检查有目测检查及专用仪器检查两种方法,其检查的项目如下:

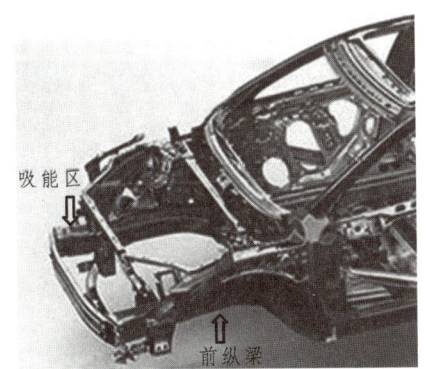

图3-3-4 检查前纵梁

(1)检查前纵梁是否有明显褶皱、焊接痕迹、吸能区是否有不规则的变形或者被钣金修复后的痕迹。
(2)检查前纵梁两侧的漆面是否一致。
(3)检查个板件连接处的防锈胶是否均匀一致。

5. 发动机舱外观检查

(1)打开发动机罩,观察发动机表面是否清洁,是否有油污,是否锈蚀,是否有零部件损伤或遗失，导线、电缆、真空管是否松动。

（2）检查气门室盖的密封垫和气缸垫是否更换过。

（3）查看发动机上有无发动机铭牌，如果有，检查上面是否有发动机型号、出厂编号、主要性能指标等，这可以判别发动机是不是正规出厂，如图3-3-5所示。

（4）查看排放信息标牌是否在发动机罩下的适当位置或在风扇罩上，这在以后的发动机诊断或调整时需要。

图3-3-5　检查发动机信息

6. 检查发动机冷却系

（1）从副水箱查看冷却液的量是否在标准范围内。

（2）冷却液颜色应该是浅绿色的（也有些冷却液是红色的）。

（3）冷却液中不应有油料浮动。

（4）冷却液闻起来不应该有汽油或机油味，如果有，则发动机气缸垫可能已烧坏。

（5）检查散热器外观，应该是无损伤、无渗漏、无污物，如有图3-3-6所示的现象，则说明散热器损坏。

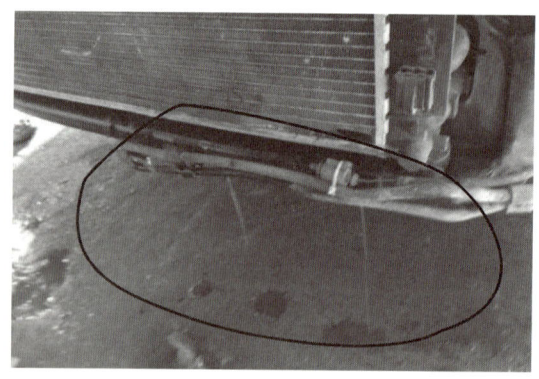

图3-3-6　检查散热器

（6）打开散热器盖，散热器内部清洁无污垢，散热器盖密封垫良好。

（7）检查散热器水室和散热器芯子，查看是不是有褪色或潮湿区域。

（8）软管外表光洁无老化，无破损，无变形或局部鼓包。用手挤压软管，看是否有裂纹或发脆现象。

（9）铁水管有无锈蚀。

（10）接头连接良好，密封无渗漏，如有图 3-3-7 所示的现象，则说明管路有泄漏。

图 3-3-7　检查管路

（11）目视检查风扇叶片，看是否有破损或变形，如风扇变形有可能是碰撞造成的，要仔细检查与其相连接的零部件，如图 3-3-8 所示。

（12）用手转动风扇叶片，是否感到有卡滞。

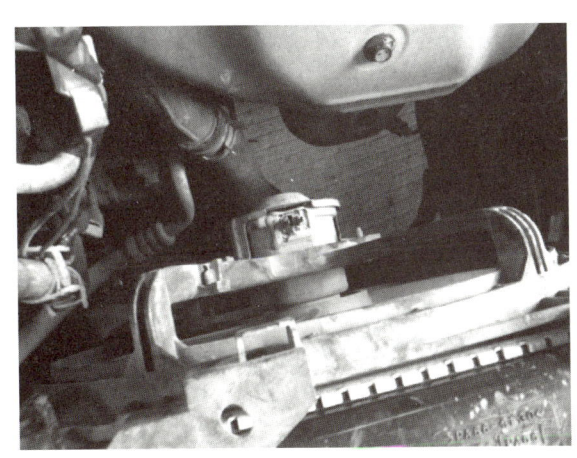

图 3-3-8　检查风扇

7. 检查发动机润滑系

（1）打开机油口盖，检查加油口盖底面是否有一层具有黏稠度的浅棕色巧克力乳状物或油与油污混合的小液滴。

（2）检查机油质量取一片洁净的白纸，在纸上滴下一滴机油，检查机油中是否变质。

（3）检查机油气味。拔下机油尺，闻闻机油尺上的机油有无异味，机油尺上是否有水珠，检查机油是否有污垢或金属粒，检查机油尺是否变色。

（4）检查机油液位。启动发动机之前或停机 30 min 之后，打开发动机舱盖，抽出机油尺，将机油尺用抹布擦净油迹之后，插入机油尺导孔，拔出查看。油位是否在上下刻线之间。

（5）用棘轮扳手拆下机油滤清器，观察机油滤清器有无裂纹，密封圈是否完好。

（6）从气门室盖拔出 PCV 阀，并晃动，检查是否发出"咔哒"声，如图 3-3-9 所示。

图 3-3-9　检查 PCV 阀

小常识

机油泄漏的地方主要有：

（1）气门室盖。

（2）气缸垫。

（3）油底壳垫。

（4）曲轴前、后油封。

（5）油底壳放油螺塞。

（6）机油滤清器。

（7）机油散热器的机油管。

（8）机油散热器。

（9）机油压力感应塞。

8. 检查点火系

（1）检查标牌。看蓄电池是不是原装的。

（2）检查蓄电池的表面情况。检查表面是否清洁，盖上是否有电解液、尘土等异物或端子、接线柱处是否有严重铜锈或堆满腐蚀物。

（3）检查蓄电池托架或蓄电池安装箱。检查蓄电池压紧装置是否完整，是否为原来部件。

（4）查看高压线外表，检查导线端子被腐蚀、导线损坏或变形。

（5）测量高压线电阻，是否在标准范围内。

（6）检查火花塞：检查间隙是否过大；火花塞是否积垢；中心电极是否烧蚀；绝缘体是否有裂纹。

（7）检查点火线圈：端子是否被腐蚀，外壳是否损坏或裂纹；测量初级线圈、次级线圈的电阻，是否在标准范围内。

9. 检查发动机的供油系统

（1）检查燃油泄漏。检查发动机的罩下或行驶中是否有燃油味。

（2）检查汽油管路。检查油管是否老化。

（3）检查燃油滤清器。检查燃油滤清器是否更换。

10. 检查发动机进气系统

（1）检查发动机支脚减振垫是否有裂纹、老化、是否磨损严重。

（2）检查正时带。拆下正时罩，如果有必要，使用一个手电筒，仔细检查同步齿形带内、外两侧有无裂纹、缺齿、磨损等现象。

（3）检查发动机各种带传动附件的支架和调节装置。检查发动机各种皮带传动附件的支架和调节装置是否松动、螺栓是否丢失或有裂纹等现象。

（4）检查制动主缸及制动液。检查制动主缸是否发生锈蚀或变色；主缸中的制动液是否清晰，是否存在污垢、杂质或小水滴，是否有正常的液面。

（5）检查离合器液压操纵机构。检查油液是否和制动主缸中的油液相同。

（6）检查继电器盒。打开继电器盒的塑料盖，查看内部。

（7）检查发动机线束。检查线束是否良好，是否损伤或结构不合理。

（8）查看发动机舱中导线是否擦破或是否裸露；是否露在保护层外；是否固定在导线夹中；是否用非标准的胶带包裹；是否有旁通原有线束的外加导线。

二、车辆底盘检查

在对车辆底盘进行检查时，主要检测发动机变速箱部分是否漏油，各橡胶部位是否工况正常，发动机变速箱底部有无托底、拆装；由下往上观察车头防撞梁与纵梁位置，车身有无剧烈碰撞修复痕迹；车身前部悬挂各部位部件是否为原厂配件，有无维修更换痕迹或部件老化松旷；观察车底零件有无受损凹陷，左右边梁是否严重腐蚀或切割修复痕迹。三元催化中尾段排气有无损伤；后悬挂部位有无维修痕迹；车辆尾部防撞梁、纵梁有无碰撞切割修复痕迹；观察车辆轮胎有无破损、割裂、鼓包、老化、磨损程度，检查轮毂是否开裂、变形等等。如图 3-3-10 所示。

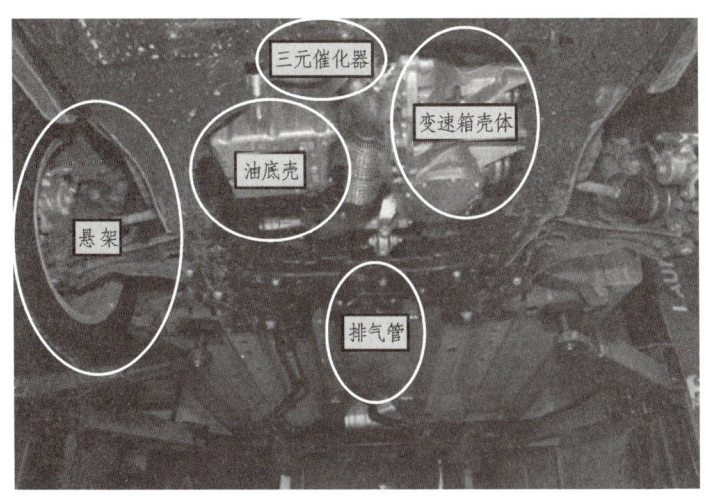

图 3-3-10　底盘检查项目

由于底盘长期暴露在外，饱受风霜雪雨、泥水、石头的侵蚀，受损概率要远大于车身，再者作为整车的支撑，对车身寿命和行车安全以及舒适度都有很大的影响，而且很多问题是无法修复的。因此，二手车评估师要对底盘进行仔细检查。

1. 检查泄露

（1）检查冷却液泄漏。

冷却液泄漏通常从上部最容易看见，但是如果暖风器芯或软管泄漏，液滴可能只出现在汽车底部，所以应在离合器壳或发动机舱壁周围区域寻找那些冷却液污迹。

（2）检查机油泄漏。

检查油底壳和油底壳放油螺栓区域是否有泄漏的迹象。行程超过 80 000 km 的汽车有少量污迹是常见的。当泄漏持续很长时间时，行车气流抽吸型通风装置和发动机风扇将把油滴抛到发动机、变速器或发动机舱壁下部区域各处，所以严重的泄漏不难发现。

（3）检查助力转向油泄漏。

在一些汽车上，助力转向液可能看起来像变速器油液泄漏，因为两种油液相似，但是助力转向泵泄漏通常造成的污迹集中在助力转向泵或转向器（或齿条齿轮）本体附近。

（4）检查变速器油泄漏。

自动变速器一般都有冷却装置，其管道较长，容易出现泄漏。在冷却管路连接到散热器底部的地方查看是否有变速器液泄漏，沿着冷却管路、变速器油盘和变速器后油封周围的区域查看。返回变速器的金属冷却管应该成对布置，有几个金属夹子沿着管路将它们固定，管路不应该悬下来。还应该检查是否在某些地方不切断金属管而用螺丝夹安装橡胶软管来修理。

（5）检查制动液泄漏。

诊断前、后制动器是否有制动油液的痕迹。查找制动钳、鼓式制动器后板和轮胎上是否有污迹。从汽车的前部到后部，寻找制动管路中是否有扭结或凹陷，是否有泄漏的痕迹。

（6）检查排气泄漏。

检查排气系统时，寻找明显的排气泄漏痕迹，如焊接不当的排气管连接处周围的黑色污迹。在浅色排放管上，由于泄漏通常容易产生棕色或黑色污迹。这些小孔周围的污迹说明排气管需要更换。如果装有橡胶环形圈，检查橡胶环形圈排气管吊架的情况。检查排气管支座是否损坏，支座损坏容易引起排气系统泄漏或产生噪声。

2. 检查排气系统

观察排气系统上的所有吊架是否都在原来位置并且是否是原装部件。现在大多数汽车都具有带耐热橡胶环形圈的排气管支承，它连接车架支架与排气管支架。当这些装置在一些消声器商店里更换为通用金属带时，排气系统将承受更大的应力并使更多的噪声、热量和振动传递到汽车上，如图 3-3-11 所示。

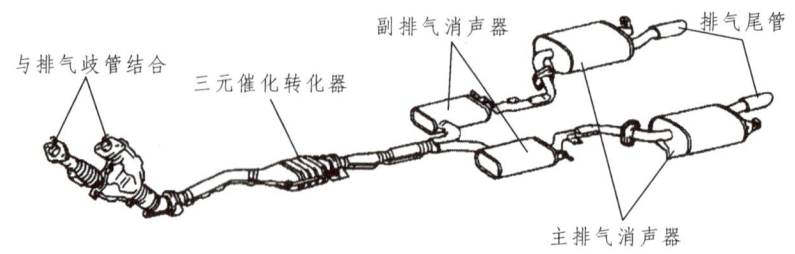

图 3-3-11　检查排气系统

要注意排气系统零件看上去是否标准，排气尾管是否更换过，要确保它们离制动管不能太近。在后轮驱动的汽车上，排气尾管越过后端部，要确保紧靠后桥壳外表的制动钢管没有因为与排气系统上的凸起干涉而压扁。

3. 检查前、后悬架

（1）检查减振弹簧。

汽车减振弹簧主要有钢板弹簧和螺旋弹簧两种。

对于钢板弹簧，应检查车辆钢板弹簧是否有裂纹、断片和碎片现象，两侧钢板弹簧的厚度、长度、片数、弧度、新旧程度是否相同，钢板弹簧 U 形螺栓和中心螺栓是否松动，钢板弹簧销与衬套的配合是否松旷。

对于螺旋弹簧，应检查其有无裂纹、折断和疲劳失效等现象。螺旋弹簧上、下支座有无变形损坏。

（2）检查减振器。

观察四个减振器是否有漏油现象，如图 3-3-12 所示。如果有漏油，说明减振器已失效，需要更换。而更换减振器需要全部更换，而不是只更换一个，所以成本较高。观察前、后减振器的生产厂家是否一致，减振器上下连接处有无松动、磨损等现象。

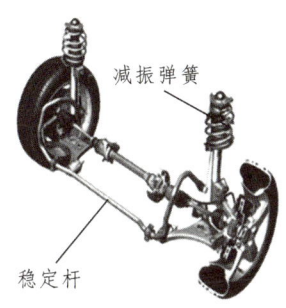

图 3-3-12　检查减震器

4. 检查转向机构

（1）检查连接部位。检查方向盘与转向轴的连接部位、转向器垂臂轴与垂臂连接部位、纵横拉杆球头销连接部位、纵横拉杆臂与转向节的连接部位、转向节与主销连接部位等处是否松旷。

（2）检查部件配合情况。检查转向节与主销之间是否配合过紧或缺润滑油，纵、横拉杆球头销连接部位是否调整过紧或缺润滑油，转向器是否无润滑油或缺润滑油。

（3）检查转向轴是否弯曲，其套管是否凹瘪。

（4）检查动力转向系统。检查动力转向泵驱动带是否松动，转向油泵安装螺栓是否松动，动力转向系统油管及管接头处是否存在损伤或松动等。

5. 检查传动轴

对于后轮驱动的汽车，检查传动轴、中间轴及万向节等处有无裂纹和松动，传动轴是否弯曲、传动轴轴管是否凹陷，万向节轴承是否因磨损而松旷，万向节凸缘盘连接螺栓是否松动等，如图 3-3-13 所示。

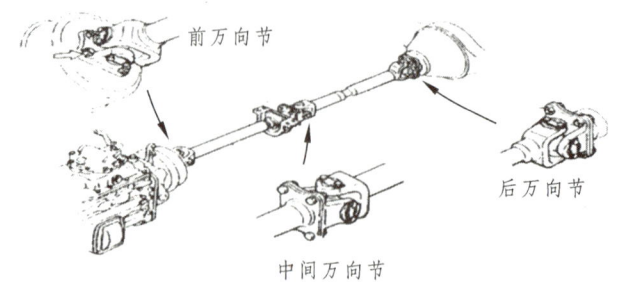

图 3-3-13　检查传动轴

对于前轮驱动的汽车，要密切注意万向节上的橡胶套。绝大多数汽车在汽车的每一侧（左驱动桥和右驱动桥）具有内、外万向节，每一个万向节都是由橡胶套罩住的。万向节的里面填满了润滑脂，橡胶套用于保护万向节避免污物、锈蚀和潮气的影响。用手弯曲或挤压橡胶套，查找是否有裂纹或擦伤，如图 3-3-14 所示。一个里面已经没有润滑脂的有划痕万向节橡胶套是一个信号，说明万向节由于污物和潮气的侵蚀需要立即更换。

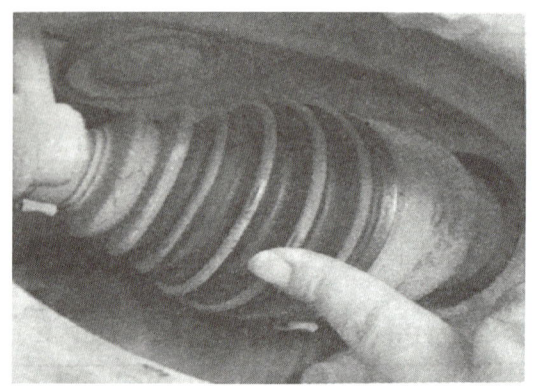

图 3-3-14　检查橡胶套

任务实施

检查发动机舱：
（1）查看发动机相关信息，如图 3-3-15 所示。

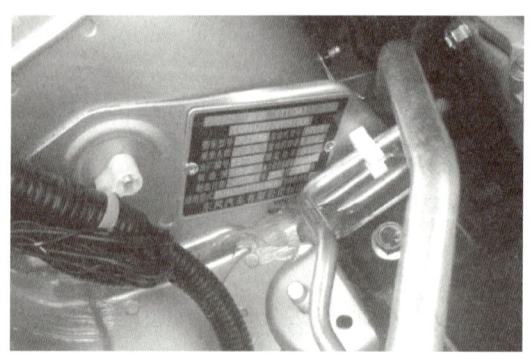

图 3-3-15　检查发动机信息

（2）检查前纵梁，如图 3-3-16 所示。

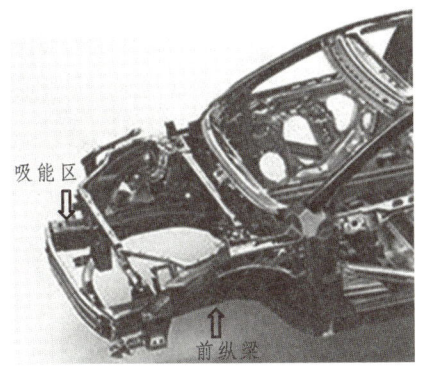

图 3-3-16　检查前纵梁

（3）检查底盘，如图 3-3-17 所示。

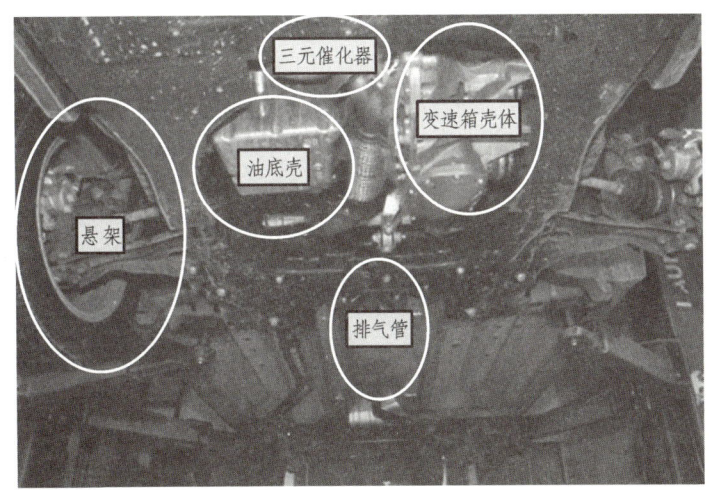

图 3-3-17　检查底盘

素养与思政

本任务要求分组训练，各小组在实训过程中必须团结一致、相互合作学习；了解二手车交易的法律法规，讲诚信；操作过程中注意安全，要求全程实现 7S 管理。

任务训练

一、基础知识巩固

1. 检查机舱盖铰链的螺栓有无拆卸，一般出厂螺栓都带有_____，如果发动机舱盖螺栓被拆装过，螺栓下的垫片或者螺栓本身与之前的痕迹对比，会出现明显的_____。

2. 前纵梁左右各有一根，其结构为箱型结构，上面有吸能区及_____，前纵梁采用高强度钢焊机而成。

3. 发动机舱外观检查，查看发动机上有无发动机铭牌，如果有，检查上面是否有发动机型号、_____、_____等，这可以判别发动机是不是正规出厂。

4. 前纵梁检查，查看前纵梁是否有明显_____、焊接痕迹、_____是否有不规则的变形或者被钣金修复后的痕迹。

5. 冷却液颜色应该是_____色（也有些冷却液是红色的）。

6. 冷却液闻起来不应该有汽油或机油味，如果有，则发动机_____可能已烧坏。

7. 检查机油液位。启动发动机之前或停机_____min 之后，打开发动机舱盖，抽出机油尺，将机油尺用抹布擦净油迹之后，插入机油尺导孔，拔出查看，油位是否在上下刻线之间。

8. 检查火花塞：检查间隙是否过大；火花塞是否积垢；中心电极是否烧蚀；_____是否有裂纹。

9. 检查机油泄漏，检查油底壳和油底壳放油螺栓区域是否有泄漏的迹象。行程超过_____ km 的汽车有少量污迹是常见的

二、简答题

1. 底盘主要检查哪些项目？

2. 发动机润滑系统检查哪些项目？

三、实践训练

实践训练 1　发动机舱与底盘检查

专业		班级			
姓名		学号		组号	
客户姓名			车牌		
车型			车架号		
检测项目			行驶里程数	车内贵重物品	

外观确认：	仪表故障信息：
（图示） ○ 划伤　□ 擦伤　◇ 碰伤　△ 凹陷　⊘ 脱落	（图示） 其他：

检查内容及结果	（1）发动机盖漆面、盖锁：
	（2）发动机盖铰链：
	（3）防火墙：
	（4）减振器座：
	（5）翼子板内衬：
	（6）前纵梁：
	（7）发动机、变速箱及线束管路：
	（8）水箱支架：
	（9）大灯、支架：
	（10）底盘泄漏：
	（11）悬架
	（12）转向机构
	（13）传动轴
	（14）排气系统
结果判断	
检测员签字：	服务顾问签字：

087

实践训练 1 完成情况评价表

项目	赋分	自评得分	互评得分	教师评分
正确理解知识	25			
检查方法及数据正确	25			
表达清晰准确	25			
结果判断正确	25			
完成任务小结				
综合得分（自评得分 10%，互评得分 30%，教师评分 60%）：				

实践训练 2 车辆外观检查及评价表

专业		班级	
姓名	学号		组号

一、工作任务描述

以小组不单位，每组检查一辆车辆，记录外观检查结果。

二、任务信息收集及评分表

序号	检查项目	配分	检查结果	得分	评分标准
1	发动机盖漆面、盖锁	5			
2	发动机盖铰链	5			
3	防火墙	5			
4	减振器座	5			
5	翼子板内衬	5			1. 项目漏检不得分。
6	前纵梁	10			2. 检查方法错误，每次扣1分（检查车漆需要用漆膜厚度检测仪，检查轮胎需要用深度尺）。
7	发动机、变速箱及线束管路	10			
8	水箱支架	5			
9	大灯、支架	5			
10	底盘泄漏	10			3. 遗漏写，错误写每项扣1分。
11	悬架	10			
12	转向机构	5			
13	传动轴	5			
14	排气系统	5			
15	7S 管理	10			
满分100分，合计得分：					

任务 3-4　内室与行李箱检查

知识目标

1. 能说出内室需要检查项目。
2. 能说出行李箱各部件的鉴别方法。

能力目标

1. 能判断出内室各部件的功能是否正常。
2. 能够准确判断行李箱各个零部件是否维修。
3. 能鉴别液压杆或支撑杆是否损坏、修复或更换。

素质目标

1. 通过行李箱与内室检查教学活动培养学生的工匠精神及法律意识。
2. 通过学生小组合作学习，培养学生爱岗敬业、团结互助、讲诚信的价值观。

任务引入

二手汽车的车舱（内饰）翻新几率相当大。汽车车舱（内饰）翻新一方面说明车辆使用时间太长或者可能遇上过事故，也是影响二手车购买决策的一个关键环节。

行李箱位于整个车的车位，这个部位是最容易发生碰撞的部位。在汽车追尾事故车，车尾部分都会有或大或小的损伤，所以在二手车检测过程中，行李箱的检测是非常重要的，通过行李箱的仔细检查可以判断出是否进行过钣金维修以及过追尾的事故的大小。

本任务针对初学者讲解如何通过汽车发动机舱及底盘的检查，来判断汽车是否是事故车。

相关知识

一、内室检查

1. 检查仪表板

（1）观察仪表板表面是否磨损，是否有划痕，连接点是否有拆装痕迹。

（2）打开点火开关，检查仪表盘上车速里程表、转速表、机油压力表、水温表、燃油表、充电表、各个指示灯或警报灯或故障灯等是否正常工作，有无缺失。

中控台及方向盘检查

（3）分别操纵中控台上的点火开关、灯光系统开关、刮水器开关、喇叭开关、空调系统开关、音响娱乐系统开关等各个功能按键开关，检查其是否完好，是否能正常工作，如图3-4-1所示。

图 3-4-1　检查中控台

2. 检查空调

检查空调打开点火开关按动风向调节开关，检查各个出风口风量大小与风向是否正常，各个出风口开关是否正常，表面有无破损，如图3-4-2所示。

图 3-4-2　检查空调

3. 检查音响

打开点火开关，使用模式切换功能键，检查显示屏是否正常响应，在条件允许的情况下，使用外接设备，测试 USB、CD、DVD 是否能正确使用。

4. 检查驻车制动操纵杆

驻车制动操纵杆是汽车驻车制动器总成的一部分，也称"手制动""手刹""中央制动器"，是能使汽车车体固定在地面或某平面上而不出现相对移动的总成的操纵装置。

目测检查驻车制动操纵杆表面和周边是否损坏、开裂，是否磨损。放松驻车制动，再拉紧驻车制动，检查驻车制动操纵杆是否灵活，锁上机构是否正常。大多数驻车制动拉杆拉起时应在发出五或六卡嗒声后使后轮制动。多次卡嗒声后不能拉起制动杆，可能是因为太紧的缘故。用驻车制动拉杆实施后轮制动时也应发出五或六卡嗒声。如果用驻车制动拉杆施加制动时，发出更多或更少卡嗒声，说明驻车制动器需要检修。如图3-4-3所示。

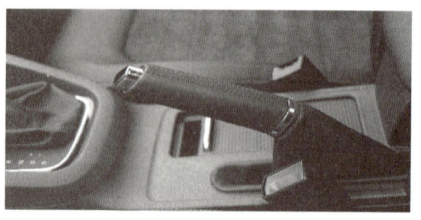

图 3-4-3　检查驻车制动操纵杆

5. 检查变速器操纵杆

变速器操纵杆可以改变变速器中齿轮的传动比，使车辆的行驶速度变化，是使运动部件从某一速度变换为另一速度的工具，可以使汽车实现加速、减速或者倒车。手动挡汽车，车型不同变速器的挡位也不同。

目测检查变速器操纵杆表面和周边是否损坏、开裂，是否磨损。若有破损，异物（如硬币）就有可能掉入换挡操纵机构内，引起换挡阻滞，如图 3-4-4 所示。

用手握住变速器操纵杆球头，根据挡位图，逐一将变速器换至各个挡位，检查变速器换挡操纵机构是否灵活。

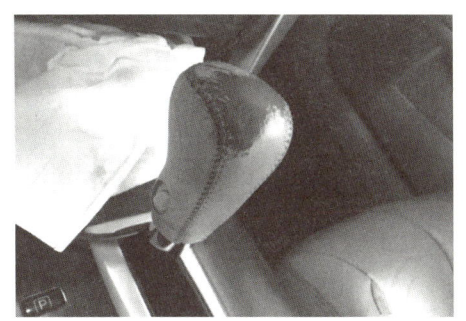

图 3-4-4　检查变速器操纵杆

6. 检查储物盒

检查车内每一个储物空间的整洁度，和开启、锁闭的可靠性。目前车内储物空间很多，尽量不要遗漏，如中空台部分的多个储物盒、车门、座椅下面和后面、前后中央扶手等处，如图 3-4-5 所示。

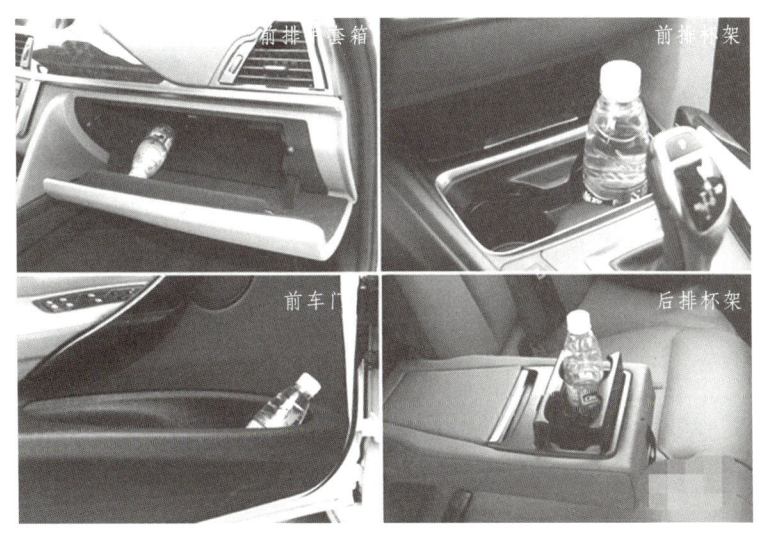

图 3-4-5　检查储物盒

7. 检查座椅

（1）检查座椅罩是否有撕破、裂开或有油迹等情况。

（2）检查座椅前后是否灵活，能否固定。

（3）检查座椅高、低能否调节。

（4）检查座椅后倾调节角度。

（5）确保所有座椅安全带数量是否正确、在合适位置并工作可靠。

（6）当坐在座椅上，若感到座椅弹簧松弛，弹力不足，说明行车繁重，已行驶了很长里

座椅及安全带检查

程，座椅会出现大量破损、褶皱、密集的印痕，说明驾驶次数较多，公里数也会比较高。如图 3-4-6 所示。

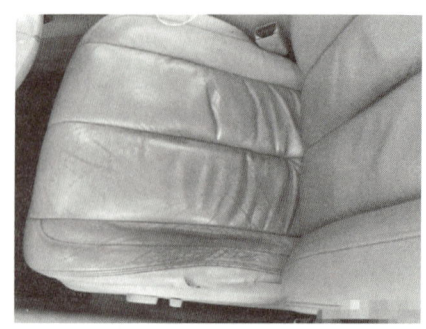

图 3-4-6　检查座椅

8. 检查安全带

（1）查看安全带表面是否有水印、霉点，是否失去弹力，是否失效。

（2）查看安全带生产日期，判断是否更换。需注意的是，有些车辆安全带生产日期在安全带根部厂牌上，有些在安全带卡扣上，如图 3-4-7 所示。

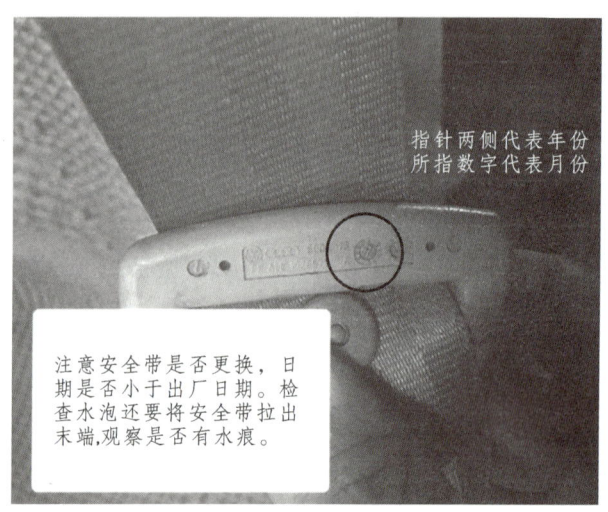

图 3-4-7　检查安全带

9. 检查车门内饰板

车门内饰板的检查主要是观察内侧板是否整洁、有无磨损和伤痕，如图 3-4-8 所示。

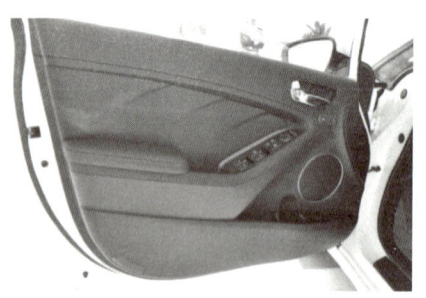

图 3-4-8　检查车门内饰板

10. 检查门窗封条

汽车密封胶条是汽车的重要零部件之一，具有填补车身组成部件间的各种间歇、缝隙的作用，具有减震、防水、防尘、隔音、装饰等功用，能有效防止风雨侵入到车厢内，并提高驾乘人员的舒适感和保护车体的作用，车辆门窗的密封条应该满足《车辆门窗橡胶密封条》（HG/T 3088—1999）里的相关规定，通过目测检查法和化学实验法检测车辆门窗密封条是否良好、是否老化等，如图 3-4-9 所示。

图 3-4-9　检查门窗封条

11. 车门功能按键及玻璃升降器

车门上的功能键也需要一一进行检查。如玻璃升降功能、车门锁止功能，从按钮的外观磨损程度也能估算车辆的使用年限，如图 3-4-10 所示。按下各个车窗玻璃升降器开关，检查各个车窗玻璃升降器开关有无卡滞、无力、异响、失效等现象。

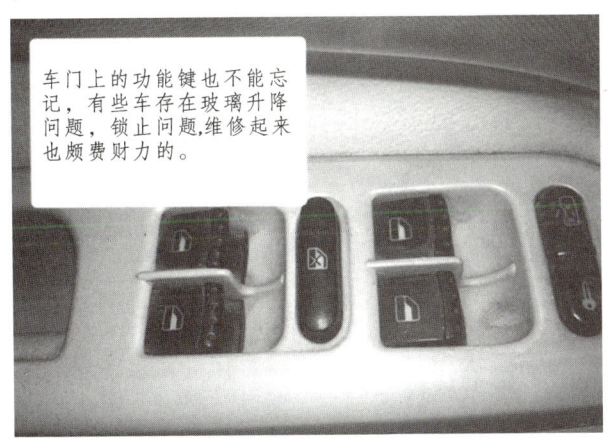

图 3-4-10　检查车门功能按键

12. 检查车顶部位内饰

检查车顶的洁净程度，确定是否存在异物或者脏东西。明显色差其实指的是新旧区别，如果车顶很脏，但是车内其他地方却干净得亮眼睛，那很可能就是翻新过的，如图 3-4-11 所示。

车顶内饰检查

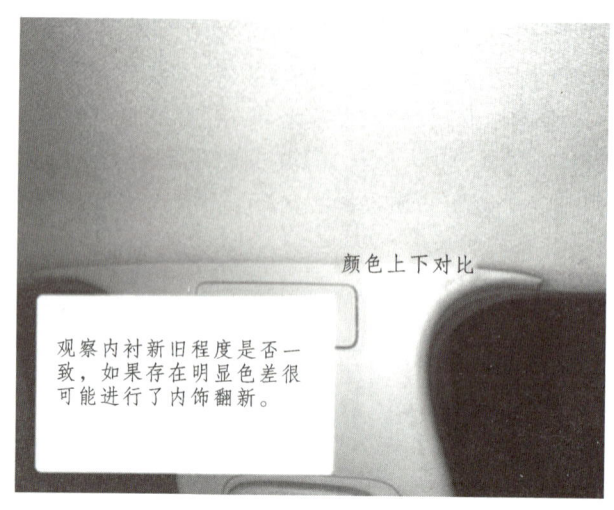

图 3-4-11　检查车顶部位内饰

二、行李箱检查

（1）查看后备箱盖与尾灯和两侧后翼子板之间的缝隙，观察缝隙是不是均匀，左右是不是对称，如果不均匀、不对称，则说明此车的后备箱可能发生过追尾事故，造成移位或者是进行过修复。

（2）检查的是尾灯的新旧程度是不是一致，看看灯位缝隙是不是整齐，左右是不是对称，如图 3-4-12 所示，如果两个灯的新旧程度不一，那么很可能此车发生过追尾事故，有一个尾灯被撞坏重新更换过。后尾灯表面是否有划痕、破损、水雾、裂痕现象，是否更换改装；按动两侧后尾灯灯体是否有松动。

行李箱检查

图 3-4-12　检查后尾灯及各板件配合间隙

（3）检查后尾灯表面是否有划痕、破损、水雾、裂痕现象，是否更换改装；按动两侧后尾灯灯体是否有松动。打开后备箱后，查看后备箱盖内侧有没有发生变形，两侧后翼子板上的焊接原点是不是依旧存在，检查后备箱盖处铰链螺丝是否松动，是否有拆卸痕迹；盖边缘胶体密封是否正常，如图 3-4-13 所示。如果后备箱盖内侧发生变形或两侧后翼子板上的焊接原点不存在，可判断此车发生过追尾事故或进行过修复。

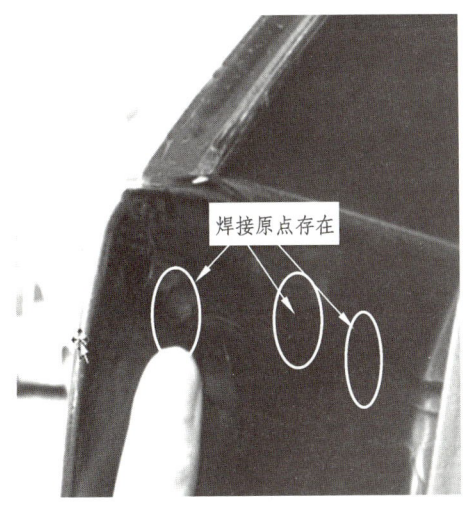
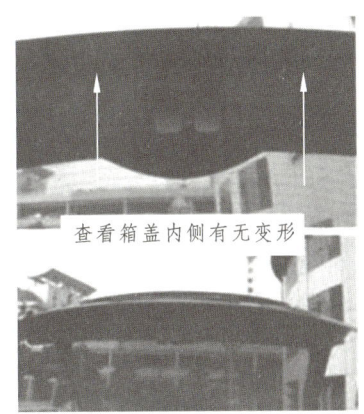

图 3-4-13　检查后翼子板上焊接原点及箱盖内侧有无变形

（4）撕开密封条，查看内装饰条是不是变形，焊接原点是不是存在。若内装饰条变形或焊接原点不存在，可以判断出此车发生过追尾事故或进行过修复。

（5）掀开后备箱内的地毯，然后检查有没有烧焊过的痕迹，这是分辩它有没有进行过钣金维修的一个非常重要的依据。如果它是进行过维修，那么肯定出现过追尾事故。

（6）掀开备胎箱盖，查看底板有无变形或整形痕迹，焊接点是否为原厂，如图 3-4-14 所示。未发生过碰撞的车辆备胎槽边缘是完整而圆滑的，当车辆受过撞击修复以后是不可太可能完全恢复到原来自然顺滑的状态的，必然会留有褶皱；若车尾被撞过，底板则会高低不平。

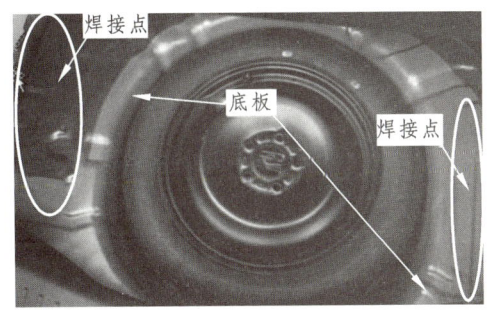

图 3-4-14　备胎箱底板及焊接原点检查

（7）检查上顶板是否变形，焊接原点是否存在，是否平滑，是否有喷漆现象。

（8）导水槽主要作用是引流雨水，内部沉积杂物较多，检查前需做简单清理。打开后备箱，检查导水槽是否有损伤痕迹，是否有变形，是否有修复，焊点是否完整。

（9）检查表面是否平整，有无钣金修复、严重变形、焊接、锈蚀、更换等；检查封胶是否正常。

任务实施

检查内室：

（1）检查仪表板及中控台，如图 3-4-15 所示。

图 3-4-15　检查仪表板及中控台

（2）检查车门内饰板及按键，如图 3-4-16 所示。

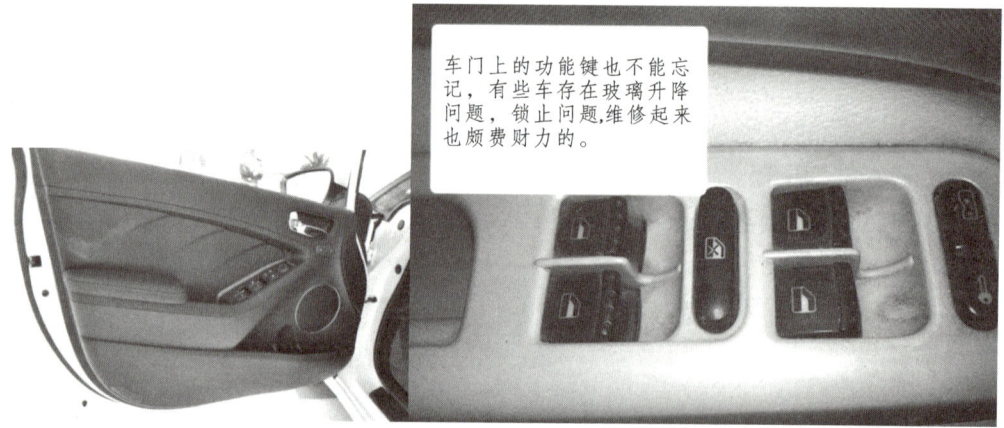

图 3-4-16　检查车门内饰板及按键

（3）检查后尾灯及行李箱，如图 3-4-17 所示。

图 3-4-17　检查后尾灯及行李箱

本任务要求分组训练，各小组在实训过程中必须团结一致、相互合作学习；了解二手车交易的法律法规，讲诚信；操作过程中注意安全，要求全程实现 7S 管理。

任务训练

一、基础知识巩固

1. 变速器通过操纵杆可以改变变速器中齿轮的_____，使车辆的行驶速度变化，是使运动部件从某一速度变换为另一速度的工具，可以使汽车实现_____、减速或_____。

2. 发动机舱里一般包括_____、空气滤清器、电瓶、_____、节气门、水箱补液罐、继电器盒、制动助力泵、油门拉线、车窗玻璃清洗液储液罐、制动液储液罐、保险丝等等。

3. 驻车制动操纵杆是汽车驻车制动器总成的一部分，也称"_____""_____""中央制动器"。

4. 检查后备箱鉴定事故车，查看后备箱盖与尾灯和两侧后翼子板之间的，观察缝隙是不是_____，左右是不是_____，如果不均匀、不对称，则说明此车的后备箱可能发生过追尾事故，造成移位或者是进行过修复。

5. 检查安全带鉴定事故车，查看安全带_____，判断是否更换。

6. 检查车内每一个储物空间的整洁度，和开启、锁闭的可靠性。目前车内储物空间很多，尽量不要遗漏，如中空台部分的多个储物盒、_____、_____下面和后面、前后中央扶手等处。

二、简答题

1. 汽车内室主要检查哪些项目？

2. 汽车行李箱主要检查哪些项目？

三、实践训练

实践训练 1　内室与行李箱检查

专业			班级		
姓名		学号		组号	
客户姓名			车牌		
车型			车架号		
检测项目			行驶里程数	车内贵重物品	
检查内容及结果	外观确认： ○ 划伤 □ 擦伤 ◇ 碰伤 △ 凹陷 ⊘ 脱落			仪表故障信息： 其他：	
检查内容及结果	（1）中控台仪表板：				
	（2）空调：				
	（3）驻车制动操纵杆：				
	（4）变速器操纵杆及储物盒：				
	（5）座椅：				
	（6）安全带：				
	（7）车门内饰板及门窗封条：				
	（8）玻璃升降器：				
	（9）车顶部位内饰：				
	（10）后尾灯：				
	（11）行李箱盖：				
	（12）后翼子板内衬：				
	（13）备胎槽：				
	（14）后围板：				
	（15）导水槽：				
	（16）液压杆或支撑杆：				
结果判断					
检测员签字：			服务顾问签字：		

实践训练 1 完成情况评价表

项目	赋分	自评得分	互评得分	教师评分
正确理解知识	25			
检查方法及数据正确	25			
表达清晰准确	25			
结果判断正确	25			
完成任务小结				

综合得分（自评得分 10%，互评得分 30%，教师评分 60%）：

实践训练 2 车辆外观检查及评价表

专业		班级	
姓名		学号		组号	

一、工作任务描述

以小组不单位，每组检查一辆车辆，记录外观检查结果。

二、任务信息收集及评分表

序号	检查项目	配分	检查结果	得分	评分标准
1	中控台仪表板	5			
2	空调	5			
3	驻车制动操纵杆	5			
4	变速器操纵杆及储物盒	5			
5	座椅	5			1. 项目漏检不得分。
6	安全带	5			2. 检查方法错误，每次扣 1 分（检查车漆需要用漆膜厚度检测仪，检查轮胎需要用深度尺）。
7	车门内饰板及门窗封条	10			
8	玻璃升降器	5			
9	车顶部位内饰	5			
10	后尾灯	10			
11	行李箱盖	5			3. 遗漏写，错误写每项扣 1 分。
12	后翼子板内衬	5			
13	备胎槽	5			
14	后围板	5			
15	导水槽	5			
16	液压杆或支撑杆	5			
17	7S 管理	10			

满分 100 分，合计得分：

二手车鉴定与评估

项目 4

水泡车与火烧车鉴定

任务 4-1 水泡车检查

知识目标

1. 能说出水泡车的类型及危害。
2. 能说出水泡车的检车项目。

能力目标

1. 能鉴别车辆是否是水泡车。
2. 能分别出水泡车的受损程度。

素质目标

1. 通过课堂教学活动培养学生的职业素养。
2. 通过学生小组合作学习，培养学生团结互助、细心、耐心的品质。

任务引入

张先生用 6 万购买了一辆丰田卡罗拉二手车，在高速公路上突然发生抛锚，于是拖车到修理厂，修理工检查后，告诉张先生，此车为泡水二手车。本项目针对初学者讲解如何通过车辆内饰、发动机舱、后备箱、底盘的检查，来判断汽车是否是水泡车。

相关知识

一、水泡车的定义和危害

水泡车一般指受过水浸泡的车辆，按照受损程度的不同，可分为三类（见图 4-1-1）：第一类为水位超过底盘，称为浸水车；第二类为水淹过发动机机油尺，称为半水泡车；第三类为水淹过仪表盘甚至超过车顶，称为全水泡车。

水泡车影响行车安全。车辆被水浸泡后，会导致车辆电路损害，电子控制系统受到侵蚀，甚至会导致发动机缸体损坏；若车辆在水里浸泡时间较长，不仅车辆的防锈涂层遭到破坏，金属部件容易发生锈蚀，还会滋生细菌，产生异味，车辆修复之后仍会有霉斑、霉味，影响驾乘人员的乘坐舒适性及安全。

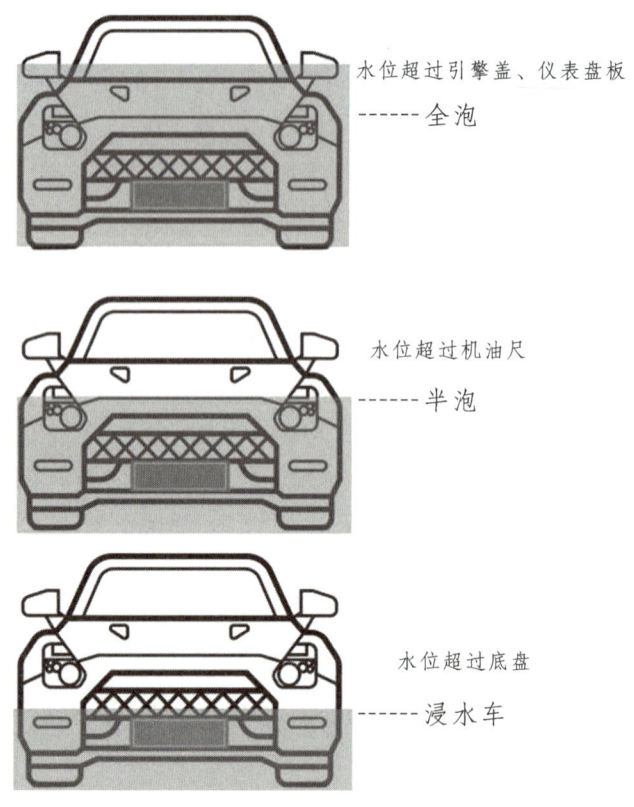

图 4-1-1 水泡车的分类

二、水泡车的鉴定方法

水泡车主要通过进入车内闻味，确认是否有发霉的异味，以及观察金属件、线路等部件的细节和锈蚀程度来辨别。具体内容如下：

1. 检查车辆外观

检查汽车的前后车灯可判定一辆车是否为水泡车。车辆曾被水淹，则车灯的镀层部分就会发生氧化，导致灯罩发黄。维修厂为提高车辆的卖相，会直接把泡水后的灯整套更换，因此，车辆的车灯会比较新。因此，若车灯的新旧程度与车辆年份明显不符，那么该车可能是水泡车。

2. 检查内饰

（1）闻味道。

闻味道是最直接的办法，一般被水泡过的车辆会存在霉味，即使车辆清洗和晒干过后，霉味依然存在。为消除霉味，部分车商会在车内使用香水或空气清洗剂，因此，有霉味或有香味的车辆，大家都要注意车辆是否是水泡车。

内饰鉴定水泡车

（2）检查座椅。

判断车辆是否是水泡车，可通过座椅的手感、气味去判断。首先，可以查看座椅的材质，座椅被水泡过，会产生泛黄的水迹，即使清理过，座椅的表面也会产生不同程度的色差；然后，查看座椅的软硬程度，由于汽车座椅大部分是发泡海绵材质，进水后材质会相对偏硬，因此，大力按压座椅边缘和靠背，座椅发硬，则说明车辆的涉水深度已经超过座椅（见图 4-1-2）；最后，检查座椅下部分的滑轨情况，每辆车出厂时，座椅下部分的滑轨都会涂抹黄油，如果遭遇过水泡，黄油就会脱离轨道，导致轨道出现锈蚀（见图 4-1-3）。

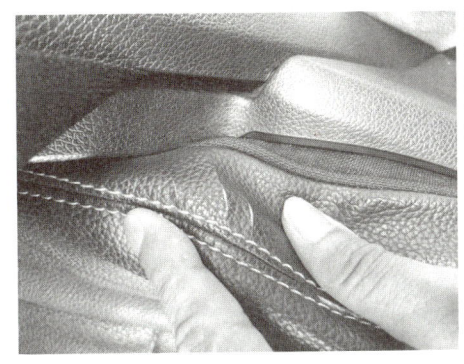

图 4-1-2　检查座椅是否藏有泥沙

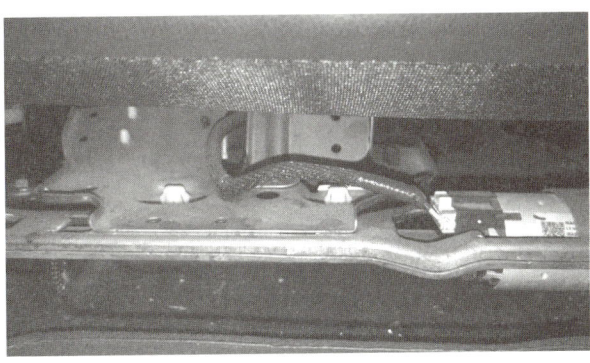

图 4-1-3　检查座椅轨道是否生锈

（3）检查车门。

如果车门采用布艺或真皮包裹，经过泡水后，修复比较困难，因此，只能通过后期重新包裹进行弥补，这是商家常用的修复办法。水位超过引擎盖的位置，使得车门的胶条出现变形或损坏，因此，可仔细检查车门胶条的情况进行水泡车鉴定。此外，扒开车门槛条旁的饰板，观察车辆线束的捆扎是否工整，电线上是否有水渍，原因是为节约维修成本，水泡车在维修过程中，不会更换线束。

（4）检查车内地毯。

检查地毯的手感，正常的地毯手感比较柔软、细腻，但经过水洗后，手感便会发硬、发涩，因此，可通过触摸的方式判断地毯的毛是否柔顺，有无被刷子刷过起球的情况；检查地毯以及门槛是否有残留泥沙和发霉痕迹（见图 4-1-4），如果有，则应该怀疑车子泡过水。

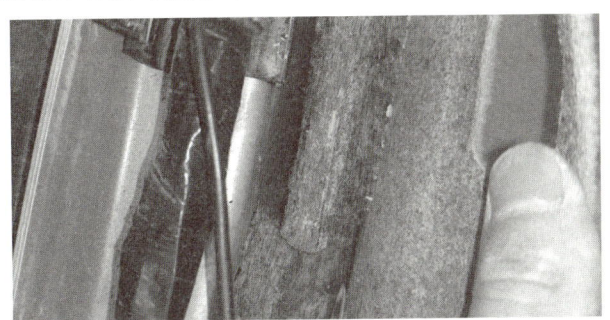

图 4-1-4　检查座椅及门槛下是否有泥沙

（5）检查安全带。

安全带经过水泡后会留有比较明显、不易清除的水迹，并产生霉斑，清洗后霉斑仍然无法清除，因此，可通过观察安全带来判断汽车的情况（见图 4-1-5）。除此之外，还可检查安全带插孔位置有无霉斑（见图 4-1-6），有霉斑，则车辆为水泡车。

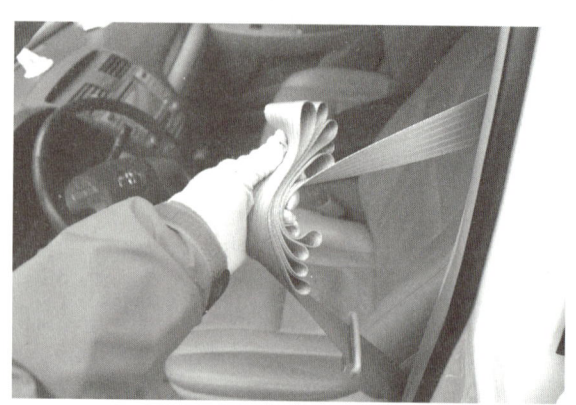

图 4-1-5　检查安全带是否发霉

图 4-1-6　检查安全带插孔是否有霉斑

（6）检查中控台。

检查空调出风口是否有发霉的味道、有无淤泥和泥沙，是判断水泡车的依据之一（见图 4-1-7）；查看空调、音响等功能按键是否正常、手感是否有差异，水泡车的按键通常有发涩感（见图 4-1-8）；检查液晶显示屏情况，车辆被水浸泡过后，液晶面板字体会出现断字的情况（见图 4-1-9）；此外，还可观察显示屏的显示是否明暗不一。

图 4-1-7　检查空调出风口

图 4-1-8　检查功能按键手感

图 4-1-9　检查液晶显示屏

3. 检查发动机舱

（1）发动机机舱。

打开引擎盖，查看发动机机舱的内部情况。查发动机机舱的水箱和冷气散热片上有无污渍，发动机一般从上向下进行清洗，因此，水箱的下半部分可能难以彻底清洗干净。注意查看发动机旁的小零件、发电机、电源插座等处是否有泥沙（见图 4-1-10）。

发动机舱鉴定水泡车

图 4-1-10　查看发动机舱是否藏有泥沙

（2）发动机缸体。

查看发动机上的螺母是否被拧过，车辆在泡水后，发动机一般都需要大修，大修就必定要拧螺丝（见图 4-1-11）；查看发动机上方电线以及真空管的龟裂状况与车龄是否相符；同时，检查发动机缝隙处是否有泥沙附着痕迹，各种螺丝和弹簧有无生锈迹象，如果有泥沙和生锈，说明车辆遭遇过水淹（见图 4-1-12）。

图 4-1-11　检查发动机

图 4-1-12　火花塞处泥沙

（3）发动机舱内其他特定区域。

查看线束、保险盒、散热器、翼子板缝隙有无泥沙沉积（见图 4-1-13、4-1-14）；观察发动舱内的保险丝盒外部的固定螺丝是否有转动、拆卸、生锈痕迹，内部保险规格颜色是否和原厂一致。如果保险丝盒内有泥沙或锈斑痕迹，内部线束也有换过的痕迹，则该车辆极大可能是水泡车；拉起机油尺，检查机油是否出现变质，发动机被水淹后，机油会混入一定量的水，导致机油变质。

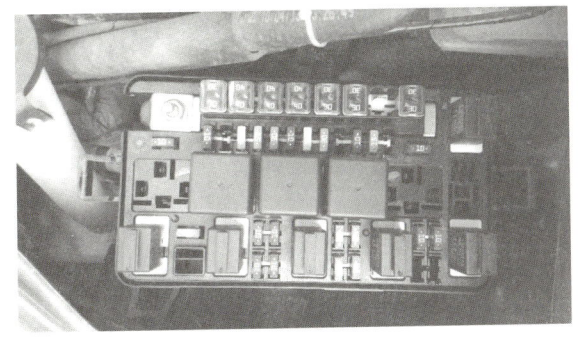

图 4-1-13 保险盒接口处泥沙

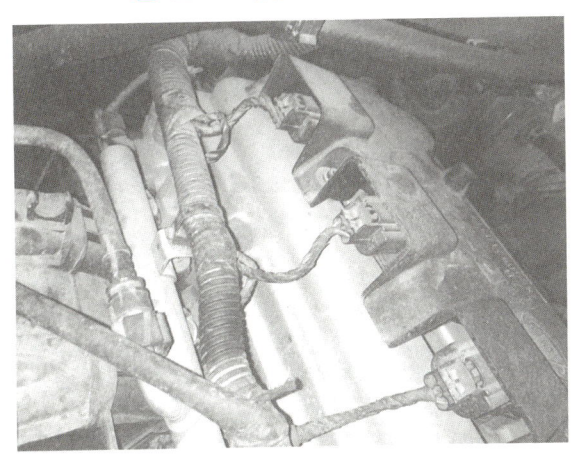

图 4-1-14 线束内部泥沙

（4）发动机舱内侧防火板。

防火板在发动机最内侧，不易做手脚，如果水淹，易留下痕迹，且由于位置所限，不易更换。

4. 检查行李箱

打开行李箱，查看行李箱的角落和装饰盖板下方缝隙处有无水渍、残留泥沙，并观察底板和随车工具是否生锈。如果发现有泥沙、生锈，则可判定为水泡车。此外，还可查看备胎，备胎的钢轮毂有锈蚀，说明有水进入后备箱。

行李箱鉴定水泡车

5. 检查底盘

底盘一般涂过防锈涂层，可防止日常行车飞溅的雨水对底盘的侵蚀，但车辆底盘在水中浸泡超过 5 小时，防锈涂层就会遭到破坏，导致生锈。因此，对于水泡车，最直观、最快捷的判断方法就是观察底盘的锈蚀情况。

升起车辆，查看零部件的锈蚀程度。检查发动机底壳、变速箱底壳，这些部件如果有类似发霉的情况，说明车辆被水泡过（见图 4-1-15、4-1-16）；接下来，检查排气管的锈蚀情况，汽车使用时间较长，期间经过雨水的侵蚀，排气管会有轻微锈蚀或泛红，这属于正常情况，但如果严重锈蚀，说明车辆一定为水泡车；此外，还可观察悬挂组件的固定螺丝和刹车挡板的锈蚀情况，正常情况下，这些部件都较少生锈（见图 4-1-17）。

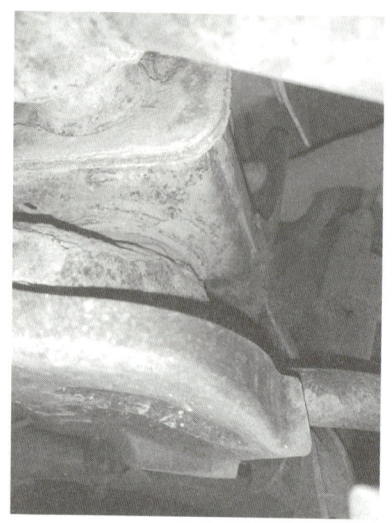

图 4-1-15　底盘锈蚀

图 4-1-16　变速箱发霉

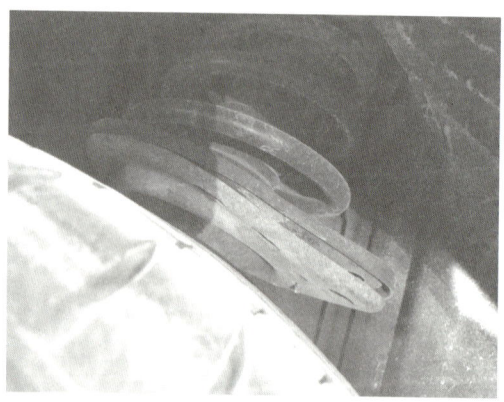

图 4-1-17　减振器锈蚀

任务实施

鉴定泡水车:

1. 检查前后车灯

检查车辆的前后车灯是否发黄,如图 4-1-18 所示。

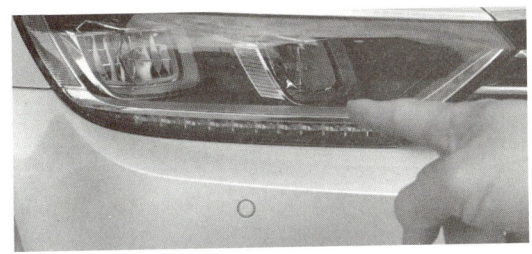

图 4-1-18 观察车灯情况

2. 检查内饰

(1)进入驾驶舱,通过嗅觉确认车内是否存在霉味,如图 4-1-19 所示。

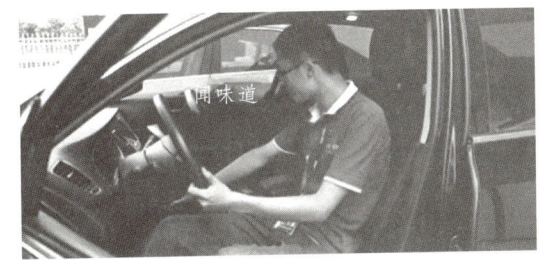

图 4-1-19 闻味道

(2)按压座椅,并观察座椅是否有水迹,是否有发硬的情况,如图 4-1-20 所示

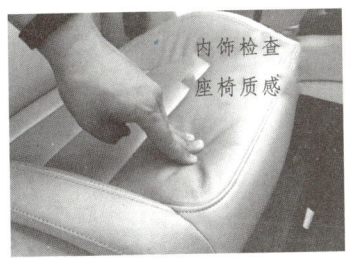

图 4-1-20 按压座椅

(3)检查座椅导轨、底部支架是否有锈蚀情况,如图 4-1-21、4-1-22 所示。
(4)扒开车门槛旁的饰板,观察车辆线束的捆扎是否工整,有无泥沙、水渍,如图 4-1-23 所示。

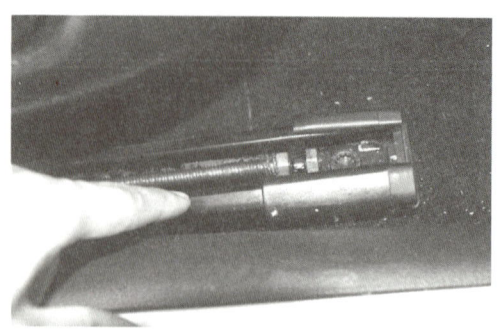

图 4-1-21　查看座椅滑轨

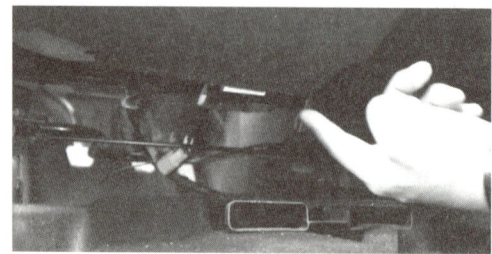

图 4-1-22　查看座椅底部支架

图 4-1-23　观察车门线束

（5）掀开地毯，查看地毯和门槛处是否有泥沙或发霉，如图 4-1-24 所示。

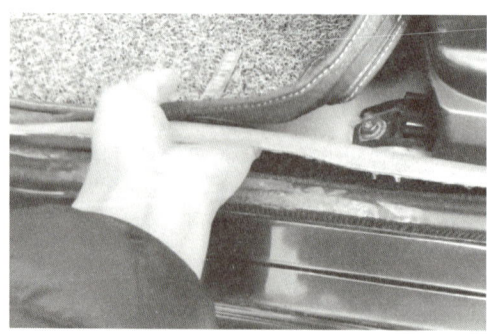

图 4-1-24　查看地毯及门槛

（6）将安全带缓慢拉出来，检查安全带和安全带扣是否有发霉和生锈情况，如图 4-1-25、4-1-26 所示。

图 4-1-25　拉出安全带

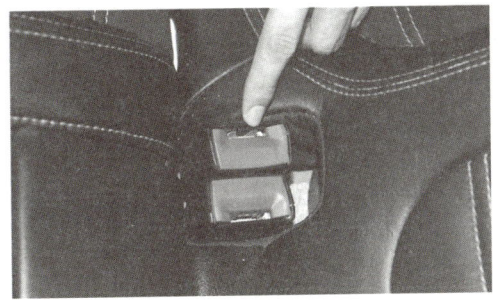

图 4-1-26　查看安全带扣

（7）检查中控台的各功能按键是否正常，手感是否有差异，如图 4-1-27 所示。

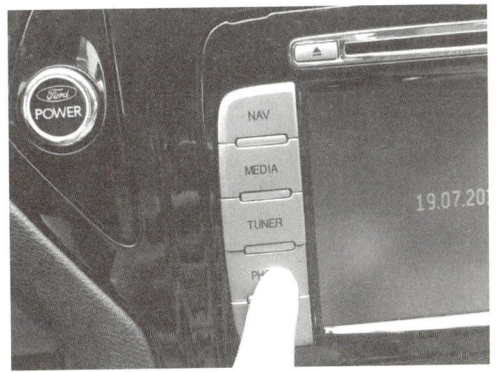

图 4-1-27　检查功能按键

（8）检查空调出风口有没有泥垢残留，如图 4-1-28 所示

图 4-1-28　检查空调出风口

3. 检查发动机机舱

（1）打开引擎盖，检查发动机机舱有无泥沙、沉淀状污渍附着，发动机旁的小零件、发电机、起动马达、电源插座处是否有泥沙，如图 4-1-29 所示。

图 4-1-29　查看发动机舱

（2）查看发动机上的螺母有没有拧过，检查发动机上各缝隙是否有泥沙附着痕迹和生锈，各种螺丝和弹簧有没有生锈迹象，如图 4-1-30 所示。

图 4-1-30　检查发动机缸体

（3）查看线束、保险盒、翼子板缝隙等处是否有泥沙沉积，如图 4-1-31、4-1-32 所示。

图 4-1-31　检查保险盒

图 4-1-32 检查线束

(4)检查发动机舱内侧防火板,如图 4-1-33 所示。

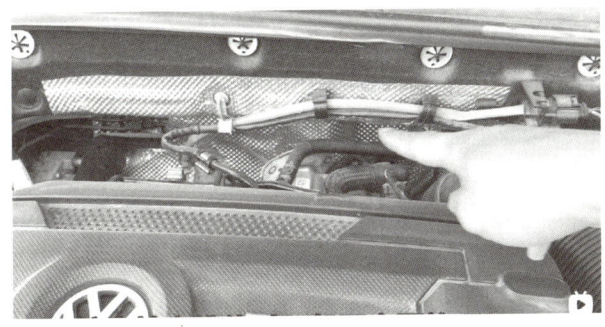

图 4-1-33 检查防火板

4. 检查行李箱

(1)打开行李箱,检查角落处有无水迹、泥沙痕迹,如图 4-1-34 所示。

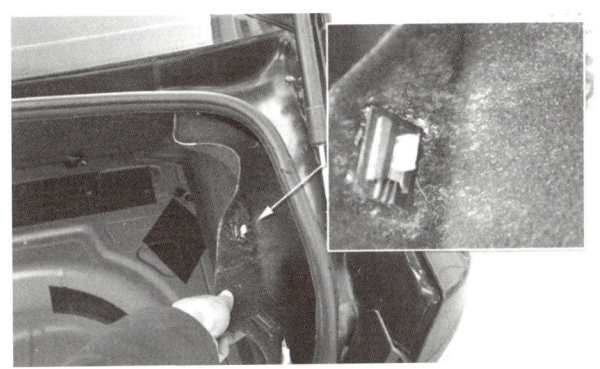

图 4-1-34 检查后备箱

(2)检查随车工具和底板的锈蚀情况,如图 4-1-35、4-1-36 所示。

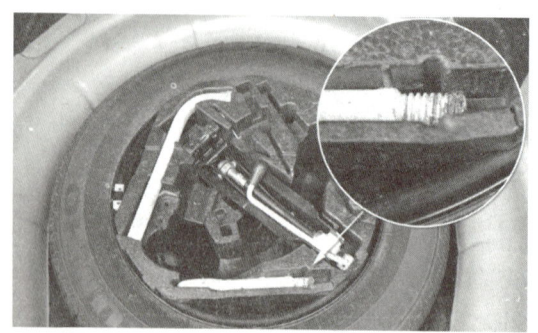

图 4-1-35　检查随车工具

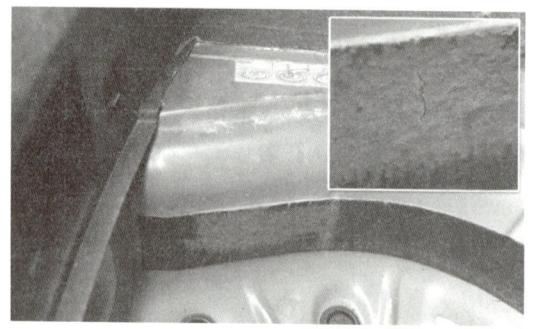

图 4-1-36　检查底板

（3）查看备胎的钢轮毂有无明显锈蚀，如图 4-1-37 所示。

图 4-1-37　查看备胎轮毂锈蚀情况

5. 检查底盘

（1）升起车辆，检查发动机底壳、变速箱底壳有无霉斑，如图 4-1-38 所示。

图 4-1-38　检查发动机和变速箱底壳

（2）检查排气管、悬挂组件的锈蚀情况，如图 4-1-39、4-1-40 所示。

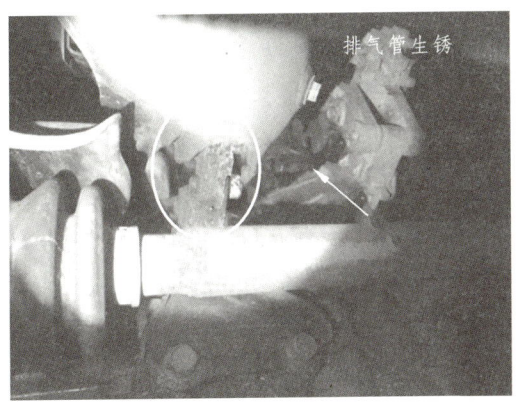

图 4-1-39　检查排气管

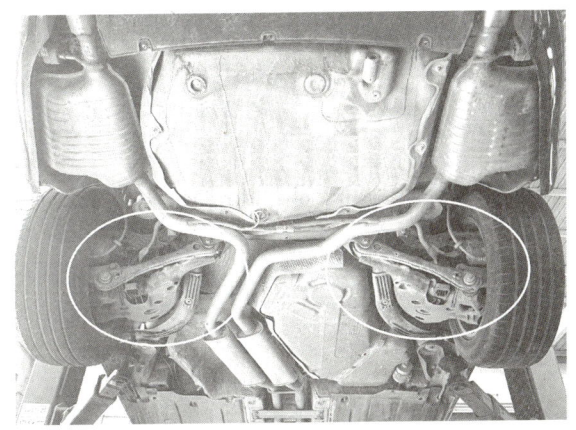

图 4-1-40　检查悬挂组件

素养与思政

本任务要求分组训练，各小组在实训过程中必须团结一致、相互合作学习；了解水泡车的鉴定方法；培养耐心、细心、严谨的职业素养；在水泡车鉴定评估训练时，充分认识水泡车的危害，并对水泡车交易中的安全、诚信等展开讨论。实训操作过程中注意安全，要求全程实现 7S 管理。

任务训练

一、基础知识巩固

1. 水泡车的危害主要有＿＿＿＿＿＿、＿＿＿＿＿＿、＿＿＿＿＿＿、＿＿＿＿＿＿。

2. 鉴定水泡车时，应检查内饰的＿＿＿＿＿＿、＿＿＿＿＿＿、＿＿＿＿＿＿、＿＿＿＿＿＿、＿＿＿＿＿＿。

二、问答题

如何通过鉴定底盘来判断车辆为水泡车？

三、实践训练

模拟水泡车鉴定

专业			班级		
姓名		学号		组号	
一、工作任务描述					
车辆被水浸泡后，会导致车辆电路损害，电子控制系统受到侵蚀，甚至会导致发动机缸体损坏，存在严重隐患，因此，必须在车辆进入二手车市场前，必须严格鉴定是否为水泡车，确保车辆的安全性。 请完成水泡车鉴定的工作任务。					
二、任务信息收集					
车型				车辆颜色	
VIN 码				车牌号	
三、请按要求模拟鉴定水泡车的过程，并记录鉴定过程信息					

	水泡车鉴定基本流程	任务信息	任务完成情况
1	检查车辆外观	填写检查的位置：	车辆核查情况：
2	检查内饰	填写检查的位置：	车辆核查情况：
3	检查发动机机舱	填写检查的位置：	车辆核查情况：

续表

序号			
4	检查行李箱	填写检查的位置：	车辆核查情况：
5	检查底盘	填写检查的位置：	车辆核查情况：

四、任务完成质量检查

序号	检查项目	检查结果	
		合格	不合格
1	车辆基本信息是否记录完整		
2	车辆内饰检查是否全面		
3	发动机机舱检查是否全面		
4	行李箱检查是否全面		
5	底盘检查是否全面		
6	工作态度、服务意识		

任务完成情况评价表

项目	赋分	自评得分	互评得分	教师评分
正确理解任务及流程	20			
语言表达及能力	20			
对任务程序的掌握程度	30			
车辆检查的正确程度	30			
完成任务小结				
综合得分（自评得分10%，互评得分30%，教师评分60%）：				

任务 4-2  火烧车检查

知识目标

1. 能说出汽车火灾的原因。
2. 能说出火烧车的鉴定方法。
3. 能说出火烧车定损评估的要点。

能力目标

能鉴别车辆是否是火烧车。

素质目标

1. 通过课堂教学活动培养学生的职业素养。
2. 通过学生小组合作学习，培养学生团结互助、严谨、负责的品质。

任务引入

李先生想购买一辆二手的 B 级轿车，他看中了一款宝马 3 系 320i，请从事汽车维修工作的朋友帮忙评估这辆车，朋友说这辆车座椅有明显的烧灼痕迹，车身表面油漆颜色不均匀，发动机舱有火烧熏黑的痕迹，是一辆火烧车，不建议购买。本项目针对初学者讲解如何通过观察车身、驾驶舱、发动机舱，来判断汽车是否是火烧车。

相关知识

一、火烧车的等级分类

火烧车可分为四类，分别是轻微火烧车、轻度火烧车、中度火烧车和重度火烧车。

（1）轻微火烧车。

轻微火烧车是指由于外部火源炙烤，车辆外观的塑料配件受热变形、脱落，或发生小面积烧灼，但未损伤车辆主体金属结构的车辆。轻微火烧车在后续使用中产生的隐患相对较小，不影响行驶安全，且二次损失价值可估算。

（2）轻度火烧车。

轻度火烧车是指由于车辆自身易燃物泄漏，受外部火源炙烤，引发局部火灾，或外部火源附着引起车身局部火灾的车辆。如果直接烧毁的部分不足车辆总体的十分之一，但过火部位为电器部分，那么该部位经维修后，可能会在使用过程中不定时出现断路故障，导致部分

控制单元失灵；若烧毁部分包含行车电脑、发动机电脑、变速箱电脑和转向制动等控制单元，则需认真排查相应部位的外接导线及控制单元本身，以防在后期使用中出现重大安全事故。

（3）中度火烧车。

中度火烧车的损坏程度比较严重，通常是整个发动机舱或整个驾驶舱、行李舱被毁，修复价格高，且修补后难以保证车辆能处于良好的使用状态。

（4）重度火烧车。

重度火烧车的整个车体包括发动机舱重要零部件经过火烧，100%全部报废。由于重度火烧车的损毁程度非常严重，因此，建议报废处理。

二、车辆火灾原因

按照起火原因，汽车火灾可分为自燃、引燃、碰撞起火、雷击和爆炸五种类型。

1. 自燃

自燃是指在没有外界火源的情况下，由本车电器、线路、供油、机械系统等车辆自身故障或所载货物起火引起的火灾。汽车自燃的原因有：

（1）供油系统。

燃油泄漏是引发汽车自燃的重要原因。汽车在使用过程中，由于老化、腐蚀、振动、碰撞等原因，出现管路接头松动、油路破裂等情况，使得燃油泄漏，一旦遭遇明火或电弧火花便出现火灾。例如，点火系统会产生高压电火花、蓄电池外部短路会产生高温电弧，排气管排出的高温废气以及喷出的积碳火星等都属于汽车的火源，当泄漏的燃油遇到上述火源时，便会造成火灾。

（2）电器系统。

① 高压漏电。

常见的高压漏电有以下几种形式：第一，发动机工作时，点火线圈温度高，可能使高压线绝缘老化、龟裂，从而导致高压漏电；第二，高压线脱落引起跳火，这是高压漏电的常见形式。高压漏电针对某一特定部件持续进行，因此，必然引发漏电处的温度升高，如果遭遇可燃物，如泥油，就会引发火灾。为有效预防该类火灾，应定期清洁发动机。

② 低压短路。

如果低压线路存在老化、过载的情况，一旦接触易燃物，便导致火灾发生；私自改装（如加装高档音响、增加通信设备、加装电动门窗等）会导致个别线路用电负荷加大，如果没有对整车线路布置进行分析及功率复核，就容易发生火灾。

③ 接触电阻过大。

线路接点不牢或触点式开关接触电阻过大，会造成局部电阻过大，长时间大电流通电发热，容易引燃可燃材料，造成火灾。另外，电瓶火线与起动机的连接螺丝松动也极易引起发动机火灾。

④ 加大保险丝容量。

在汽车电路维修中，常有随意加大保险丝容量的情况，甚至直接用铜线代替保险丝，这会导致车辆在运行过程中，保险丝无法及时断开，引发短路，造成火灾。

（3）机械系统。

汽车的相关部件因汽车超载而处于过度疲劳和过热状态，一旦超过疲劳极限，就有可能发生自燃。

汽车制动时，制动系统中的摩擦片与制动鼓或制动盘进行摩擦，产生大量的热量，如果长时间高强度地制动，就会造成制动鼓过热，一旦制动鼓将热量传导给可燃物，如轮胎，就会增加自燃的可能性；若汽车超载，那么频繁的制动导致产生的热量会增多，从而可能点燃刹车油，引发自燃。

轮胎摩擦过热也会造成起火，常见的轮胎过热有以下几种情况：一是气压不足；二是超载；三是气压不足与超载的综合效应。上述情况会造成轮胎的侧壁弯曲，使得产生的热量比散发的热量高，易于造成轮胎自燃。

（4）排气系统。

排气系统主要由排气管、消声器、催化转换器及尾管构成。当法兰松动或者受到腐蚀、破损时，会造成高温废气喷出，进而与可燃物接触，造成火灾；催化转换器工作时温度高，且安装位置低，因此，与泄漏的油液或地面可燃物发生接触，就有可能造成火灾。

2. 引燃

引燃指由汽车自身以外的火源而引发的燃烧。建筑物起火引燃、周边可燃物起火引燃、被人为纵火烧毁等，都属于引燃的范畴。

3. 碰撞起火

当汽车发生追尾或迎面撞击后，导致易燃物（如汽油）泄漏且与火源接触，就会发生火灾。汽车发生碰撞、侧翻、旋转，会导致以下情况：一是可能会导致电气线路短路，引发起火；二是导致车体油箱、油泵、油管破裂喷油，当遇到发动机高温或电火花时，也会造成火灾，甚至爆炸起火；三是可能造成车内可燃物移位，如果遇到火花或高温，就会发生起火。

4. 雷击

在雷雨天气里，露天停放的车辆可能遭遇雷击。雷击电压非常高，使车体与地面之间构成回路，从而将车上的电器电子设备击穿，严重时可以引起火灾。

5. 爆炸

车内违规搭载爆炸物品，如雷管、炸药、鞭炮，极易造成爆炸起火。

三、火烧车的鉴别方法

火焰灼烧必然会导致车上残留燃烧过的痕迹，因此，只需观察几个难以翻新整修的部分便可对车辆进行鉴定。

（1）闻气味。进入车内，查看有无刺鼻气味以及烧焦的味道。如果发生过火烧事故，那么车内一定会残留烧焦的味道，因此，有些车主会用大量的香水来掩盖车内的烧焦味。

（2）检查车身外观。检查车身油漆颜色和光泽是否均匀，车门以及前后翼子板外表面是否有起伏的痕迹，周边胶条表面是否粘有油漆。如果车漆颜色不均匀，有起伏痕迹，周边胶条粘有油漆，而且车漆发暗，那么车辆就是火烧车。

（3）检查驾驶舱。检查驾驶舱是最重要的方法。检查内饰、底板是否有烧黑的痕迹，漆面是否完好，车身线束是否更换，局部有无火烧痕迹（见图4-2-1）。

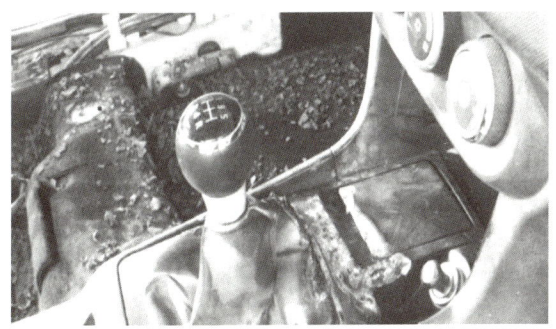

图 4-2-1　检查内饰

（4）检查发动机舱。检查保险丝盒是否更换，且有无火烧痕迹；发动机内部区域四角位置是否存在烟熏痕迹；舱内线束有没有被替换，如果有更换，应检查线束接口部位是否与新线束一致，有没有熏黑的痕迹；内部区域的大型零部件是否已经进行替换或维修（见图4-2-2）。

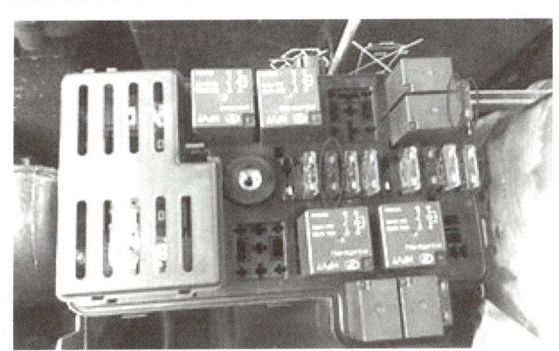

图 4-2-2　检查保险丝盒

四、火烧车的定损评估

鉴定是火烧车后，还要对火烧车进行定损评估，在定损评估时要掌握以下要点：

（1）对明显烧损的车辆要进行分类登记；

（2）对机械件进行测试，并分解检查，特别是转向、制动、传动部分的密封橡胶件；

火烧车损失评估

（3）考虑金属件（特别是车架，前、后桥，壳体类）是否会因燃烧而发生退火、变形；

（4）对于因火灾而遭受损害的被保险车辆，由于分解检查工作量很大，且检查、维修工期较长，一般很难在短时期内拿出准确估价单，因此，只能边检查边定损，反复进行。

任务实施

鉴定火烧车：

（1）闻气味，查看有无刺鼻气味或烧焦的味道，如图4-2-3所示。

图 4-2-3　闻气味

（2）查看车身油漆颜色是否均匀，车门以及前后翼子板外表面是否有起伏的痕迹，周边胶条表面是否粘有油漆，如图 4-2-4 所示。

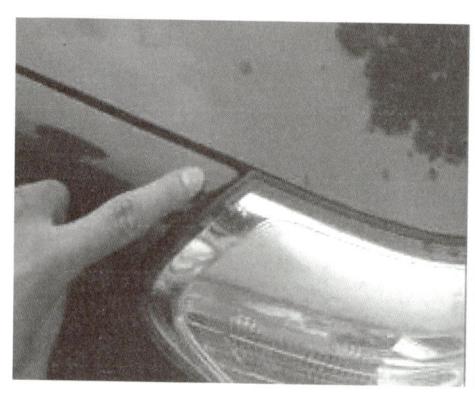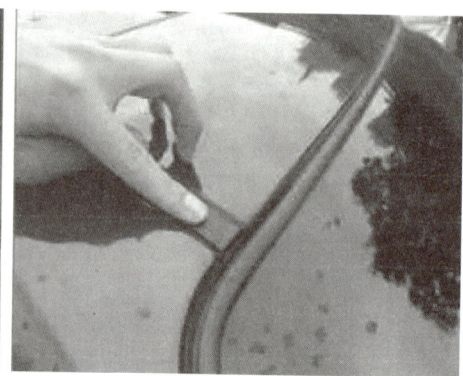

图 4-2-4　查看车身为外观

（3）检查驾驶舱内的内饰、底板是否有火烧痕迹，如图 4-2-5 所示。

图 4-2-5　检查内饰、底板

（4）打开发动机舱，检查发动机舱、保险丝盒是否有火烧痕迹，线束是否有更换，如图 4-2-6 ~ 图 4-2-8 所示。

图 4-2-6　检查发动机舱

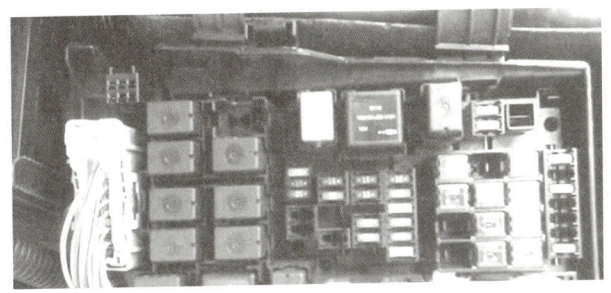

图 4-2-7　检查保险丝盒

图 4-2-8　检查线束

素养与思政

本任务要求分组训练，各小组在实训过程中必须团结一致、相互合作学习，要做到有责任心、细心、谨慎；了解火烧车的鉴定方法；同时在实训过程中要充分了解火烧车发生的原因，对车辆技术上的安全重要性以及如何避免火烧车的发生等展开讨论。操作过程中注意安全，要求全程实现 7S 管理。

任务训练

一、基础知识巩固

1. 火烧车等级分为＿＿＿＿、＿＿＿＿、＿＿＿＿、＿＿＿＿。
2. 车辆发生火灾的原因有＿＿＿＿、＿＿＿＿、＿＿＿＿、＿＿＿＿、＿＿＿＿哪些？

二、问答题

1. 应该怎样鉴别火烧车？

2. 火烧车的评估要点是什么？

三、实践训练

模拟火烧车鉴定

专业			班级	
姓名		学号		组号	

一、工作任务描述

被火烧过的车辆，危害性高，许多部件可能会造成不可修复的损坏，因此，必须严格鉴定是否为火烧车，确保车辆的安全性。

请完成火烧车鉴定的工作任务。

二、信息收集

车型		车辆颜色	
VIN 码		车牌号	

三、请按要求模拟鉴定火烧车的过程，并记录鉴定过程信息

火烧车鉴定基本流程		任务信息	任务完成情况
1	闻气味	填写检查的位置：	车辆核查情况：
2	检查车身外观	填写检查的位置：	车辆核查情况：

续表

3	检查驾驶舱	填写检查的位置：	车辆核查情况：
4	检查发动机舱	填写检查的位置：	车辆核查情况：
5	检查底盘	填写检查的位置：	车辆核查情况：

四、完成质量检查

序号	检查项目	检查结果	
		合格	不合格
1	车辆基本信息是否记录完整		
2	车身外观检查是否全面		
3	驾驶舱检查是否全面		
4	发动机机舱检查是否全面		
5	工作态度、服务意识		

实践训练完成情况评价表

项目	赋分	自评得分	互评得分	教师评分
正确理解任务及流程	20			
语言表达及能力	20			
对任务程序的掌握程度	30			
车辆检查的正确程度	30			
完成任务小结				
综合得分（自评得分10%，互评得分30%，教师评分60%）：				

二手车鉴定与评估

项目 5

二手车动态技术鉴定

任务 5-1 动态技术鉴定前的准备工作

知识目标

1. 能说出车辆路试前应检查的项目。
2. 能说出车辆路试前检查项目的步骤。
3. 能说出路试车辆的灯光检查。
4. 能说出路试车辆组合仪表的检查。

能力目标

1. 能熟练掌握车辆试车前应检查项目的步骤要领。
2. 能规范完成起动车辆时灯光和仪表检查步骤。

素质目标

1. 通过课堂教学活动培养学生细心、专业、干一行、爱一行的道德素养和人生价值观。
2. 通过学生小组合作学习,培养学生爱岗敬业、配合协作、文明操作的职业素养。

任务引入

目前,二手车技术状况的鉴定是二手车鉴定评估工作的基础与关键,对二手车的技术状况的判断,主要是依靠人工经验来判断,也就是依据评估人员的技能和经验,必要时也可辅以简单的工量具,对被评估车辆技术状态进行直观、客观、定性的判断,以判断评估车辆的运行情况是否正常、车辆各部分有无故障及故障的可能原因、车辆各总成及部件的新旧程度等。本项目针对初学者讲解如何通过动态技术鉴定前所需的准备工作、检测项目的步骤和方法来鉴定二手车的技术状况。

相关知识

一、试车前检查车辆

1. 路试前的准备工作

(1) 机油检查。

① 机油油位检查。

第一步:检查前,车辆停放在平整的路面上,起动发动机空转 5 min (油温 60 °C)。

试车前检查车辆

第二步：停止运转发动机，等待 3 min 后，拔出机油油尺擦干净，重新插入油尺并再次取出，记录油尺上的油面。

第三步：正确油面应在最高位置（F）和最低（L）之间的位置。

注意：如检查超出上刻线，应放出机油；如检查低于下刻线，可从加油口处添加，待 10 min 后，再次检查油位（见图 5-1-1）。补充时应严格注意清洁并检查是否有渗漏现象。

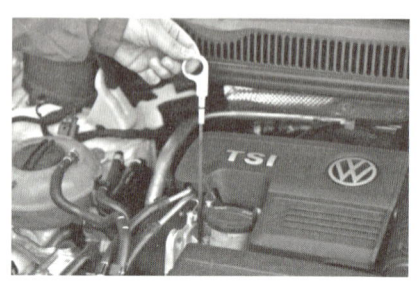 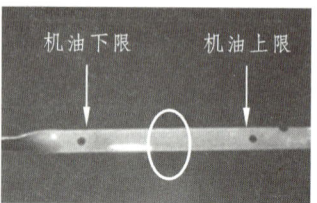

图 5-1-1　机油油位检查

如果机油的油液面过低，说明机油短缺，发动机会因润滑不良而损坏，需要查明原因。同时注意观察汽车底部的地面是否有渗漏的机油。如果有条件可以检测气缸的压缩压力，看气缸是否存在泄漏而对发动机部件造成损坏。

注意：添加机油时，各品牌的机油不可混加。

② 检查机油质量。

第一步：油滴检查。

在白纸上滴一滴油底壳中的机油，若油滴中心黑点很大，呈黑褐色且均匀无颗粒，周围黄色浸润很小，说明机油变质应更换。若油滴中心黑点小而且颜色较浅，周围的黄色浸润痕迹较大，表明机油还可以使用。如图 5-1-2（a）所示。

如果发现机油的颜色变灰、变白或有乳化现象，说明机油中混进了水，机油中混进水将造成机油乳化，导致润滑不良，油泥生成量增加，也会引起发动机腐蚀，严重时会造成烧瓦事故。这种情况需重点检查，找出原因。

第二步：搓捻鉴别

取出油底壳中的少许机油，放在手指上搓捻，如图 5-1-2（b）所示。搓捻时，如有黏稠感觉，并有拉丝现象，说明机油未变质，仍可继续使用，否则应更换。

注意：正常的机油应该是淡黄色、透明，具有黏性。

（a）油滴检查　　　　　　　　　　（b）搓捻鉴别

图 5-1-2　油滴检查与搓捻鉴别

③ 检查机油压力。

如车辆的仪表盘上有机油压力表显示，可直接读取发动机主油道机油压力。反之，如车辆仪表盘上有机油压力报警灯，当发动机起动后，若报警灯点亮即表示机油压力过低。

（2）冷却液液位的检查。

先打开水箱盖，看水箱水是否是黄色锈水或水箱外是否有锈水漏出，水箱上下的密封胶有无裂痕，水箱盖关闭是否严密，胶垫是否松脱（见图5-1-3）。

散热器的冷却液应在规定刻线（H～L）或高（max）和低（min）两条刻度线之间。检查冷却液液量时，应在冷车状态下进行。通常冷却液颜色为粉红色或淡绿色，补充冷却液时，应尽量使用软水或同种防冻液，在添加前需检查冷却系是否有渗漏现象。

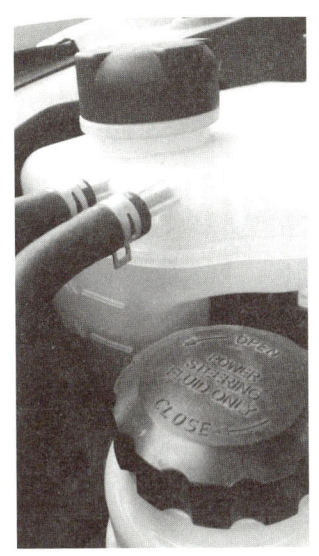

图5-1-3 冷却液液位检查

（3）制动液液位检查。

制动液的液位应在储液罐的刻线（H～L）或 MAX～MIN 之间（见图5-1-4）。补充或添加制动液时，要严格执行厂方有关规定，否则制动液的效能将会改变。如发现制动液显著减少，应注意查找渗漏部位，及时修复，防止制动失灵。

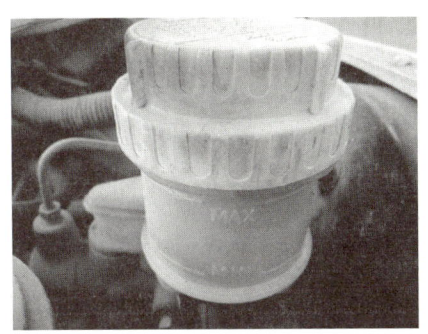

图5-1-4 制动液液位检查

（4）离合器液液位检查。

检查离合器液液位高度的方法与检查制动液相同（见图5-1-5）。

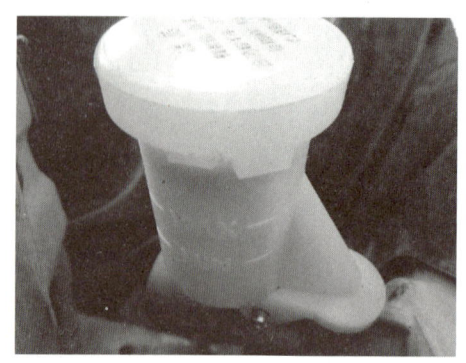

图 5-1-5　离合器液液位检查

（5）动力转向液压油油量检查。

如车辆是液压式助力转向，需检查助力转向液压油的油量，检查动力转向液压油油量的方法与检查制动液相同（见图 5-1-6）。

图 5-1-6　动力转向液压油油量检查

（6）检查燃油箱存油量。

将点开关转到 ON 挡，通过组合仪表盘的燃油表来观察燃油箱的存油量，燃油表上字母标记"F"表示燃油箱注满；"E"表示燃油箱几乎是空的，不足时应及时添加（见图 5-1-7）。有的汽车燃油表刻度为 0、1/2、1，分别表示燃油箱内的油量为"空""半满""满"。黄灯亮时加油或油量剩余 1/4 时加油，如汽油太少，油泵散热受影响，将影响燃油泵的寿命。

图 5-1-7　检查燃油箱存油量

2. 路试前车辆的检查

（1）路试上车前，先环车走一圈（见图5-1-8）。

① 查看车辆外表有无缺损。

② 检查轮胎是否扎有钉子或扎到尖的异物、胎侧是否损伤或鼓包等异常情况，如果有发现气压不足，在排除轮胎异常的情况下应及时补充气压。

③ 查看停车位置的地面是否有油渍、水渍等漏液。

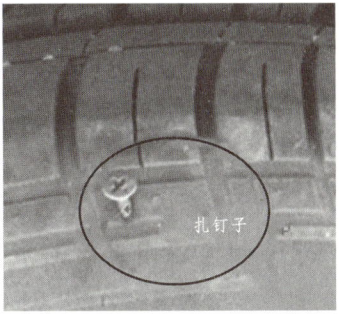

图5-1-8 路试前环车检查

（2）检查仪表仪盘。

点火开关转至ON挡，检查各仪表和指示灯是否正常，然后启动发动机查看有没有工作故障灯亮起，如有问题，应及时处理（见图5-1-9）。

图5-1-9 检查仪表盘

（3）检查车辆雨刮器。

雨刮器应安全有效，玻璃清洁水应保证时时充足。

（4）检查调整座椅（见图5-1-10）。

先调整前后距离，手动挡的标准是左脚前脚掌踩离合踏板能完全踩下，而且膝部还能自然弯曲。自动挡的标准是右脚前脚掌把刹车踩到底膝部还能自然弯曲。

接着调整靠背角度，将一只手握住转向盘，另一只手调整座椅的位置。将座椅调整到最合适自己的位置，一般调整靠背和座垫之间的角度大于90°但不超过120°。

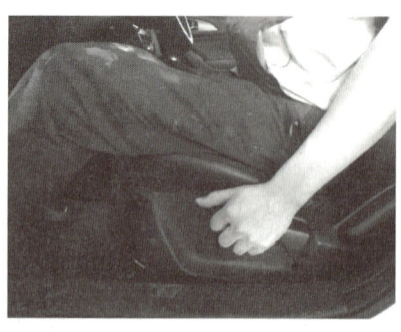 

图 5-1-10　调整座椅

（5）检查安全带。
① 抓住安全带慢慢往外拉，会越拉越长，直至全部把他慢慢拉出来。
② 抓住安全带猛地用力向外一拉安全带会卡死，无法往外拉出。
③ 满足了①和②，说明这个安全带是良好的，正常的安全带。
（6）检查调整后视镜。
外后视镜调整至可以见车体占镜子横向的 1/4，其他物体占 3/4，使地平线位于上下方的中间附近即 1/2 处，尽量看到后面更远的目标（见图 5-1-11）。

图 5-1-11　调整后视镜

（7）检查操纵装置（见图 5-1-12）。
① 检查离合器踏板、制动踏板和加速踏板的行程，应符合标准则且无阻滞现象。
② 检查变速杆，是否在空挡位置，驻车制动器操纵杆是否拉紧。
③ 踏下离合器踏板，将钥匙转至 STA 挡，启动发动机并预热。
④ 开车前踩一下刹车功能是否有噪声或是其他不一样的感觉。

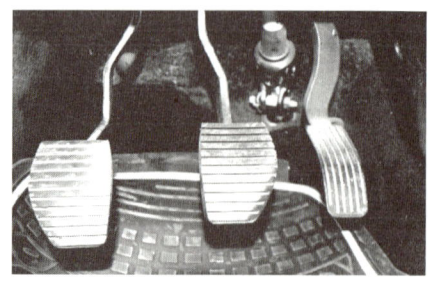 

图 5-1-12　检查操纵装置

二、电气设备检查

1. 蓄电池检查

检查蓄电池的正负接线柱,应没有白色粉状物黏附在上面,查看蓄电池正负极金属接线端部位是否有锈迹,蓄电池外壳应干爽、清洁,没有裂痕,按下喇叭或打开前照灯,喇叭的响声应响亮,前照灯的发光也应正常明亮,说明蓄电池电量充足。

电气设备检查

如有条件可用蓄电池测试仪对蓄电池进行综合检测,检测蓄电池的电压、蓄电池的寿命(SOH)、存电量(SOC)、内阻、冷启动电流(CCA)等,以评价蓄电池的技术状况(见图 5-1-13)。

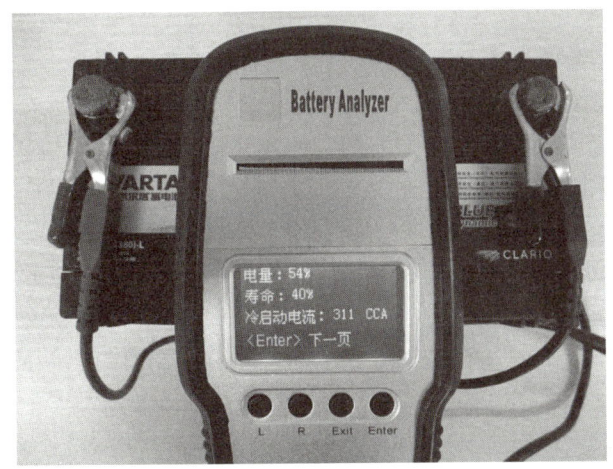

图 5-1-13 蓄电池的检测

2. 仪表警示灯的检查

把点火开关打到"ON"的位置,不启动发动机,仪表上所有的警告灯都应该亮起(见图 5-1-14),有些警告灯亮起两秒就熄灭,这表明系统自检完成,属正常现象。

发动机启动后除驻车制动灯(没松驻车制动手柄)、安全带警告灯(没系安全带)外其余所有警告灯都应熄灭,行驶过程中所有警告灯都应熄灭。

如果电控系统有问题故障警告灯亮起。如胎压不正常,则胎压警告灯亮起。

如有不正常情况,红色警告灯表示需要及时排查,黄色警告灯表示需要引起注意。

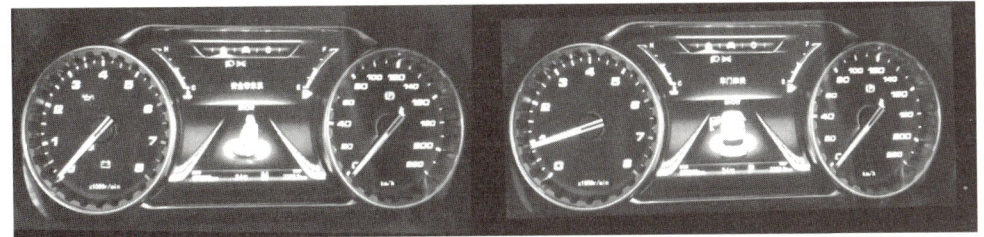

图 5-1-14 发动机起动前仪表显示

3. 外部灯光检查

二手车的外部灯光的检查一般是通过目测来进行的,主要是鉴定灯具部件是否有更换,所属电路是否正常。首先检查车头的各灯具,水箱框架及螺丝情况是否有异常,检查前照大灯新旧程度是否一致，灯位缝隙是否均匀，左右是否对齐。有曲线部分的结合线条是否流畅，大面是否凹凸不平，间隙是否过大等。

灯光检查时，由于灯光耗电量较大，所以检查时发动机应处于运转状态。

（1）前照灯检查。

根据不同车型的操作要求，依次检查近光灯、远光灯、近/远光转换是否正常工作，是否出现下列情况：

① 前照光一侧亮一侧暗。

接通前照灯后，假如只有一侧前照灯较亮，而另一侧灯光暗淡，则可能是暗淡侧的前照灯的灯头接触不良或锈蚀，使接触电阻增大，或者前照灯的反射镜发生了氧化或积有灰尘。

② 前照灯出现雾气。

可能原因是原车密封不良而进水，或是温差或高温度潮气造成。

③ 前照灯只亮远光或近光。

如前照灯只亮远光或近光，可能是前照灯的远光或近光丝灯已被烧断，或远、近光电路中存在电路故障，如保险烧坏或变光开关损坏等。

④ 前照灯根本不亮。

假如喇叭能响，除前照灯外其他车灯都能正常点亮，说明前照灯的电路存在故障。

（2）其他灯的检查。

根据不同车型的操作要求，依此检查小灯（示宽灯）、防雾灯、转向灯（含危险信号灯）、制动信号灯、倒车灯是否正常工作。

4．车身相关电器检查

（1）雨刷器装置的检查。

① 雨刷器开关功能检查。

操纵雨刷器开关，检查快速、慢速、间歇、挡风玻璃喷水等各个挡位功能是否正常。检查刮水效果是否正常，否则检查雨刷器片。

② 雨刷器停止位置的检查。

打开雨刷器开关，观察雨刷器的停止位置是否在挡风玻璃下边缘的位置，并与维修手册的相关标准比对，如果雨刷器片的停止位置不正确，可通过调整恢复。

③ 雨刷器片的检查。

一要检查雨刷器片外观有无异样；

二要检查雨刷器片表面是否附有油污；

三要检查雨刷器片橡胶是否出现老化；

四要检查雨刷器片的工作状况是否正常。

④ 喷嘴的检查。

将洗涤器开关打开，观察洗涤剂喷射位置是否符合要求，不同车型的喷射位置略有不同。

如果洗涤剂喷射位置不正确，可通过调整喷嘴角度进行调节。如果洗涤剂喷射剂量不足要检查相关管路及喷射泵电机。

（2）电动门窗的检查。

检查电动门窗时，应将点火开关置于"ON"位置。

① 在驾驶员位置，操纵四个开关，观察四个车门的玻璃窗升降情况是否正常。
② 在后排左、右乘客位置，分别操纵左、右后门上的开关，观察玻璃窗升降情况是否正常。
③ 在驾驶员位置，操纵门窗锁止开关，观察所有门窗是否都被锁定。

（3）中控门锁的检查。

不同车型的中控门锁，控制方式略有不同，以一汽花冠轿车的中控门锁为例，介绍其检查内容和方法。

① 中控门锁基本检查。

第一步，将门锁手动控制开关转至锁止侧时，所有门锁应锁止；将门锁手动控制开关转至开启一侧时，所有的车门锁应开启。

第二步，用钥匙锁止驾驶员侧车门锁时，所有的车门锁应锁止；用钥匙开启驾驶员侧车门锁时，所有的车门应开启。

第三步，在驾驶员侧车窗打开的情况下，检查钥匙关闭防护功能。

一是检查该侧车门锁是否立即自动开启。
二是检查驾驶员侧车门锁是否立即自动开启。
三是在无钥匙的情况下，关闭并锁止驾驶员侧车门，所有车门锁应自动开启。

② 自动落锁功能检查。

自动落锁功能检查，即车速高于规定车速时，检查门锁是否会自动锁定。

③ 无线电遥控功能检查。

在无线电遥控器作用的范围内（大约为 7 m），操纵遥控器，检查所有门锁是否被控制。

若门锁不能被控制，可能原因有：遥控器电池没电、遥控器损坏、门锁控制电脑损坏等。

5. 空调系统检查

汽车空调是影响汽车舒适性的重要因素，车内空气调节不好，会引起乘员胸闷、晕车等不适，造成驾驶员反应迟钝，易疲劳，从而影响行车安全。

（1）检查空调系统的工作情况。

检查时将汽车停放在通风良好的场地上，保持发动机中速运转，打开空调的 A/C 开关，将空调机风速开到最大挡，使车内空气循环，在空调出风口处感觉一下气流的温度是否够凉爽。

① 检查各部件的温度判断空调状况。

查看压缩机内部是否有噪声，用手触摸空调系统各部件，检查表面温度。正常情况下，低压管路呈低温状态，高压管路呈高温状态。检查顺序如下：

高压管路：压缩机出口→冷凝器→储液罐→膨胀阀进口处。这些部件应该先热后暖，手摸时，应特别小心，避免被烫伤。如果在其中某一点发现有特别热的部位，则说明此处有问题，散热不好。如果某一处特别凉或结霜，也说明此处有问题，可能有堵塞。干燥储液罐进出口之间若有明显温差，说明此处堵塞。

低压管路：膨胀阀出口→蒸发器→压缩机进口。这些表面应该由冷到凉，但膨胀阀处不应发生霜冻现象。

压缩机高低压侧（即进出口）之间应该有明显的温差，若没有明显温差，则说明空调系统内没有制冷剂，空调系统有明显的泄漏。

②检查冷凝器及散热风扇。

冷凝器散热片是否被尘土覆盖,如果冷凝器散热片被尘土覆盖,冷凝器的效率就会大大降低。查看冷凝器风扇是否运转良好。

③检查调整空调 V 带,V 带松紧度是否适宜,表面是否完好。

(2)检查冷暖风机。

①在风机开关打开的情况下,检查电动鼓风机的运转情况,当运转中有异常响声时,应检查鼓风机风扇叶片有无损坏及风扇配重片有无脱落。

②检查送风橡胶软管有无老化和破损现象,如有损坏应予更换。

③启动发动机升温后,打开暖风开关和鼓风机开关,供暖通风设备状况应符合要求。

(3)制冷剂液量的检查。

观察检视窗,判定制冷剂泄漏情况。启动发动机(约 1 000 r/min),打开制冷控制开关(A/C),将温度开关控制杆置于"cold"(冷)位置,风扇开关开到最大位置,从检视窗处观察到制冷剂的流动状态,以此来判断制冷循环系统中有无泄漏现象。

制冷剂流动正常:制冷剂大体上透明,此时出风口的风是冷的。

没有制冷剂:如果制冷系统严重泄漏,观察玻璃窗内就什么也看不到,此时空调系统不会制冷。

检查各装置连接处和接缝是否有油污,在连接处或接缝有油污,表明该处有制冷剂泄漏,应重新紧固或更换有关零件。(可用检漏仪测漏)

(4)仪表检测法。

首先关紧空调压力表的高压端和低压端开关,在停机状态下,将制冷剂加注软管连接在压缩机相应的维修阀上,并利用制冷装置中的制冷剂压力,排出软管中的空气。此时高低压端读数应处于平衡状态(约 6 kg/cm^2)起动发动机,维持在 2 000 r/min,鼓风机转速设在最高档,冷气设定在最大位置,处于"再循环"状态。正常读数为低压端压力(R-134a)1.5 ~ 2.5 kg/cm^2,高压端压力 14 ~ 16 kg/cm^2。否则说明空调系统有故障。

任务实施

一、检查机油的油位

(1)检查前,车辆停放在平整的路面上,起动发动机空转 5 min(油温 60 ℃)。

(2)停止运转发动机,等待 3 min 后,拔出机油油尺擦干净,重新插入油尺并再次取出,记录油尺上的油面。

二、检查机油质量

(1)油滴检查:

在白纸上滴一滴油底壳中的机油,检查机油在白纸上的现象。

(2)机油油质鉴别:

取出油底壳中的少许机油,放在手指上搓捻,检查机油的品质。

三、检查冷却系统

先打开水箱盖,检查冷却液的质量情况,检查冷却系统的密封和渗漏情况。

四、检查车辆外部灯光

由于灯光检查耗电量较大,检查时发动机应处于运转状态。根据车辆的操作规范,依此检查前照灯(远/近光)、转向灯、制动灯、倒车灯、雾灯、驻车灯。

> **素养与思政**

本任务要求分组训练,各小组在实训过程中必须团结协作。操作过程中注意安全,检查要做到细心、细致、细微,要求全程实现 7S 管理。

任务训练

一、基础知识巩固

1. 机油油位检查前,车辆停放在_____的路面上,起动发动机空转_____(油温 60 ℃)。

2. 正常的机油应该是_____、_____和_____。

3. 操纵雨刷器开关,检查_____、慢速、_____、挡风玻璃等各个挡位功能是否正常。

4. 外后视镜的调整,可以见车体占镜子横向的_____,其他物体占_____,使地平线位于上下方的中间附近,尽量看到后面更远的目标。

5. 正常空调系统的压力读数为低压端压力(R-134a)_____,高压端压力_____。否则说明空调系统有故障。

6. 用蓄电池测试仪对蓄电池进行综合检测,可检测蓄电池的_____、蓄电池的(SOH)、存电量(SOC)、_____、冷启动电流(CCA)等,以评价蓄电池的技术状况。

二、问答题

1. 如何检查安全带?

2. 如何检查汽车空调系统制冷剂的制冷量?

三、实践训练

实践训练1　汽车车辆油、液检查

专业			班级	
姓名		学号		组号	

一、工作任务描述

1. 收集车辆基础信息。
2. 检查车辆机油及冷却液。

二、任务信息收集

客户姓名		车牌	
车型		车架号	
行驶里程数		车内贵重物品	

仪表故障信息：

其他：	
机油检查	（一）工作前检查 1. 机油规格及用量： 2. 更换期限： 3. 机油液位： 4. 机油质量状态： 5. 润滑系统密封情况： （二）工作步骤要点 （三）检查结果记录：

续表

冷却液检查	（一）工作前检查 1. 冷却液规格及用量： 2. 更换期限： 3. 冷却液液位： 4. 冷却液质量状态： 5. 冷却系统密封情况： （二）工作步骤要点 （三）检查结果记录：
操作总结	
检测员签字：	服务顾问签字：

实践训练 1 完成情况评价表

项目	赋分	自评得分	互评得分	教师评分
正确理解知识	25			
检查方法及数据正确	25			
表达清晰准确	25			
结果判断正确	25			
完成任务小结				
综合得分（自评得分 10%，互评得分 30%，教师评分 60%）：				

实践训练 2　汽车车辆外部灯光检查

专业			班级		
姓名		学号		组号	

一、工作任务描述

1. 收集车辆基础信息。

2. 检查车辆外部灯光。

二、任务信息收集

客户姓名		车牌	
车型		车架号	
行驶里程数		车内贵重物品	

仪表故障信息：

其他：

车辆外部灯光检查	（一）工作准备 技术参数： 1. 各灯泡规格：远光灯：　　　　近光灯： 转向灯：　　　制动灯：　　　倒车灯： 雾灯：　　　驻车灯： 2. 相关保险丝规格： （二）操作步骤要点 （三）检查结果记录：
检查总结	

检测员签字：	服务顾问签字：

实践训练 2 完成情况评价表

项目	赋分	自评得分	互评得分	教师评分
正确理解知识	25			
检查方法及数据正确	25			
表达清晰准确	25			
结果判断正确	25			
完成任务小结				
综合得分（自评得分 10%，互评得分 30%，教师评分 60%）：				

任务 5-2　发动机怠速及试车鉴定

知识目标

1. 能说出发动机异常响声的种类。
2. 能说出发动机的怠速是否正常。
3. 能说出车辆制动性能的评价指标。
4. 能说出车辆路试时出现跑偏的原因。
5. 能说出车辆路试时变速器工作是否正常。

能力目标

1. 能熟练辨别发动机异常响声的来源。
2. 能熟练辨别车辆跑偏的原因。
3. 能熟练辨别变速器异常的来源。
4. 能熟练掌握制动系统工作是否正常。

素质目标

1. 通过课堂教学活动培养学生细心、专业、干一行、爱一行的道德素养和人生价值观。
2. 通过学生小组合作学习，培养学生爱岗敬业、文明操作的职业素养。

任务引入

在二手车的交易过程中，如何准确、客观地评估车辆的价值是至关重要的。旧车的价值除受市场供求影响外，最主要的是车辆的当前技术状况的好坏。汽车在使用过程中，由于机件之间的摩擦和使用者在使用强度、使用条件、使用性质以及保养、维护等方面的差异，随着行驶里程和使用年限的增加，车辆实体的有形损耗和无形损耗将加剧，因此，对车辆的技术状况的鉴定，需通过感官和运用检测设备对汽车进行检查、测试、分析、判断等一系列活动，所以，二手机的动态检查是指将汽车发动机起动，看汽车发动机、音响、灯光等各部分工作是否正常，接着起步、怠速、加速、匀速、滑行、强制减速、紧急制动等。然后从低速挡到高速挡，再从高速挡到低速挡行驶，看离合器、变速器、转向和悬架系统的工作情况，并检查汽车的操纵性能、制动性能、加速性能、滑行情况、舒适性能、噪声和尾气排放等状况。本任务针对初学者讲解如何通过对汽车发动机的起动、怠速、路试等环节初步评价车辆的动态技术状况，为客观地评价车辆的价值提供依据。

相关知识

一、发动机噪声检查

发动机是汽车的"心脏",因此对发动机的检查非常重要。汽车的许多故障均出自发动机及其附属设备,购买一辆理想的二手车,除了要有火眼金睛查看车辆的车况外,"听"也是一门学问。

对于发动机的检查,一般可以通过听声音来辨别其技术状况,特殊情况下,也可以借助检测仪器对发动机进行检查。

发动机噪声检查

1. 发动机启动性能检查

启动发动机,观察发动机启动是否顺利,在发动机起动过程中,起动机不应出现尖啸声,一般起动不应超过 3 次,每次起动不超过 10 s。

(1)发动机加速性能检查。

启动成功后,并使其处于怠速运转状况,倾听发动机的怠速动转是否平稳,是否有异响、杂音,正常情况下发动机怠速"突突"声应均匀平稳,无异常响声,若有杂音,说明机件磨损严重。

发动机起动运转一段时间,待水温、油温正常后,轻踩加速踏板,让发动机转速缓缓提高,过程中应无杂声,发动机转速超过最高功率点转速后,声音一般都比较明显,但如果出现金属摩擦声,就可能有异常情况。

当快速踩下加速踏板后,发动机动力提升的声音应顺畅无阻且提速快,说明发动机的加速性能好。

接下来检查发动机窜油、窜气情况,打开机油口盖,慢慢踩下加速踏板,若窜气严重,用肉眼就能看到。若窜气不十分严重,可用一张白纸,放在距机油口盖约 50 mm 的地方。然后踩下加速踏板,若窜油、窜气,则白纸上会有油迹,严重时油迹较大。

如以上情况都正常,再将车辆在复杂路况下行驶 5~10 min,停稳后怠速仍应稳定在原怠速,声音也应与之前相同,说明发动机性能良好。

(2)发动机异常情况。

当发动机怠速时,检查排气管的排气颜色。当汽油发动机怠速工作无异常时,排出的气体颜色是无色的,柴油机在正常负荷下运转时,排气颜色为淡灰色;负荷大时,则为深灰色,但只允许短时间出现。如果排气颜色不正常,一般指排气颜色为黑色、蓝色、白色(见图 5-2-1)。

① 若发动机发出很大的霹雳声响,则表明未燃烧完的混合气进入了排气装置,可能是排气门密封不严或点火提前角度错误。

② 若汽油机排气管大量冒蓝烟,则说明有机油窜入汽缸燃烧室内,汽缸内有机油燃烧,形成蓝色气体随废气排出。一般来说,常因活塞、活塞环、汽缸套磨损过甚,配合间隙过大,导致机油窜入汽缸而出现此种现象。此外,若进气不畅,机油也可能被吸入燃烧室,从而也会出现冒蓝烟的情况。

③ 若排气管冒黑烟,说明汽缸内混合气过浓,或点火时刻过迟,造成燃烧不完全,一部

分未燃烧的碳元素混在废气中排出，出现黑烟现象，其结果是油耗上升。白烟说明缸垫渗水。

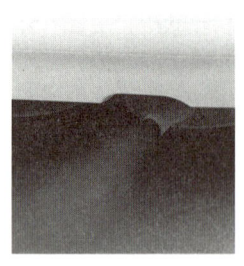  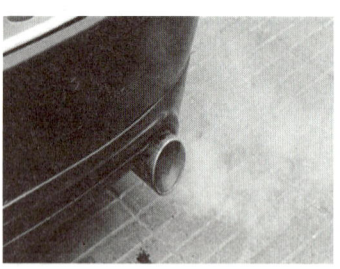

排气管冒黑烟　　　　　　　　　排气管冒白烟　　　　　　　　　排气管冒蓝烟

图 5-2-1　检查车辆排气

（3）发动机常见异响检查。

技术状态良好的发动机在运转中仅能听到均匀的排气声和轻微的噪声，如果发动机在运转过程中伴随有间歇或连续的金属敲击声、连续的摩擦声等，那就表明发动机运转声响不正常，这种不正常的声响通常称为异响。造成发动机异响的原因较为复杂，部分异响其维修工时及费用都较大，如曲轴主轴承响。因此对二手车的检查要仔细鉴别不同异响。发动机常见异响有曲轴主轴承异响、连杆轴承异响、活塞销异响、活塞敲缸异响、气门异响、气缸漏气异响、正时齿轮异响检测、正时皮带异响检测、汽油机点火异响等。

（4）发动机汽缸磨损度检查。

汽缸密封性是表征汽缸组件技术状况的重要参数。其技术状况的好坏，将严重影响发动机的动力性和经济性。如果是气缸磨损过度的发动机，其维修工时及费用都较大，因此，在车辆评估核价时，应当重点考虑。在汽车的使用过程中，汽缸、活塞、活塞环和进排气门等有磨损、烧蚀、结胶、积炭、汽缸垫损坏等现象，都将引起汽缸密封性下降。

检测汽缸密封性的仪器设备主要有汽缸压力表和汽缸压力测试仪等。

发动机汽缸磨损度检查方法：

① 简易检查法。

打开发动机机油加注口盖，启动发动机，观察曲轴箱排气量是否过大，如果过大意味该车行驶里程较多，发动机磨损较大，已接近大修里程，二手车价值有较大贬值。

在实际二手车评估中，车辆行驶里程仅仅作为参考，要通过技术检查，才能正确判断汽车行驶里程。

② 气缸压力表检查法。

通过检查发动机气缸压力，可以确定发动机技术状况是否良好。如果气缸压力过低，将影响发动机动力性、经济性，进而大大影响二手车价格。气缸压缩压力检查方法：

第一步，启动发动机，将水温提高到 80 ℃ 以上。

第二步，停机后，拆下空气滤清器，用压缩空气吹净火花塞或喷油器周围的灰尘和脏物。

第三步，卸下全部火花塞或喷油器（柴油机），并按气缸次序放置，汽油机应将喷油器插头拔下，以防大量汽油进入三元催化器。

第四步，把气缸压力表的螺丝接头拧到被测缸的火花塞孔内，扶正压力表，如图 5-2-2 所示。

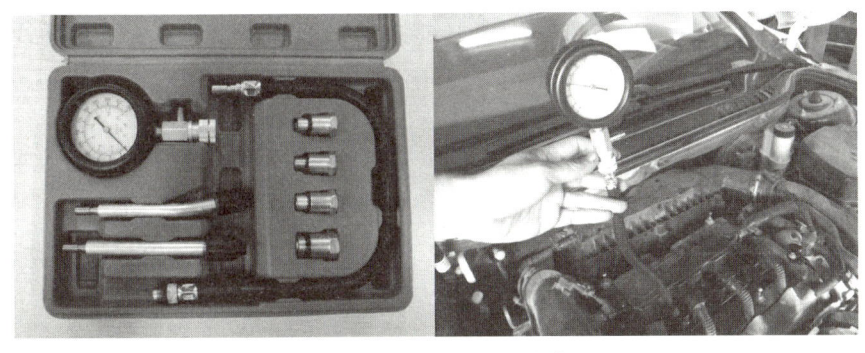

图 5-2-2　气缸压力表检查

第五步，将节气门置于全开位置，用起动机转动曲轴 3~5 s（不少于 4 个压缩行程）。

第六步，待压力表指针有指示，并保持最大压力后停止转动。

第七步，取下气缸压力表，记下读数。

第八步，按下单向阀使压力表指针回零。

第九步，按上述方法依次测量各缸，每缸测量次数不少于两次。

第十步，将测得结果与气缸压缩压力标准值进行对照分析。

汽缸压力检测结果应符合原设计规定，各缸平均压力的差，汽油机应不超过各缸平均压力的 8%，柴油机应不超过 10%。在用汽车发动机的汽缸压力不得低于原设计的 25%，此数据可作为诊断标准用。有关汽车原设计的规定值，查阅相关车型资料即可获得。

检测结果若超过原规定值，不一定就是汽缸密封性好，要结合使用情况进行分析。这种情况有可能是汽缸垫过薄；或是缸体与缸盖结合平面经多次修理加工过度，使燃烧室容积变小，压缩比有所升高所致。此外，也有可能是燃烧室积炭过多所致。

若测得结果低于原设计规定值，可向该缸火花塞或喷油器孔内注入适量机油，然后用气缸压力表重测气缸压力并记录。

第二次测量结果分析：

（1）如果第二次测出的压力比第一次高，且接近标准压力，说明气缸、活塞环、活塞磨损过大或活塞环对口卡死、断裂及缸壁拉伤，也可能是活塞环切口失去弹性等原因造成气缸不密封。

（2）如果第二次测出的压力与第一次相近，但仍比标准压力低，则可能是进、排气门或缸垫不密封造成的。

（3）如果两次检测某相邻两缸压力均较低，说明该两缸相邻处的气缸衬垫烧损窜气。

用汽缸压力表检测汽缸压力，虽然应用极为广泛，但仍存在测量误差大的缺点。特别是在低转速范围内，即使发动机转速差较小，也能引起汽缸压力测量值较大的变化。即使是同一型号的发动机，由于蓄电池电压、起动机和发动机技术状况不一，其起动转速也不可能完全一致，另外就是测量时对测量时间长短的控制问题，这些都是用汽缸压力表检测汽缸压力误差大的主要原因。所以，在检测汽缸压力时，若能监控曲轴转速，将是发现问题、减小测量误差、获得正确分析结果的重要保证。

2. 车辆路试

检查完机油、冷却液、制动液、离合器踏板、制动器踏板、轮胎气压等工作后可进行路试，进行路试必须确保人员和车辆的安全。路试时间一般进行 15~20 min，这样可能可以反映出车辆在不同行驶状态时的技术性能。

（1）检查车辆的加速性能。

原地起步后，加速行驶，如果猛踩加速踏板后提速快，反应敏感，则说明加速性能好。

在坡路上检查车辆爬坡行驶时提速是否有劲。如果出现提速慢，上坡无力，则说明发动机动力性能较差，功率不足，车辆使用的时间较长、磨损严重。路试时，最好检查高速行驶时，最高车速和车辆厂定额定参数的差别不应过大。

（2）检查车辆行驶的稳定性。

在宽敞的路段上，向左、向右转动转向盘，看转向是否灵敏、轻便，能否自动回正，以 20 km/h 车速行驶，急踩制动踏板然后松开，不应出现跑偏迹象。同时检查驻车制动器。

（3）检查离合器。

手动挡汽车起步时看离合器是否接合平稳，分离是否彻底，离合器工作有无发抖、异响。

离合器常出现的故障是打滑和分离不彻底，这些会造成挂档困难、行驶无力、爬坡无力、挂挡发出撞击声、起步抖动等。

（4）检查车辆的传动效率。

在平坦的路面上，以 50 km/h 速度行驶，挂空档滑行，根据滑行距离，评估车辆的传动效率，如滑行距离长则说明传动效率高，反之则低，其间不应有明显的阻滞情况。

（5）检查主减速。

以 40 km/h 速度行驶，突然松开加速踏板，然后猛踩加速踏板，看主减速器是否发出较大的声响。

（6）检查车辆的减振性能。

把车辆开到不平整路面或多弯的路面行驶，如果有强烈的颠簸感觉，甚至发出沉闷的响声，都说明减振系统有问题。

（7）下摆臂、平衡杆胶套的检查。

把车开到有减速带的地方，过减速带时注意倾听底盘的上下冲击声音，如果有特别硬的冲击声，有可能是下摆臂、平衡杆胶套磨损、破裂引起的。一般合资品牌的轿车 6 年正以上就会出现下摆臂破裂的故障。

二、怠速及制动系统检查

1. 怠速检查

发动机起动后，在怠速运转时，可以到车头进行检查。

怠速及制动系统检查

在车头听听发动机有没有运转杂声，如有说明机件磨损过大，再看发动机运转是否平稳，怠速运转时发动机越静、越稳则越好。

（1）发动机怠速控制方式。

怠速控制的实质是对怠速工况下的进气量进行控制，虽然进气量控制的方式及所采用的控制装置随车型的不同而有所差异，但根据怠速进气量控制方式的基本特征可分为两种类型：

① 节气门直动控制方式。

它通过怠速控制装置，直接控制节气门的开度，进而控制空气通路的截面，以调节怠速时的空气流量,实现怠速控制。

② 旁通空气道控制方式。

旁通空气道控制方式示意图如图 5-2-3 所示。它通过怠速控制装置 4 控制怠速旁通空气道 3 的截面大小,进而调节怠速时的空气流量,实现怠速控制。

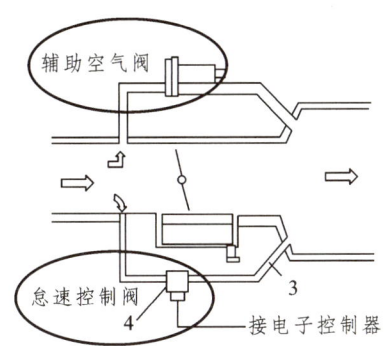

图 5-2-3　旁通空气道控制方式

(2) 怠速控制系统的检查。

在发动机正常怠速状态下,打开 A/C 开关,发动机转速应提高,否则说明发动怠速控制系有故障,应进行检修。

(3) 发动机怠速不稳的类型。

① 混合气过浓或过稀。

发动机在怠速工况下,出现混合气过浓或过稀是由于进气量过少或过多所致。由于 ECU (Electronic Control Unit,行车电脑) 是通过控制进气量来控制怠速的,因此,混合气过浓或过稀会导致发动机怠速不稳。

② 点火不完全。

点火不完全是由于点火系统出现故障造成的。点火系统故障会造成混合气的燃烧异常或无法正常点火燃烧,部分气缸燃烧不完全或失火,使发动机怠速运转不平稳。

③ 传感器信号不正确。

如果传感器信号失准,ECU 就无法对发动机进行正确的怠速调节,从而造成发动机怠速不稳。

2. 制动系统检查

汽车的制动性能直接关系着汽车的行车安全,只有在保证行车安全的前提下才能充分利用汽车的其他使用性能,如提高汽车的行驶速度,提高汽车的机动性能等等。

所以行车前需对车辆的制动系统进行初步检查,车辆起步前,试踩一下制动踏板,如果很软或一脚踩到底,说明制动效果很差,不能上路行驶,否则容易出安全事故。

汽车的制动性能主要从汽车的制动效能、制动效能的恒定性、制动时的方向稳定性等方面来评价。

(1) 制动性能评价指标。

① 制动效能。

制动时间:驾驶员反应时间 t_0 是指从驾驶员接收到制动信号开始,至驾驶员的脚接触到制动踏板为止所经历的时间，它包括驾驶员发现红灯或障碍物等做出紧急制动决定所用时间和将脚由加速踏板等位置移动到制动踏板上所用时间，一般为 0.3~1.0 s。

制动距离：我国《机动车制动检验规范》中规定的制动距离，是指从驾驶员踩着制动踏板起到完全停车为止时汽车行驶过的距离。

制动力：制动力必须在制动试验台上进行检验。在用车辆，制动力应不低于原厂设计标准的 90%，且按同轴左、右轮制动力之差与其中较大制动力的比值，前轴左、右轮制动力之差不得大于 5%，后轴左、右轮制动力之差不得大于 10%。

② 制动效能的恒定性。

当汽车下长坡时，为控制车速保证行车安全，经常需要连续地较长时间做较大强度的制动，制动器温度常在 300 ℃ 以上，甚至高达 600~700 ℃。制动器温度升高后，制动器摩擦副的摩擦系数减小，摩擦力矩下降，汽车的制动效能衰退，这种现象称为制动器的热衰退。

制动器的抗热衰退性一般用一系列连续制动时制动效能的保持程度来衡量。国际标准草案 ISO/DIS 6597 推荐：汽车以一定车速连续制动 15 次，每次的制动减速度为 3 m/s^2，在制动踏板力相同时的制动效能应不低于规定冷状态制动效能（5.8 m/s^2）的 60%。

③ 制动时的方向稳定性。

制动跑偏：在汽车制动时，驾驶员本期望按直线方向减速停车，但有时会出现汽车自动向左或向右偏驶的现象，称为制动跑偏。

制动侧滑：制动侧滑是指制动时，汽车的某一轴车轮或全部车轮发生横向滑动的现象。汽车制动时，如果前轴车轮发生侧滑，而后轴车轮不侧滑，则汽车前轴中点的速度方向偏离汽车的纵轴线，后轴中点的速度方向仍与汽车的纵轴线一致。

失去转向能力：失去转向能力是指汽车在弯道上制动时，转动方向盘也无法使汽车转向沿预定弯道制动停车的现象。

（2）制动性能评价方法。

① 检查汽车的制动效能。

测量制动距离是最简易的方法，将车速提高到 40 km/h，进行紧急制动，测量刹车印痕的长度。

② 检查汽车制动效能的恒定性。

选择长坡路段，连续地较长时间做较大强度的制动，制动器温度升高后，制动器摩擦副的摩擦系数减小，摩擦力矩下降，检查汽车的制动效能衰退状况。

③ 检查汽车制动时的方向稳定性。

在紧急制动过程中，检查汽车制动时不跑偏、侧滑和不失去转向的能力。一般以 20 km/h 车速行驶，急踩制动然后松开，不应出现跑偏迹象。以 50 km/h 车速时紧急制动，车辆应能立即减速、停车，汽车不应有跑偏、甩尾迹象，制动距离应符合有关规定的标准值。

④ 手制动检查。

检查手制动是否拉紧，若手制动拉紧状态时，车辆无法起步。

⑤ 制动系统拖滞检查。

检查制动系统是否拖滞，即滑行性能检查。可以 30 km/h 速度行驶，挂空挡后，检查滑行距离，一般轿车不应少于 150 m。

⑥ 制动元件检查。

检查制动摩擦元件：目测检查制动摩擦片厚度、制动盘厚度、制动鼓和制动蹄厚度。

检查制动主缸和真空助力器：发动机熄火后，用力踩动制动器踏板若干次，这样可消除助力器中残留的真空度。用适中的力踩动制动器踏板，使它停留在制动位置上，然后启动发动机，进气管中重新产生真空度，如果助力器性能良好，则制动踏板有下降趋势，表明助力器起作用。

制动液检查：长期使用的制动液，其储液罐内壁会有较多的沉淀物，制动液的透明度降低、混浊。一般，每隔两年应更换制动液一次，如果不到两年，但汽车行驶已超过 50 000 km 时，也应更换制动液。

⑦ ABS 系统检查。

ABS 采用电子液压控制，在紧急制动时刹车踏板会有反弹感觉并伴有异响，但在 ABS 系统正常工作情况下有时会出现表 5-2-1 所列现象，并不是故障。

表 5-2-1　ABS 系统正常现象

现象	现象说明
系统自检声音	发动发动机后，有时候会从发动机舱中传出类似碰击的声音，这是 ABS 进行自检的声音，并非不正常
ABS 起作用时的声音	1. ABS 液压单元内电动机的声音 2. 与制动踏板振动一起产生的声音 3. ABS 工作时，因制动而引起悬架碰击声或轮胎与地面接触发出吱嘎声
ABS 起作用，但制动离长	在积雪或砂石路面上，有 ABS 的车辆的制动距离有时候会比没有 ABS 车辆的制动距离长

三、变速箱检查

变速器的检查主要是通过挂挡、换挡、听声音、检查泄漏情况来判断故障的。

变速箱检查

1. 手动变速器的路试检查

（1）检查所有前进挡及倒车挡。

如果每次挂挡都磨齿轮，则可能是离合器的液压系统或变速器本身有故障。

（2）检查是否能正常入挡。

变速器如不能顺利挂入挡位，往往伴有齿轮撞击声，又或是挂上后很难推回空挡，说明变速器换挡困难。在熄火后可用手握住变速杆，如果很松垮能任意摆动，可能是定位失效造成的。如果不松垮但换挡困难，很可能是同步器滑块塞堵，自锁、互锁装置卡死，出现这类故障后需进厂进行修理。

（3）检查有无跳回空挡。

如果汽车在行驶中，尤其是加速或爬坡时，变速杆自动跳回空挡，可能是拨叉弯曲或齿轮和齿套磨损严重，致使轴承松垮或轴向间隙过大，需要专业人员查看齿轮啮合情况。

如果发现变速器漏油，则有可能是密封垫或胶失效，变速器输出轴油封损坏，壳体有裂纹等。润滑油过多或通气孔堵塞也会引起漏油。

（4）检查是否有异响。

如果发动机在怠速状态且变速器处于空挡位置时有异响，可能是曲轴和变速器第一轴的同轴度有偏差，在踏下离合器踏板时可消失。

如果在入挡后有异响，可能是相互啮合齿轮工作时撞击造成的，说明变速器壳体有损伤，或者是部分齿轮有损伤引起啮合过程中的撞击。

2. 自动变速器路试检查

自动变速器路试主要检查升挡、降挡、升降挡车速、发动机转速、换挡质量等情况以判断自动变速器的技术状况。

（1）自动变速器路试前的检查。

① 油面高度和油质的检查。

自动变速器油面高度和油质检查是自动变速器最基本的检查项目，也是确定自动变速器是否进行拆检的主要依据之一。自动变速器每行驶 40 000 km 或 6 个月以后，应检查一次油面高度和自动变速器油质，以此来判断自动变速器的工作是否正常。

② 自动变速器油面高度检查。

冷态（即冷车刚刚起动，为室温或低于 25 ℃ 时），油面应在油尺刻线的下限（COOL）附近；处于热态（如低速行驶 5 min 以上，油温已达到 70~80 ℃，油面应在上限（HOT）附近。

③ 自动变速器油质检查。

检查油液时，从油尺上嗅一嗅油液的气味；用手指点少许油液并互相摩擦，看是否有渣粒；将油滴在干净的白纸上，检查液压油的颜色及气味。正常液压油的颜色一般为粉红色，且无气味。如液压油呈棕色或有焦味，说明已变质应立即换油。

（2）换挡杆位置检查

将换挡杆从 P 位置依次地拨到其他各位置，检查换挡杆拨动是否平顺，能否到达正确的位置和定位的感觉，仪表指示灯能否正确指示各挡位置。

若显示不正确，应进行调整。

（3）空挡起动开关检查

发动机应只能在空挡（N 挡）和停车挡（P 挡）起动，其他挡位不能起动。若有异常，应调节空挡起动开关螺栓和开关电路。

当挂入 P 挡时应不能推动车辆；当挂入 N 挡时应能够推动车辆。

（4）静态体验。

① 怠速体验。

启动发动机，观察冷却液温度表发动机是否处于最佳的工作温度，如果冷却液温度偏低，则缓慢行驶 1~2 km 使冷却液的温度升高。这时停车但不熄火，变速杆在 D 位并踩住制动踏板感受车身的抖动情况，之后挂入 N 位，比较种情况下车辆抖动的情况，反复进行两次到三次。

这种方法适用于液力自动变速器（AT）以及无级变速器（CVT），表现好的变速器即使在 D 位靠制动保持车辆静止的时候车身也不会有明显的抖动，倘若 D 位怠速时，车辆抖动很明显，说明这款车的自动变速器状态不好。

②原地换挡体验。

对于机械挡式变速杆来说，即使是直排式的挡位，在挂入不同挡位的时候也会有很明显的阶梯感，每个挡位都应该有很明显的位置，反馈在手上的感觉是很清晰但并不生涩。尤其要注意挂入 P 位的时候，很多做工不良的车会显得特别生涩。具有手动模式的变速器也可将变速杆挂入手动模式前后推动感受。

（5）动态体验。

①升挡检查。

将操纵手柄至于前进挡（D 挡）位，踩下油门踏板，使节气门保持在 1/2 开度，使汽车起步加速，检查自动变速器的升挡情况。正常情况下，汽车起步后随着车速的升高，试车者应能感觉到自动变速器能自动地从 1 挡升入 2 挡，随后从 2 挡升入 3 挡，最后升入超速挡。若自动变速器不能升入高挡，则说明控制系统或换挡执行元件有故障。升挡时不应有换挡冲击、打滑及振动等现象，如有明显的换挡冲击，可是主油路的油压过高，蓄压器或单向阀不良造成的。

②降挡检查。

汽车从超速（D）挡降到 3 挡，从 3 挡降到 2 挡，然后从 2 挡降到 1 挡，车速应符合标准要求，降挡时应无异常的振动和噪音。

③中低速行驶急加速。

在车速约为 40 km/h 时迅速踩下加速踏板，同时大致判断这台变速器的相应转速，注意观察从加速踏板踩到底，至变速器升挡所需要的时间应不是特别长。如果自动变速器反应不是十分敏捷，或有迟钝现象，则就是变速器的匹配不好。

④强制降挡检查。

使汽车在 D 挡下中速行驶，保持节气门开度为 1/3 左右，迅速将油门踏板踩到底，检查自动变速是否被强制降低一个挡位。松开油门踏板，自动器又回到高挡位，若踩下油门踏板后没有出现强制降挡，说明强制降挡功能失效。如有强制降挡作用，但在降挡时发动机转速异常高于 5 000 r/min，并在松开油门踏板升挡过程中出现冲击，则说明换挡执行元件磨损严重而打滑，需拆修自动变速器。

⑤中高速行驶减速。

在车速约为 60 km/h（条件允许可以更高），以中等力度踩下制动踏板，让车辆逐渐减速，自动变速器在车辆减速降挡过程中应该很平顺，如有明显的降挡顿锉感，说明变速器的性能并不是很好。

⑥倒挡检查。

停车后将自动变速器操纵手柄置于 R 挡，应能迅速倒车，并无打滑现象。

四、跑偏检查

1. 行驶跑偏现象

车辆在直线行驶过程中，需要不断校正方向，如果轻扶转向盘，车辆就会向一边跑去。有时，行进中会突感方向往一侧偏转，其偏转力越来越大等。

行驶跑偏故障原因：
（1）轮胎气压。
（2）定位角不当。
（3）车轮轴承预紧度不一致。
（4）制动拖滞。
（5）悬架变形。

2. 跑偏检测

测试前确保四个轮胎的气压完全符合厂家技术要求。车辆起步上路，以 20～30 km/h 的速度直行时，手暂时离开转向盘。

（1）在平直的路面上，车辆保持直线行驶的时候方向盘处于居中的位置，车辆也没有跑偏，这时汽车是正常的。

（2）如果在平直的路面行驶中没有跑偏的情况，只是方向盘角度不正，这和四轮定位没有任何关系，只需要调整一下方向机左右拉杆的长度就可以解决。

（3）如果在平直路面行驶的时候车辆跑偏，需要向一侧打转方向盘来纠正跑偏使方向盘不正，这就是四轮定位有问题。

（4）做一次紧急制动，检查制动是否可靠，再以 50 km/h 的速度行驶，迅速将制动踏板踩到底，看车辆是否立即减速停车，检查有无制动跑偏、甩尾的情况。

如果车辆有跑偏的现象，有可能是因为车架变形、悬架系统损坏变形、前轴变形或者转向节松旷等。

3. 四轮定位检测

四轮定位就是车轮与地面的正确位置关系，悬架与车轮及车架的正确位置关系。

四轮定位包括前轮定位和后轮定位，前轮定位包括主销后倾角、主销内倾角、前轮外倾角和前轮前束四个内容，后轮定位包括车轮外倾角和后轮前束。

一般情况下，新车驾驶 3 个月后，就应做四轮定位，之后每行驶 1 万公里，就应轮胎换位，如果发生碰撞，应及时做四轮定位。

四轮定位对汽车的正常行驶稳定性起着十分重要的作用。当汽车行驶一段时间后，四轮定位如出现异常，可能会造成轮胎异常磨损、零件磨损加快、方向盘发沉、车辆跑偏、油耗增加等现象。在二手车检查中，如有轮胎异常磨损、车辆跑偏等现象，应进行四轮定位检查。

另外如出现下列情况也需做四轮定位，如：
（1）不均匀的轮胎磨损；
（2）行驶时感觉车辆摇摆不定或有飘浮感；
（3）更换磨损的悬架或转向系统组件后；
（4）碰撞后修理；
（5）新车行使达 3000 km 时；
（6）每半年或车辆行驶达 10 000 km 时；
（7）直行时方向盘不正；
（8）直行时需紧握方向盘；
（9）直行时车辆拉向单边；

（10）车辆转向时，方向盘太重或无法自动回正。

四轮定位后需进行路试，以检查四轮定位调整的效果。

任务实施

一、检查发动机的启动性能

启动发动机，观察发动机启动是否顺利，在发动机起动过程中，起动机不应出现尖啸声，一般起动不应超过 3 次，每次起动不超过 10 s。

二、发动机加速性能检查

（1）启动成功后，使其处于怠速运转状况，倾听发动机的怠速动转是否平稳，是否有异响、杂音。

（2）发动机起动运转一段时间，待水温、油温正常后，轻踩加速踏板，让发动机转速缓缓提高，检查发动机是否有异常情况。

（3）快速踩下加速踏板后，发动机动力提升的声音应顺畅无阻且提速快，说明发动机的加速性能好。

（4）检查发动机窜油、窜气情况，打开机油口盖，慢慢踩下加速踏板，若窜气严重，用肉眼就能看到。若窜气不十分严重，可用一张白纸，放在距机油口盖约 50 mm 的地方。然后踩下加速踏板，若窜油、窜气，则白纸上会有油迹，严重时油迹较大。

三、怠速控制系统的检查

在发动机正常怠速状态下，打开 A/C 开关，发动机转速应提高，否则说明发动怠速控制系有故障，应进行检修。

四、制动系统检查

在没有起步前试踩一下制动踏板，如果很软或一脚踩到底，说明制动效果很差，不能上路行驶，否则容易出安全事故。

车辆行驶过程中，进行制动时的方向稳定性检查。

五、变速箱检查

检查变速器工作是否有正常，通过挂挡、换挡、听声音、检查泄漏情况来判断。

> **素养与思政**

本任务要求分组训练，各小组在实训过程中必须团结协作，操作过程中注意安全，注重专业、专注，要求全程实现 7S 管理。

任务训练

一、基础知识巩固

1. 若汽油机排气管大量冒_____，则说明有机油窜入汽缸燃烧室内，汽缸内有机油燃烧，形成蓝色气体随废气排出。

2. 如果发动机的排气颜色不正常，一般指排气颜色为_____、_____、_____。

3. 发动机怠速运转时发动机_____、_____则越好。

4. _____是指从驾驶员踩着制动踏板起到完全停车为止汽车行驶过的距离。

5. 四轮定位包括_____和_____。

6. 变速器的检查主要是通过_____、换挡、_____、_____情况来判断故障的。

7. 汽车的制动性能主要从汽车的_____、制动效能的_____、制动时的_____等方面来评价。

8. _____就是车轮与地面的正确位置关系，悬架与车轮及车架的正确位置关系。

二、问答题

如何检测发动机的气缸压缩压力？

三、实践训练

实践训练 1 汽车发动机怠速检查

专业		班级	
姓名		学号		组号	

一、工作任务描述
1. 收集车辆基础信息。
2. 检查车辆外部灯光。

二、任务信息收集

客户姓名		车牌	
车型		车架号	
行驶里程数		车内贵重物品	

续表

仪表故障信息： 			
其他：			
怠速检查	（一）工作前检查 1. 机油液位： 2. 机油质量状态： 3. 润滑系统密封情况： （二）工作步骤要点 （三）检查结果记录：		
检查总结			
检测员签字：		服务顾问签字：	

实践训练 1 完成情况评价表

项目	赋分	自评得分	互评得分	教师评分
正确理解知识	25			
检查方法及数据正确	25			
表达清晰准确	25			
结果判断正确	25			
完成任务小结				
综合得分（自评得分10%，互评得分30%，教师评分60%）：				

实践训练2 汽车变速箱检查

专业		班级	
姓名		学号		组号	

一、工作任务描述

1. 收集车辆基础信息。
2. 检查车辆变速箱。

二、任务信息收集

客户姓名		车牌	
车型		车架号	
行驶里程数		车内贵重物品	

仪表故障信息：

其他：

变速箱检查	（一）工作前检查 1. 变速箱液位： 2. 变速箱油质量状态： 3. 润滑系统密封情况： （二）工作步骤要点 （三）检查结果记录
检查总结	
检测员签字：		服务顾问签字：	

实践训练 2 完成情况评价表

项目	赋分	自评得分	互评得分	教师评分
正确理解知识	25			
检查方法及数据正确	25			
表达清晰准确	25			
结果判断正确	25			
完成任务小结				
综合得分（自评得分 10%，互评得分 30%，教师评分 60%）：				

二手车鉴定与评估

项目 6

二手车评估方法

任务 6-1　成新率确定

知识目标

了解常见的各类车辆的使用年限、里程规定。

能力目标

能熟练运用年限法、里程法、综合分析法、技术鉴定法、综合成新率法计算车辆的成新率。

素质目标

通过小组合作和竞赛式学习,培养学生配合协作、争先的职业素养。

任务引入

2013 款 2.5L 天籁,生产日期为 2012 年 12 月,登记日期为 2013 年 7 月 1 日,评估基准日为 2022 年 1 月 6 日,该车辆行驶了 168 900 km,该车辆平时保养较好,无事故、火烧、泡水现象,请问该车辆还有几成新?

相关知识

一、成新率的定义

车辆在使用一定时间后自然会变旧,其功能和价值在一定程度上会降低,那到底还有几成新呢?一般使用成新率来表示。

成新率是二手车的功能或使用价值占全新机动车的功能或使用价值的比率,是反映二手车新旧程度的指标,也可以理解为二手车的现时状态与机动车全新状态的比率。

二手机动车鉴定估价成新率的确定方法通常采用年限法、里程法、技术鉴定法、综合分析法、综合成新率法等 5 种方法。

二、年限法计算成新率

1. 年限法计算成新率的定义

车辆都有一定的使用年限,达到年限就要强制报废。

年限法就是通过被评估车辆尚可使用年限与规定使用年限的比值来确定二手车成新率的一种方法。

成新率的计算

2. 计算公式

$$C_n = (1 - Y/G) \times 100\%$$

式中　C_n——使用年限成新率；

　　　G——规定使用年限或月数；

　　　Y——已经使用年限或月数。

已使用年限或月数是指二手车开始使用到评估基准日所经历的时间。运用使用年限法估算二手车成新率应注意以下几点：

（1）年限法的原理是建立在车辆损耗呈线性递增关系的一种简单思维的计算方法，即假设车辆每个时间段的损耗都是一样的比例。

（2）使用年限法是建立在车辆正常使用的前提下的，包括正常的使用时间和正常的使用强度。在实际评估过程中，应充分注意车辆的实际已使用的时间，而不是简单的日历天数，同时也要考虑实际使用强度，但实际操作上较为困难。

3. 规定使用年限

汽车的使用年限分为技术使用寿命、经济使用寿命和合理使用寿命，这里所指的车辆规定使用年限是指车辆的合理使用寿命。目前行业内通常按商务部2012年公布的《机动车强制报废标准》规定执行。具体见表6-1-1。

表6-1-1　机动车使用年限参考值

车辆类型与用途				使用年限
载客汽车	营运	出租客运	微型出租客车	6
			中、小型出租客车	8
			大型出租客车	8
		租赁		15
		教练	小型	10
			中型	12
			大型	15
		公交客运		13
		其他	小、微型	10
			旅游客车	10
			营运（非出租）客车	10
			重、中、轻货车	10
	非营运	专用校车		15
		9座（含）以下非运营客车		15
		9座以上非运营客车		20
		大型客车		20
		微型货车		8

需要说明的是，近年来，机动车强制报废标准略有改变，如小、微型出租车年限调整为 8 年，非营运小、微型汽车无使用年限，行驶里程 600 000 km，国家会引导它们报废，超过 15 年且行驶里程未达到 600 000 km 的，需要每年检验两次，不合格车辆将强制报废。同时根据商务部网站的信息，为加强机动车报废管理，促进循环经济发展，已将《机动车强制报废标准规定》纳入 2022 年规章立法计划。

4. 计算案例

2013 款 2.5L 天籁，生产日期为 2012 年 12 月，登记日期为 2013 年 7 月 1 日，评估基准日为 2022 年 1 月 6 日，该车辆行驶了 168 900 km，该车辆平时保养较好，无事故、火烧、泡水现象，请问该车辆还有几成新？

解：（1）已知参数：登记时间为 2013 年 7 月 1 日，评估基准日为 2022 年 1 月 6 日，使用年限 $Y = 9$ 年 7 个月，共 103 个月

（2）其规定使用年限（按家用车）为 $G = 15$ 年，共 $15 \times 12 = 180$ 个月

根据计算公式：

$$C_n = \left(1 - \frac{Y}{G}\right) \times 100\%$$
$$= \left(1 - \frac{103}{180}\right) \times 100\%$$
$$= 42.8\%$$

因此，应用年限法计算该车辆的成新率为 42.8%。

三、里程法计算成新率

1. 里程法计算成新率的定义

车辆除了有使用年限外，也有行驶里程限制，达到规定的行驶里程限额也要强制报废。

行驶里程法计算成新率是通过确定被评估二手车的里程与规定行驶里程的比值来确定二手车的成新率。与年限法的原理相同，都是建立在车辆损耗呈线性递增关系的一种简单思维的计算方法。

2. 计算公式

$$C_n = \left(1 - \frac{S_1}{S_0}\right) \times 100\%$$

式中　C_n——成新率；
　　　S_0——规定行驶里程；
　　　S_1——累计行驶里程。

3. 规定使用里程

按商务部 2012 年公布的《机动车强制报废标准》规定执行。具体见表 6-1-2。

表 6-1-2　机动车使用里程参考值

车辆类型与用途					行驶里程
载客汽车	营运	出租客运		微型出租客车	60
				中、小型出租客车	50
				大型出租客车	60
		租赁			60
		教练		小型	50
				中型	50
				大型	60
		公交客运			40
		其他		小、微型	60
				旅游客车	60
				营运（非出租）客车	50
				重、中、轻货车	60
		专用校车			40
	非营运			9座（含）以下非运营客车	60
				9座以上非运营客车	50
				大型客车	60
				微型货车	60

4. 计算案例

2013 款 2.5L 天籁，生产日期为 2012 年 12 月，登记日期为 2013 年 7 月 1 日，评估基准日为 2022 年 1 月 6 日，该车辆行驶了 168 900 km，该车辆平时保养较好，无事故、火烧、泡水现象，请问该车辆还有几成新？

解：（1）已知参数：已行驶 168 900 km

（2）其规定使用公里数为 600 000 km（私家车）

根据计算公式：

$$C_n = \left(1 - \frac{S_1}{S_0}\right) \times 100\%$$

$$= \left(1 - \frac{168\ 900}{600\ 000}\right) \times 100\%$$

$$= 71.9\%$$

因此，应用年限法计算该车辆的成新率为 71.9%。

不难看出，应用年限法和里程法，计算结果是有较大的差距的，这是为什么呢？无论是年限法还是里程法，都是一种基于线性损耗的计算方法。按照相关规定，私家车使用15年或行驶60万公里就要强制报废，一般而言这两者条件不是同时达到的或者也不是平均的，而且车辆的损耗也不可能是一直呈直线性变化，因此，无论是年限法还是里程法，其计算结果只能用作一种最基本的参考。

四、综合分析法计算成新率

1. 综合分析法的定义

无论是年限法还是里程法，都是基于线性损耗的假想，但实际情况并非如此，影响二手车成新率的主要因素有很多，如技术状况、维护保养等，需要进行综合考虑。

综合分析法是以使用年限法为基础，再综合考虑对二手车价值影响的多种因素，以系数调整 K 确定成新率 C_z 的一种方法。

2. 综合分析法的计算公式

$$C_z = C_n \times K \times 100\%$$

式中　C_z——综合成新率；

C_n——使用年限成新率；

K——综合调整系数。

3. 综合调整系数的计算

$$K = K_1 \times 30\% + K_2 \times 25\% + K_3 \times 20\% + K_4 \times 15\% + K_5 \times 10\%$$

其中 K_1、K_2、K_3、K_4、K_5 分别代表技术状况、维护保养、制造质量、车辆用途、使用条件等的分级，其综合调整系数参考表6-1-3。

表6-1-3　综合调整系数参考值

影响因素		因素分级	调整系数	权重/%
技术状况	K_1	好	1	30
		较好	0.9	
		一般	0.8	
		较差	0.7	
		差	0.6	
维护保养	K_2	好	1	25
		较好	0.9	
		一般	0.8	
		较差	0.7	

续表

影响因素		因素分级	调整系数	权重/%
制造质量	K_3	进口车	1	20
		国产名牌车	0.9	
		进口非名牌车	0.8	
		走私罚没车、国产非名牌车	0.7	
车辆用途	K_4	私用	1	15
		公务、商务	0.7	
		营运	0.5	
使用条件	K_5	较好	1	10
		一般	0.8	
		较差	0.6	

4. 计算案例

张某 2013 年以 22.38 万元购置一台东风天籁轿车供私用。后于 2021 年 12 月到某市二手车交易市场出售。评估人员经检查获得如下数据：发动机排量 2.5L，初次登记日 2013 年 7 月 1 日，基本用作个人市内交通使用，累计行驶里程 168 900 km，维护保养情况一般，经路试车况较好。经市场调查 2021 年 12 月与该车基本同型号的新车价为 18.78 万元。试用综合分析法计算其成新率。

解：

（1）已经使用年限 Y：从 2013 年 7 月到 2021 年 12 月，共 8 年 6 个月，即：$Y = 8 \times 12 + 6 = 102$（月）。

（2）规定使用年限 G：对私车为 15 年，即：$G = 15 \times 12 = 180$（月）。

（3）计算年限成新率：

$$C_n = \left(1 - \frac{Y}{G}\right) \times 100\% = \left(1 - \frac{102}{180}\right) \times 100\% = 43\%$$

（4）各项调整系数的确定

根据车况，查表确定各项调整系数如下：

① 车辆技术状况调整系数：经路试车况良好，所以取 $K_1 = 0.9$；
② 车辆使用维护状况调整系数：维护保养情况一般，所以取 $K_2 = 0.9$；
③ 车辆制造质量调整系数：东风日产天籁属于国产名牌车，所以取 $K_3 = 0.9$；
④ 车辆工作性质调整系数：属于私车，所以取 $K_4 = 1.0$；
⑤ 车辆工作条件调整系数：主要用作市内交通，所以取 $K_5 = 1.0$。

因此，$K = K_1 \times 30\% + K_2 \times 25\% + K_3 \times 20\% + K_4 \times 15\% + K_5 \times 10\%$
　　　$= 0.9 \times 30\% + 0.9 \times 25\% + 0.9 \times 20\% + 1 \times 15\% + 1 \times 10\% = 0.925$

(5)综合成新率:
$$C_z = C_n \times K \times 100\% = 43\% \times 0.925 \times 100\% = 39.78\%$$

五、技术鉴定法计算成新率

1. 技术鉴定法的定义

技术鉴定法指评估人员用技术鉴定的方法,测定出二手车成新率的一种方法。即根据技术鉴定结果,判断旧车技术状况,再以评分的方法求得成新率。该方法可分为部件鉴定法和整车观测法两种。

2. 部件鉴定法

部件鉴定法是技术鉴定法之一,是评估人员根据车辆主要组成部分的重要性和价值量的大小加权评分,确定成新率的方法。

(1)技术人员根据各部件制造费用与重要性占整车费用的比重,即各部件对整车性能的影响程度,参考汽车部件价值的权重分配参考表,按一定百分比确定部件权重。一般各部件的权重分配表如表6-1-4:

表6-1-4 机动车各部件价值的权重分配参考表

汽车部件名称	轿车	客车	货车
发动机及离合器总成	25	28	25
变速器及转动轴总成	12	10	15
前桥、转向器及前悬架总成	9	10	15
后桥及后悬架总成	9	10	15
制动系统	6	5	5
车架总成	0	5	6
车身总成	28	22	9
电器及仪表系统	7	6	5
轮胎	4	4	5

(2)确定各个主要部件的成新率。在技术检测基础上,确定各个部件的功能与技术状况,给出其成新率。如该部件的技术状况和功能与全新车辆的对应部件的功能相同,则该部件的成新率定为100%;若该部件的功能完全丧失,则其成新率为0%。

(3)计算公式:
$$C_b = \sum_{i=1}^{n}(C_i \times \beta_i)$$

式中 C_b——部件鉴定法成新率;
C_i——第i项部件的成新率;

β_i——第 i 项部分的权重。

采用部件鉴定法计算加权成新率比较费时费力，需要非常专业的眼光，但其评估值更接近客观实际，可信度高，它既考虑了二手车实体性损耗，同时也考虑了二手车维修或换件等追加投资使车辆价值发生的变化。这种方法一般用于价值较高的二手车评估。

3. 整车观测法

主要采用人工观察方法，辅之以简单的仪器检测，对二手车的技术状况进行鉴定、分级，以确定成新率的方法。此种方法简单易行，适用于中、低价值汽车的初步估算。也常用来作为综合分析法的辅助手段，用来确定车辆的技术状况调整系数（见表6-1-5）。

表 6-1-5 根据技术状况估算成新率

车总等级	新旧程度	有形损耗率/%	技术状况描述	成新率/%
1	使用不久	0～10	使用不久，行驶里程3～5万公里，在用状态良好，能按设计要求正常使用，无异常现象	100～90
2	较新车辆	11～35	已使用1年以上，行驶里程15万KM左右，在用状态良好，能满足设计要求，未出现过较大故障，可随时出车使用	89～65
3	旧车	36～60	使用4～5年，发动机或整车经过大修较好的恢复原设计性能，在用状态良好，外观中度受损，但恢复情况良好	64～40
4	老旧车	61～85	使用5～8年，发动机或整车经过二次大修，动力性能、经济性能、工作可靠性都有所下降，外观油漆脱落受损，金属件锈蚀明显，故障率上升，维修费用与使用费用明显上升，但汽车符合《机动车安全技术条件》，在用状态一般或较差	39～15
5	待报废处理车	86～100	基本达到或达到使用年限，通过《机动车安全技术条件》检查，能用但不能正常使用，动力性能、经济性、可靠性下降，燃油费、维修费、大修费增长速度快，车辆收益与支出基本持平，排放与噪声污染达到极限	15以下

六、综合成新率法

1. 综合成新率法的定义

旧机动车成新率是表示旧机动车的功能或使用价值占全新机动车的功能或使用价值的比率，对一辆二手车的成新率估值算法常见的有使用年限法、综合分析法、行驶里程法、部件鉴定法、整车观察法等，但这些方法都各有不足，于是有了一种把这种方法综合使用的方式，即综合成新率法。

为了全面的反映旧机动车的新旧状态，我们在对旧机动车进行鉴定评估时，可以采用综合成新率来反映旧机动车的新旧程度。

综合成新率法是将使用年限成新率、行驶里程成新率和现场查勘成新率分别赋以不同的权重，计算三者的加权平均成新率。就可以在一定程度上减小使用单一因素计算成新率给评估结果所带来的误差。相对而言是一种较为科学或者更确切地说是一种折中的方法。

2. 综合成新率法的公式

$$N = N_1 \times a_1 + N_2 \times a_2$$

式中：N_1 为机动车理论成新率，N_1=机动车使用年限成新率×50%+行驶里程成新率×50%；

N_2 为评估人员根据现场查勘情况确定的现场查勘成新率；

a_1、a_2 是理论计算、现场勘察的权重，一般取 a_1=40%、a_2=60%。

3. 计算案例

2013 款 2.5L 东风日产天籁，生产日期为 2012 年 12 月，登记日期为 2013 年 7 月 1 日，评估基准日为 2022 年 1 月 6 日，该车辆行驶了 168 900 km，该车辆平时保养较好，无事故、火烧、泡水现象，经现场查勘该车辆技术鉴定为 76 分，请用综合成新率法计算该车辆还有几成新？

解：

（1）行程里程法计算：

$$C_n = \left(1 - \frac{S_1}{S_2}\right) \times 100\% = \left(1 - \frac{168\,900}{600\,000}\right) \times 100\% = 71.9\%$$

（2）年限法计算：

$$C_n = \left(1 - \frac{Y}{G}\right) \times 100\% = \left(1 - \frac{103}{180}\right) \times 100\% = 42.8\%$$

（3）理论成新率：

$$N_1 = 71.9\% \times 50\% + 42.8 \times 50\% = 57.35\%$$

（4）综合成新率：

$$N = N_1 \times 40\% + N_2 \times 60\% = 57.35\% \times 40\% + 76\% \times 60\% = 68.54\%$$

任务实施

选用 5 辆不同品牌或不同年限且无事故、火烧、泡水现象的车辆，分别运用年限法、里程法、综合分析法，计算其成新率。

车辆情况					
车辆	车辆1	车辆2	车辆3	车辆4	车辆5
品牌					
型号					

续表

车辆情况					
车辆	车辆1	车辆2	车辆3	车辆4	车辆5
排量					
购买日期					
里程（公里数）					
使用年限（月数）					
技术状况					
维护保养情况					
制造质量					
车辆用途					
使用条件					
计算成新率					
年限法					
里程法					
综合分析法					

素养与思政

本任务要求独立完成，组内交叉检查，注意独立思考、协作学习习惯的养成，注意安全，要求全程实现7S管理。

任务训练

一、基础知识巩固

1. 成新率是＿＿＿＿＿＿＿＿＿＿占＿＿＿＿＿＿＿＿＿＿的比率。
2. 家用小轿车的使用年限是＿＿＿＿＿＿年＿＿＿＿＿＿公里。
3. 出租小汽车的使用年限是＿＿＿＿＿＿年＿＿＿＿＿＿公里。

二、延伸阅读

强制报废标准会随着产业发展情况进行修订，请查找最新的《机动车强制报废标准规定》，订制书中表《机动车使用里程参考值》和《机动车使用年限参考值》。

三、实践训练

二手车成新率的现场计算

专业		班级			
姓名		学号		组号	

一、工作任务描述 组织到二手车市场，邀请市场评估人员共同指导，每小组找到3辆不同品牌或不同年限且无事故、火烧、泡水现象的车辆，拍照留取资料，在评估人员的指导下进行现场勘察技术评分，并分别运用部件鉴定法、整车观测法、综合成新率法计算成新率。	
二、任务信息收集 根据综合分析法、年限法、里程法的要求，准确记录车辆的品牌、型号、购买日期、使用年限、技术状况等相关信息。	
三、任务实施	
1. 现场教学前准备	（1）分组。 （2）外出教学安全教育。 （3）设计好相关表格。 （4）预先联系一些二手车经销企业。
2. 现场教学	（1）在市场鉴定评估专家指导下进行。 （2）各组找到3辆不同品牌或不同年限且无事故、火烧、泡水现象的车辆，在现场鉴定评估专家指导下，逐项检查并记录车辆信息，必要时拍照留取资料。 （3）听取现场评估人员的分析、示范，对车辆进行现场勘察技术评分。
3. 完成计算	根据记录情况，分别运用部件鉴定法、整车观测法、综合成新率法计算成新率，填写完成下表。

车辆情况			
车辆	车辆1	车辆2	车辆3
品牌			
型号			
排量			
购买日期			
里程/km			
使用年限/月数			
技术状况			
维护保养情况			
制造质量			
车辆用途			
使用条件			
现场勘察技术评分			
计算成新率			
部件鉴定法			
整车观测法			
综合成新率法			

实践训练完成情况评价表

项目	赋分	自评得分	互评得分	教师评分	现场评估人员评分
记录车辆情况准确	25				
现场勘察技术分正确	25				
计算结果正确	25				
团队纪律好	25				
完成任务小结					
综合得分（自评得分10%，互评得分30%，教师评分30%，现场评估人员评分30%）：					

任务 6-2 重置成本法

知识目标

1. 了解重置成本法的含义。
2. 了解应用重置成本法的四个前提条件。

能力目标

1. 能熟练掌握车辆重置成本的计算。
2. 掌握重置成本法计算车辆的评估价值。

素质目标

通过新车购置税、二手车税费计算，了解国家税收政策，强化纳税义务。

任务引入

一辆私有自用迈腾轿车，2015年8月购买，购买价值为198 000元，初次登记日期是2015年8月，使用2年后于2017年8月进入二手车交易市场估价交易。经核对相关证件（照）齐全。各方面车况良好，评估基准日为2017年8月。在评估时，已知该车的现行市场销售价值为190 000元，其他税费不计，请评估该车的价值。

相关知识

一、重置成本法的定义

重置成本法是指在现时条件下重新购置一辆全新状态的被评估二手车所需的全部成本（即完全重置成本。简称重置全价），减去该被评估二手车的各种陈旧贬值后的差额作为被评估二手车现时价格的一种评估方法。简而言之：

评估价格=重置全新成本-贬值

重置成本法

二、重置成本的计算

重置成本的估算在资产评估中，其估算的方法很多，一般可采用重置核算法、物价指数法、功能价值法和规模经济效益指数法，二手车评估重置成本一般采用直接法。

177

1. 直接法的定义

直接法也称重置核算法，它是按照评估车辆的成本构成，以现行市场状态下重新购买与被评估车辆完全相同或相类似，并且处于全新状态的车辆所需的购车成本价值，加上一次性应该交纳的税和费之和。

2. 直接法计算举例

例如，2013 年购买的日产天籁领先版，当年购买裸车价格 20.8 万元。但该车型已停产，可参考现有车型：2021 款 2.0T 智享领航版，现在全新裸车价格 19.98 万元起，应交 1.998 万元购置税，500 元上牌费等，则重置成本：

$$P'=P_M+P_t=19.98+1.998+0.005=21.983 \text{ 万元}$$

三、贬值的计算

通常地，车辆使用一定时间后会由于本身各部件衰老、新车技术进步、使用损耗等原因产生贬值。因此，贬值又包括了实体性贬值、功能性贬值、经济性贬值等。即：

贬值=实体性贬值+功能性贬值+经济性贬值

1. 实体性贬值

实体性贬值也叫有形损耗，是指机动车在存放和使用过程中，由于物理和化学原因而导致的车辆实体发生的价值损耗，即由于自然力的作用而发生的损耗。

二手车一般都不是全新状态的，因而大都存在实体性贬值。确定实体性贬值，主要通过依据新旧程度，包括表体及内部构件、部件的损耗程度。

2. 功能性贬值

功能性贬值是由于科学技术的发展导致的车辆贬值，即无形损耗，包括营运性功能贬值和一次性功能贬值。营运性功能贬值是指由于技术进步，出现了新的、性能更优的车辆，致使原有车辆的功能相对新车型已经落后而引起的价值贬值。一次性功能贬值是指由于技术进步引起劳动生产率的提高，现在再生产制造与原功能相同的车辆的社会必要劳动时间减少，成本降低而造成原车辆的价值贬值。

3. 经济性贬值

经济性贬值是指由于外部经济环境变化所造成的车辆贬值。所谓外部经济环境，包括宏观经济政策、市场需求、通货膨胀、环境保护等。

四、重置成本法计算公式

公式一：$P=P'-A_1-A_2-A_3$

式中　P——评估值（元）；

　　　P'——被评估车的重置成本（元）；

　　　A_1——实体性贬值（元）；

　　　A_2——功能性贬值（元）；

A_3——经济性贬值（元）。

它综合考虑了二手车的现行市场价值和各种影响二手车价值量变化（贬值）的因素，最让人信服和易于接受。但造成贬值的影响因素较多，且有很大的不确定性，产生的贬值难以量化与准确掌握，所以应用较少。

公式二：$P=P'\times\beta$

式中　P——评估值（元）；

　　　P'——被评估车的重置成本（元）；

　　　β——被评估车的成新率。

它是基于成新率的评估法，这种方法能综合考虑各种贬值对二手车价值的影响，是一种定性和定量相结合的评估方法，比较符合国人评判二手物品的思维模式，是目前市场上应用最广，也是一种较科学的评估方法。

五、应用重置成本法的四个前提条件

应用重置成本法必须满足四个前提条件。

（1）购买者对拟进行交易的评估对象，不改变原来用途。

（2）评估对象的实体特征、内部结构及其功能效用必须与假设重置的全新资产具有可比性。

（3）评估对象必须是可以再生的，可以复制的，不能再生，复制的评估对象不能采用重置成本法。

（4）评估对象必须是随着时间的推移，具有陈旧贬值性的资产，否则就不能运用重置成本法进行评估。

六、计算案例

案例1：一辆私有自用迈腾轿车，2015年8月购买，购买价值为198 000元，初次登记日期是2015年8月，使用2年后于2017年8月进入二手车交易市场估价交易。经核对相关证件（照）齐全。各方面车况良好，评估基准日为2017年8月。在评估时，已知该车的现行市场销售价值为190 000元，其他税费不计，用使用年限法评估该车的价值。

解：评估过程如下：

① 重置成本：$P'=190\,000$元。

② 使用年限法计算该车成新率。初次登记日期是2015年8月，评估基准日为2017年8月，已使用时间为24个月。

$$C_n=\left(1-\frac{Y}{G}\right)\times 100\%=\left(1-\frac{24}{180}\right)\times 100\%=86.67\%$$

③ 评估值：$P=P'\times$成新率$=190\,000\times 86.67\%=164\,673$元

案例2：李先生有一辆一汽大众速腾转让，该车于2014年6月购买，购买价值为120 000元，初次登记日期是2014年7月，使用3年后于2017年7月进入二手车交易市场估价交易。经核对相关证件（照）齐全。经现场鉴定，车身外观、车况较好，保养良好，行驶路况良好，评估基准日为2017年7月。在评估时，已知该新车的现行市场销售价值为115 000元，其他

税费不计。试评估该车的现时市场价值。请使用综合分析法评估该车价值。

解：评估过程如下：

① 重置成本：P' = 115 000 元。

② 使用年限法计算该车成新率。

初次登记日期是 2014 年 7 月，评估基准日为 2017 年 7 月，已使用时间为 36 个月。

$$C_n = \left(1 - \frac{Y}{G}\right) \times 100\% = \left(1 - \frac{36}{180}\right) \times 100\% = 80\%$$

③ 计算综合调整系数。各影响因素调整系数取值为：

A. 技术状况（30%），良好，取 1.0。

B. 维护保养（25%），良好，取 1.0。

C. 制造质量（20%），国产名牌，取 0.9。

D. 使用性质（15%），非营运（私用），取 1.0。

E. 工作条件（10%），良好，取 1.0。

估算综合调整系数：

$$\rho = \rho_1 \times 30\% + \rho_2 \times 25\% + \rho_3 \times 20\% + \rho_4 \times 15\% + \rho_5 \times 10\%$$
$$= 1.0 \times 30\% + 1.0 \times 25\% + 0.9 \times 20\% + 1.0 \times 15\% + 1.0 \times 10\%$$
$$= 0.98$$

④ 评估值：$P = P' \times$ 成新率 = 115 000 × 80% × 0.98 = 90 160 元

任务实施

利用重置成本法进行评估：

在教学中安排各小组自找一辆车作为评估对象，检查并记录车辆信息，查询该车市场现行销售价格或参考车型的销售价格，计算成新率和评估值。

素养与思政

本任务要求分组训练，各小组在实训过程中必须团结一致、相互合作学习；找实训车辆的过程要充分发挥团队各成员优势，协作分工完成评估车辆的寻找，寻找过程要注意提升与人沟通的能力，检查过程要求做到细心、细致、安全，要求全程实现 7S 管理。

任务训练

一、基础知识巩固

1. 评估价格=重置全新成本－_____。

2. 贬值=_____＋_____＋_____。

二、实践训练

重置成本及评估值的计算

专业		班级	
姓名		学号		组号	

一、工作任务描述

各小组分别找10年左右、5年左右、1年左右的车辆进行训练。详细记录车辆信息,查询车辆现行销售价格或参考车型价格,计算其重置成本。分别用年限法、综合分析法计算成新率和评估值。

二、任务信息收集

根据综合分析法、年限法的要求,准确记录车辆的品牌、型号、购买日期、使用年限、技术状况等相关信息。

三、任务实施

1. 准备工作	各组分别找到10年左右、5年左右、1年左右的家用轿车各1辆。或教学实训教师协助提供。
2. 实训教学	(1)老师的示范指导,如何查找核实车辆信息。 (2)各小组分工合作,在教师监督下,逐项检查并记录车辆信息。 (3)通过网络查询车辆现行销售价格或确定参考车型及价格。
3. 完成计算	分别用年限法、综合分析法计算成新率和评估值,并完成下表的填写。

车辆情况			
车辆	车辆1	车辆2	车辆3
品牌			
型号			
排量			
购买日期			
里程/km			
使用年限/月数			
技术状况			
维护保养情况			
制造质量			
车辆用途			
使用条件			
现场勘察技术评分			
计算成新率			
年限法			
综合分析法			
计算重置成本及评估值			
重置成本			
评估值			

实践训练完成情况评价表

项目	赋分	自评得分	互评得分	教师评分
记录车辆情况准确	25			
现场勘察技术分正确	20			
成新率计算结果正确	25			
重置成本计算正确	20			
团队纪律好	10			
完成任务小结				
综合得分（自评得分10%，互评得分40%，教师评分50%）：				

任务 6-3　清算价格法

知识目标

1. 了解什么是清算价格法。
2. 了解清算价格法适用的范围和前提条件。
3. 了解清算价格的计算原理。

能力目标

能熟练掌握清算价格法计算的方法与步骤。

素质目标

1. 通过课堂教学活动培养学生细心、专业的道德素质。
2. 通过对清算案例的练习，深入了解被清算的原因，树立诚信经营、科学经营的精神。

任务引入

某法院近期内出售一辆扣押的国产丰田普拉多 4.0AT-GX 豪华版，至评估基准日，该车已使用了 3 年 6 个月，车况与新旧程度相符，请评估该车的清算价格。

相关知识

一、清算价格法的定义

清算价格法是以清算价格为依据来估算二手车价格的一种方法。所谓清算价格，是指企业在停业或破产后，在一定的期限内拍卖资产（如车辆）时可得到的变现价格。一般由于急于在企业清算之日内出卖车辆、快速变现，所以相对而言价格会略低一些，具有一定的特殊性。这也是一些线上二手车买入时常用的方法。

清算价格法

清算价格法在原理上基本与现行市价法相同，所不同的是迫于停业或破产，清算价格往往大大低于现行市场价格。这是由于企业被迫停业或破产，急于将车辆拍卖、出售。

二、清算价格法的适用范围

清算价格法适用于企业破产、抵押、停业清理时要售出的车辆。

企业破产：当企业或个人因经营不善造成的严重亏损不能清偿到期债务时，企业应依法宣告破产，法院以其全部财产清偿所欠债务，不足部分不再清偿。

抵押是以所有者资产作抵押物进行融资的一种经济行为，是合同当事人一方用自己特定的财产向对方保证履行合同义务的担保形式。

停业清理是指企业由于经营不善导致严重亏损，已临近破产的边缘或因其他原因将无法继续经营下去，为弄清企业财务现状，对全部财产进行清点、整理的查核。

三、清算价格法的前提条件

清算价格法具有一定的特殊性，适用清算价格法的前提条件主要有3个：

一是具有法律效力的破产处理文件或抵押合同及其他有效文件为依据。充分证明该车是在上述企业破产、抵押或停业清理适用范围之内的。

二是车辆在市场上是可以快速变现的。

三是所卖收入足以补偿因出售车辆的附加支出总额，否则清算就没意义了。

四、影响清算价格的主要因素

影响清算价格的主要因素主要有以下6个：

一是破产形式。包括和解、重整和破产清算等。

二是债权人处置车辆的方式。一般按抵押时的合同契约规定执行，如公开拍卖或收回已有。

三是清理费用。在破产等评估车辆价格时，应对清理费用以及其他费用给予充分的考虑。

四是拍卖时限。一般来说，拍卖时限长，售价会略高，反之略低。

五是公平市价。指车辆交易成交双方都满意的价格。

六是参照物价格。即在市场上出售相同或类似车辆的价格。

五、清算价格的计算方法

1. 现行市价折扣法

现行市价折扣法是指对清算车辆，首先在二手车市场上寻找一个相适应的参照物；然后根据快速变现原则估定一个折扣率并据此确定其清算价格。

第一步，根据被评估二手车的具体情况及所获得的资料，选择重置成本法、收益现值法及现行市价法中的一种方法确定被评估二手车的价格。

第二步，根据市场调查和快速变现原则，确定一个合适的折扣率。

第三步，用评估价格乘以折扣率，所得结果即为被评估二手车的清算价格。

2. 模拟拍卖法

模拟拍卖法，也叫意向询价法。这种方法是根据向被评估车辆的潜在购买者询价的办法取得市场信息，最后经评估人员分析确定其清算价格的一种方法。

从定义中的文字"潜在购买者"可以看出，这种方法适用于较特殊的车辆，这类车辆的购买者较为小众。

3. 竞价法

在一定意义上讲竞价法是真正进行竞价拍卖。一般是指是由法院按照程序（破产清算）或由卖方根据评估结果提出一个拍卖底价，在公开市场上由买方竞争出价，价高者得。

六、计算案例

案例1：某法院近期内出售一辆扣押的国产丰田普拉多 4.0AT-GX 豪华版，至评估基准日，该车已使用了 3 年 6 个月，车况与新旧程度相符，试评估该车的清算价格。

解：

分析：本次评估目的是债务清偿，应采用的评估方法为清算价格法。

评估步骤如下：

（1）根据题目已知条件，采用重置成本法确定清算价格。

（2）求已使用年限和规定使用年限，该车已使用 3 年 6 个月；该车使用年限为 15 年。

（3）确定车辆成率率：

采用年限法确定其成新率，被评估车辆成新率为

$$C_n = \left(1 - \frac{Y}{G}\right) \times 100\% = \left(1 - \frac{42}{180}\right) \times 100\% = 77\%$$

（4）确定车辆的重置成本全价。根据调查，全新的同型车目前售价为 47 万。根据相关规定，购置此型车时，要缴纳 10% 的车辆购置税，故被评估车辆的重置成本全价为

$$P' = 470\,000 \times (1 + 10\%) = 517\,000（元）$$

（5）确定被评估车辆在公平市场条件下的评估值。根据调查了解，被评估车辆的功能性损耗及经济性损耗均很小，可忽略不计。故在公平市场条件下，该车的评估值为

$$P = P' \times C_n = 517\,000 \times 77\% = 398\,090（元）$$

（6）确定折扣率。根据市场调查，折扣率取 80% 时，可在清算日内出售车辆，故确定折扣率为 80%。

（7）确定被评估车辆的清算价格为

车辆的清算价格 = 398 090 × 80% = 318 472（元）

案例2：张某公司有 8T 自卸车 1 台，因经营不善，需要进行破产精算以抵扣欠款，请评估其清算价格。

解：

分析：因自卸车的潜在购买者较少，适用于模拟拍卖法。

经评估人员经过对两家运输公司、三个个体运输户征询意向价格，其报价分别为 7、8.3、7.8、8 和 7.5 万元。平均价为 7.72 万元。考虑目前各种因素，评估人员确定清算价格为 7.5 万元。

任务实施

上网搜索了解当地近年来车辆拍卖及成交情况，选 1~2 个案例进行分析。或者教师提供 1-2 个企业破产清算拍卖车辆的案例进行分析。利用清算价格法进行评估，有条件的尽可能深

入了解拍卖原因等。

车辆情况		
车辆	车辆1	车辆2
品牌		
型号		
排量		
购买日期		
里程（公里数）		
使用年限（月数）		
破产清算情况		
变现期限		
破产形式		
适用评估方法		
车辆使用情况		
技术状况		
维护保养情况		
制造质量		
车辆用途		
使用条件		
现场勘察技术评分		
计算成新率		
年限法		
综合分析法		
破产清算评估值		
重置成本		
重置成本评估值		
破产清算评估值		

素养与思政

本任务要求分组训练，各小组在实训过程中必须相互沟通，协作学习。检查过程要求做到细心、细致、安全，拓展了解车辆被清算的原因，树立风险意识，实训过程要求全程实现7S管理。

任务管理

一、基础知识巩固

1. 清算价格法适用于_____、_____、_____时要售出的车辆。
2. 影响清算价格的主要因素有_____、_____、_____、_____、_____、_____。

二、实践训练

破产清算评估值的计算

专业		班级			
姓名		学号		组号	
一、工作任务描述					
上拍卖车辆网站，各小组选定 3 个拍卖车辆进行评估，记录车辆信息，到出价时间后再查看拍卖成交价格，进行比对分析。					
二、任务信息收集					
根据综合分析法、重置成本法的要求，准确记录车辆的品牌、型号、购买日期、使用年限、技术状况等相关信息。					
三、任务实施					
1. 准备工作	分组，并做好分工合作安排。				
2. 实训教学	（1）上拍卖车辆网站，查找并记录车辆信息。 （2）分别运用年限法、综合分析法、重点成本法、破产清算评估法等计算车辆的成新率、评估值				
3. 完成计算	完成计算并填写下表。				
	车辆情况				
	车辆	车辆1		车辆2	车辆3
	品牌					
	型号					
	排量					
	购买日期					
	里程（公里数）					
	使用年限（月数）					
	破产清算情况				
	变现期限					
	破产形式					
	适用评估方法					

续表

车辆使用情况			
技术状况			
维护保养情况			
制造质量			
车辆用途			
使用条件			
现场勘察技术评分			
计算成新率			
年限法			
综合分析法			
破产清算评估值			
重置成本			
重置成本评估值			
破产清算评估值			

实践训练完成情况评价表

项目	赋分	自评得分	互评得分	教师评分
记录车辆情况准确	25			
现场勘察技术分正确	20			
成新率计算结果正确	15			
重置成本计算正确	20			
破产清算计算准确	10			
团队纪律好	10			
完成任务小结				
综合得分（自评得分10%，互评得分40%，教师评分50%）：				

任务 6-4 收益现值法

知识目标

1. 了解什么是收益现值法。
2. 了解收益现值法的适用范围。

能力目标

能熟练掌握收益现值法的计算方法、步骤。

素质目标

1. 通过课堂教学活动培养学生科学的精打细算、创新创业能力。
2. 通过学生小组合作学习，培养学生争先创优、安全操作的职业素养。

任务引入

李先生打算购置一辆二手桑塔纳出租车继续用于个体出租车运营。该车 2016 年 6 月购买，并于当月完成车辆登记手续，已行驶 200 000 km。目前车辆良好。请计算一下多少价格购买比较合适？

该车的基本信息及经营预测如下：2013 年 5 月购买，并于当月完成车辆登记手续，已行驶里程为 200 000 km。目前车辆技术状况良好，能正常运行；如用于出租车运营，全年预计可出勤 320 天。根据沈阳市场调查，该车型每天平均毛收入约 550 元，每天耗油费用 150 元，年检、保险及各种应支出费用每年 10 000 元，年日常维修保养费用约 12 000 元年平均大修费用约 1 000 元，人员劳务费 16 000 元。

相关知识

一、收益现值法的定义

在二手车经营中，有一类特殊的营运车辆，如出租车、大巴车等，除了车辆本身外，还有营运的价值，在评估这类车时主要是评估其剩余时间的营运收益。所使用的评估方法就是收益现值法。

所谓收益现值法，是将被评估的车辆在剩余营运期内预期收益用适用的折现率折现为评估基准日的现值，并以此确定评估价格的一种方法。

从原理上讲，对于营运类车辆，人们购买的目的往往不是在于车辆本身，而是购买车辆

收益现值法

在后续能正常营运并带来效益，因此，投资者购买此类车辆时，一般要进行可行性分析，以确保获得预期的回报率。一般地，如果某车辆的预期收益小，车辆的价格就不可能高；反之车辆的价格就高。

二、收益现值法的适用范围及前提条件

收益现值法适用于投资运营车辆的评估，如出租车、网约车、大巴车等。因此使用收益现值法必须满足以下4个前提条件：

一是被评估的二手车必须是经营性车，具有继续经营能力，并不断获得收益。

二是被评估的二手车继续经营收益能够而且必须用货币金额来表示。

三是评估车辆必须在规定使用范围内（没有达到国家报废标准），有些营运车是有规定路线范围的。

四是影响被评估车辆未来经营风险的各种因素能够转化为数据加以计算，体现在折现率中。

三、收益现值法的计算公式

（1）被评估车辆的评估值等于剩余寿命期内各期的收益现值之和，其基本计算公式为：

$$P = \sum_{t=1}^{n} \frac{A_t}{(1+i)^t} = \frac{A_1}{(1+i)^1} + \frac{A_2}{(1+i)^2} + \cdots + \frac{A_n}{(1+i)^n}$$

式中：P——评估值（元）；

A_t——未来第 t 个收益期的预期收益额

n——收益年期（年）；

i——折现率（%）；

t——收益年期（年）。

（2）如果每年的收益相同，即 $A_1=A_2=A_3\cdots=A_n$ 时，也就是说从 1-n 年的未来收益都一样，均为 A 时，则有：

$$P = A \cdot \left[\frac{1}{1+i} + \frac{1}{(1+i)^2} + \cdots + \frac{1}{(1+i)^n} \right]$$

$$= A \cdot \frac{(1+i)^n - 1}{i \cdot (1+i)^n} = (P/A, i, n) \quad （简记符号）$$

式中　P——评估值（元）；

A——未来第 t 个收益期的预期收益额

n——收益年期（年）；

i——折现率（%）。

通常地，式中的

$\dfrac{1}{(1+i)^n}$——称为现值系数；

$\dfrac{(1+i)^n - 1}{i \cdot (1+i)^n}$——称为年金现值系数；

P/A——年限值符号，i 为折现率，n 为收益年限。

（3）年金系数表。

通常二手车的折现率都在 12%～20%的范围内，为方便计算可将此范围内的年金系数预先计算出来，形成以下的年金系数表，在实际工作中直接查表使用即可（见表6-4-1）。

表 6-4-1 折现率表

年限 (n)	折现率（i）								
	12%	13%	14%	15%	16%	17%	18%	19%	20%
1	0.892 9	0.885 0	0.877 2	0.869 6	0.862 1	0.854 7	0.847 5	0.840 3	0.833 3
2	1.690 1	1.668 1	1.646 7	1.625 7	1.605 2	1.585 2	1.565 6	1.546 5	1.527 8
3	2.401 8	2.361 2	2.321 6	2.283 2	2.245 9	2.209 6	2.174 3	2.139 9	2.106 5
4	3.037 3	2.974 5	2.913 7	2.855 0	2.798 2	2.743 2	2.690 1	2.638 6	2.588 7
5	3.604 8	3.517 2	3.433 1	3.352 2	3.274 3	3.199 3	3.127 2	3.057 6	2.990 6
6	4.111 4	3.997 5	3.888 7	3.784 5	3.684 7	3.589 2	3.497 6	3.409 8	3.325 5
7	4.563 8	4.422 6	4.288 3	4.160 4	4.038 6	3.922 4	3.811 5	3.705 7	3.604 6
8	4.967 6	4.798 8	4.638 9	4.487 3	4.343 6	4.207 2	4.077 6	3.954 4	3.837 2
9	5.328 2	5.131 7	4.946 4	4.771 6	4.606 5	4.450 2	4.303 0	4.163 3	4.031 0
10	5.650 2	5.426 2	5.216 1	5.018 8	4.833 2	4.658 6	4.494 1	4.338 9	4.192 5

（4）收益年期 n 的确定。

收益年期指从评估基准日到二手车报废日之间的年限（即二手车剩余使用寿命的年限）。收益年期是确定二手车评估值的关键，如果年期估算得长，则计算的收益额就多，车辆的估价值就高；反之，则会低估二手车价值。所以，评估必须依照国家《汽车报废标准》中的规定，来确定二手车收益年期。

小型出租车，年限为 8 年，行程 60 万公里；中型客车可以达到 10 年，行程 50 万公里；大型客车可以达 12 年，行程 60 万公里。

（5）预期收益额 A 的计算。

收益现值法的运用中，预期收益额的确定是关键。预期收益额是指由被评估对象在使用过程中，可能带来的年纯收益额。对于预期收益额的确定应注意以下两点：

第一，无论对于所有者还是购买者，判断某车辆是否有价值，首先应判断该车辆是否会带来收益。对其收益的判断，不仅仅是看现在的收益能力，更重要的是预测未来的收益能力。

第二，收益额的构成。以企业为例，① 企业所得税后利润；② 企业所得税后利润与提取折旧额之和扣除投资额；③ 利润总额。在二手车评估中建议选择第一种观点，目的是能够准确反映预期收益额，其计算公式为

收益额=税前收入-应交所得税=税前收入×（1-所得税税率）

（6）折现率 i 的计算。

折现率是指将未来预期收益额折算成现值的比率。从本质上讲，折现率是一种期望投资报酬率，是投资者在投资风险一定的情况下，对投资所期望的回报率。折现率由无风险报酬率和风险报酬率两部分组成，即

折现率 i=无风险报酬率+风险报酬率

四、计算案例

【案例 1】 某个体从业人员拟购买一辆轻型载货汽车从事营运经营。

已知该年的剩余使用年限为 4 年。适用的折现率为 8%，经预测 4 年内该车的预期收 10 000 元、9 000 元、8 000 元和 7 000 元，试用收益现值法评估该车辆目前的价格。

解：

分析：由于购买的车辆是用于运营，因此适用收益现值法。

$$P = \sum_{t=1}^{n} \frac{A_t}{(1+i)^t} = \frac{A_1}{(1+i)^1} + \frac{A_2}{(1+i)^2} + \cdots + \frac{A_n}{(1+i)^n}$$

$= 10\,000/(1+8\%)^1 + 9\,000/(1+8\%)^2 + 8\,000/(1+8\%)^3 + 7\,000/(1+8\%)^4$

$= 9\,259 + 7\,716 + 6\,351 + 5\,145$

$= 28\,471$ 元

【案例 2】 某旅游公司欲出卖一辆旅游客车（19 座以上），该车经常跑南宁-北海的长途旅游客车，公司将车与线路运营权一并转并，线路运营权与车辆报废年限相同。已知该车于 2018 年 10 月注册登记并投入营运，投资回报率为 15%，预期每年收入均为 20 万元，年运营成本均为 6 万元，适用所得税率为 30%，试评估该车（含线路营运权）于 2022 年 10 月的价值。

解：

分析：因属于运营车辆，故适用收益现值法。

（1）该车为旅游客车，规定使用年限为 10 年，已使用 4 年；

（2）该车为企业带来的年预期收益为

$$A_0 = 20 - 6 = 14 \text{ 万元}$$

（3）税后净收益为

$$A = A_0 \times (1 - 30\%) = 14 \times 70\% = 9.8 \text{ 万元}$$

（4）该车剩余使用年限为

$$n = 10 - 4 = 6 \text{ 年}$$

（5）该车评估值：

$$P = A \cdot \left[\frac{1}{1+i} + \frac{1}{(1+i)^2} + \cdots + \frac{1}{(1+i)^n} \right]$$

$$= A \cdot \frac{(1+i)^n - 1}{i \cdot (1+i)^n} = 9.8 \times \frac{(1+0.15)^6 - 1}{0.15 \times (1+0.15)^6} = 37.1$$

或查表得知，折现率 15%、6 年的年金现值系数年金 3.784 5。因此评估值

$P = 9.8 \times 3.784\,5 = 37.1$（万元）

任务实施

各小组完成以下调研及计算过程：

李先生打算购置一辆二手桑塔纳出租车继续用于个体出租车运营。该车 2016 年 6 月购买，

并于当月完成车辆登记手续，已行驶20万公里。目前车况良好。请计算一下多少价格购买比较合适？

1. 调研后，完成填空

李先生所在的城市_____，全年预计可出勤_____天，该车型平均每天毛收入约_____元，每天油耗费用约_____元，年检、保险等各种应支出费用约每年元，日常维修保养费及修理费约_____元，人员劳务费约_____元。

该车辆登记日_____年____月至评估基准日_____年____月。该车辆的标书租赁费每月_____元。

根据目前银行储蓄年利率、行业收益等情况，预估资金收益率为_____%，风险报酬率_____%（假设每年的纯收入相同）

2. 计算

分析：本案例车辆是用于运营的车辆，故适合于。

（1）收益年期 n 的确定：

根据国家《汽车报废标准》的规定，出租车规定运营年限为_____年车辆剩余使用寿命为_____年，即收益年期 $n=$_____。

（2）预期收益额计算。

根据题设条件，计算预计年毛收入（见表6-4-2）。

表6-4-2 计算预计毛收入

预计年收入/元	预计年支出/元		预计年毛收入/元
每天收入×运营天数=	燃油费	每天燃油费×运营天数=	
	保险费、检车费、车船使用税、停车费等费用		
	维修保养费		
	驾驶人工资		
	标书租赁费		

因此，预期年毛收入为_____元。

（3）计算折现率。

折现率 $i=$无风险报酬率+风险报酬率=_____%

（4）计算价格。

$$P = A \cdot \left[\frac{1}{1+i} + \frac{1}{(1+i)^2} + \cdots + \frac{1}{(1+i)^n} \right]$$

$$= A \cdot \frac{(1+i)^n - 1}{i \cdot (1+i)^n}$$

计算结果为_____元。

> **素养与思政**

本任务要求分组训练,各小组在实训过程中必须相互沟通,协作学习。检查过程要求做到细心、细致、安全,树立成本意识,实训过程要求全程实现7S管理。

任务训练

一、基础知识巩固

1. 收益现值法_____(适用或不适用)单位自用大巴车。

2. 小张自购的车辆本田飞度,已申请在下班时间或周末时间用于网约车,现原办理的网约时间已到,小张想将车辆卖出,是否还适用收益现值法?_____(是或者否)

二、实践训练

运用收益现值法

专业			班级		
姓名		学号		组号	
一、工作任务描述					
统一安排到当地较大的二手车行进行实地教学,学习营运车辆的评估。					
二、任务信息收集					
各小组在专任教师和企业兼职教师的指导下,分别在二手车行找到待出售的出租车、大巴车、货运车各1辆,记录车辆情况。					
三、任务实施					
1. 准备工作	(1)分组,并作好分工合作安排。 (2)作好外出教学的安排教育工作。				
2. 实训教学	(1)在专任教师及二手车行兼职教师指导下,找到待出售的出租车、大巴车、货运车各1辆,检查并记录车辆信息。 (2)咨询车行兼职教师,了解运营收入、运营成本、税率、投资回报率的核定。				
3. 完成计算	(1)运用收益现值法分别计算评估值。 (2)完成下表的填写。				
	车辆情况				
	车辆	出租车	大巴车	小型货运车	
	品牌				
	型号				
	排量				
	购买日期				

续表

运营日期			
里程（公里数）			
运营年限			
剩余运营年限			
收益预估			
运营收入/年			
运营成本/年			
税率（企业所得税）			
投资回报率			
评估值			
收益现值法			

实践训练完成情况评价表

项目	赋分	自评得分	互评得分	教师评分
记录车辆情况准确	30			
收益预估正确	30			
收益现值计算正确	30			
团队表现好	10			
完成任务小结				

综合得分（自评得分10%，互评得分40%，教师评分50%）：

任务 6-5  现行市价法

知识目标

1. 了解什么是现行市价法。
2. 了解现行市价法的前提条件。

能力目标

1. 能准确找到被评估车辆的参照车辆。
2. 能熟练掌握二手车与参照车辆主要可比因素的差价定量计算。
3. 能熟练运用现行市价法完成对二手车的价值评估。

素质目标

1. 通过教学活动培养学生专业、细心、科学的职业态度。
2. 通过学生小组合作学习，培养学生协作、负责的职业素养。

任务引入

让卖家多赚钱，让买家少花钱？到底值多少，市场说了算。

现行市价法就是一种运用已被市场检验了的结论来评估被评估二手车，显然是容易被买卖双方当事人接受的。因此，现行市价法是二手车评估中最为直接、最具说服力的评估途径之一。如何运用现行市价法去评估一辆二手车呢？

相关知识

一、现场市价法的定义

现行市价法又称市场法、市场价格比较法，是指通过比较被评估车辆与最近售出类似车辆的异同，并将类似车辆的市场价格作为一个基准值进行调整，从而确定被评估车辆价值的一种评估方法。

从其定义上不难看出有两个关键字：类似、调整。即通过在市场中找类似的车型，然后再进行调整。

现行市价法

二、现场市价法的前提条件

因为要找类似的车型，市场必须有足够的车型，而且是类似的车型进行对比。因此其前

196

提条件至少有以下两个：

一是市场。要有一个发育成熟、交易活跃的二手车交易公开市场，这样才能确保经常有相同或类似的二手车进行交易，确保有充分的参照车辆可作为参照。市场成交的价格反映了市场行情，这是应用现行市价法评估二手车的关键。

二是可比性。参照车辆与被评估车辆的参数、指标等是可以收集到的，且是比可较的。尤其是可能影响价格的因素必须是明确的、可量化的。

三、应用现场市价法的步骤

第一，收集资料。尽可能收集被评估车辆的资料，包括车辆的品牌、型号、排量、颜色、技术参数、用途、公里数、年限、维修保养、新旧程度以及后期改装、碰撞及其他事故等信息资料，为选择市场的参照车辆提供依据。

第二，选择参照车辆。按照可比性原则选取参照物。车辆的可比因素主要包括类别、型号、用途、结构、性能、新旧程度、成效数量、付款方式等（见图 6-5-1）。参照物的选择一般应在两个以上。

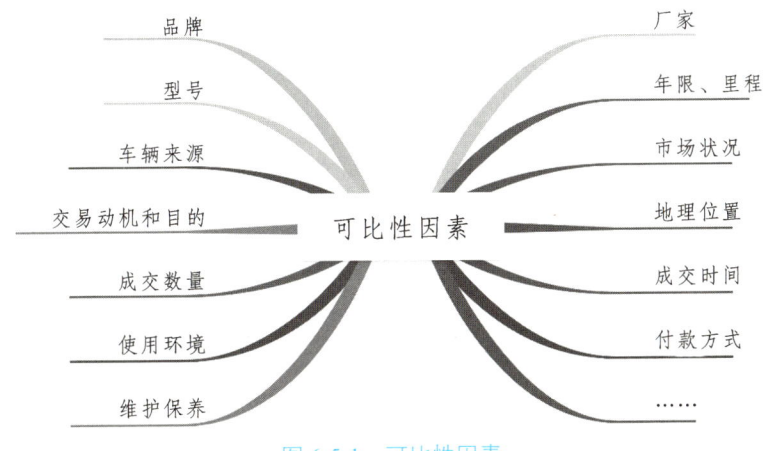

图 6-5-1 可比性因素

第三，分析、类比。对被评估车辆和参照车辆之间的差异进行比较、量化和调整。被评估车辆与参照车辆之间的各种可比因素，尽可能地予以量化、调整。具体包括：

（1）销售时间差异的量化。

在选择参照物时，应尽可能地选择在评估基准日成交的案例，以免去销售时间允许的量化步骤。

若参照车辆的交易时间在评估基准日之前，可采用指数调整法将销售时间差异量化并予以调整。

（2）车辆性能差异的量化。

车辆性能差异的具体表现是车辆营运成本的差异。

通过测算超额营运成本的方法将性能方面的差异量化。

（3）新旧程度差异的量化。

被评估车辆与参照车辆在新旧程度上不完全一致，有些相差几个月甚至一年，有些虽然年限相同但公里数不同,这都是很正常的,甚至是车主对车辆的保养不同而造成感观上的差异等,这就要求评估人员对被评估车辆与参照车辆新旧程度的差异进行量化。

差异量=参照车辆价格×(被评估车辆成新率-参照车辆成新率)

(4)销售数量、付款方式差异的量化。

销售数量大小、付款方式(分期付款、一次性付款等),一般而言,当同时购买多辆二手车时,肯定会提高二手车商的时间效率,因而其单价会有一定的优惠。在二手车交易中通常是现款交易,但一些较大的经销商会和银行合作提供贷款、分期付款等,也会对造成一些差价。

第四,计算评估值。汇总各因素差异量化值,求出车辆的评估值。

对上述各差异因素量化值进行汇总,给出车辆的评估值。

四、现行市价法的计算公式

根据所选择的参照车辆不同,又可以分为直接法、间接法两种。

(1)直接法,就是在市场上能找到与被评估车辆完全相同的车辆的现行市价,并依其价格直接作为被评估车辆评估价格的一种方法。

评估价格=市场交易参照物价格+∑评估对象比交易参照物优异的价格差额-∑交易参照物比评估对象优异的价格差额。即:

$$P_B = P_O + \sum P_{BO}(i) - \sum P_{OB}(j)$$

式中:P_B——评估价格;

P_O——参照车辆价格;

$P_{BO}(i)$——被评估车辆比参照车辆优异的价格差额;

$P_{OB}(j)$——参照车辆比被评估车辆优异的价格差额。

(2)间接法,就是评估车辆时,在公开市场上找不到与之完全相同的车辆,但在公开市场上能找到与之相类似的车辆,以此为参照物,并依其价格再做相应的差异调整,从而确定被评估车辆价格的一种方法。

评估价格=参照物价格×(1±调整系数),即:

$$P_B = P_O \times (1 \pm K)$$

式中:P_B——评估价格;

P_O——参照车辆价格;

K——调整系数。

其中的调整系数 K 是评估师根据上述所讲的结构性能差异、销售时间差异、新旧程度差异、销售数量差异、付款方式差异等可比因素来确定的一个经验值,因此需要评估量掌握较大的市场行情信息。

五、应用现行市价法的优缺点

现场市价法是基于当前市场参照车辆的,其市场价格综合反映了车辆的各种因素,因而也已包含了被评估车辆的各种贬值,如有形损耗、功能性贬值、经济性贬值等,具有一定程度的准确性。因此具有以下的优点:

（1）能够客观反映二手车辆目前的市场情况，其评估的参数、指标，直接从市场获得，评估值能反映市场现实价格。

（2）评估结果易于被各方面理解和接受。

同时，在使用现场市价法公式计算中，被评估对象&交易参照物之间有可能存在成新率、功能、外观颜色、某些关键部件以及加装、改装等方面的差别。需要一一计算其差值，这需要评估师熟练掌握非常专业的知识并对市场变化数据具有十分敏锐的眼光。因此其缺点也是明显的，主要包括：

（1）需要公开、活跃、规范的市场作为基础，恰恰这又是目前我国的二手车市场现状的痛点所在。

（2）可比因素较多，尤其是没有相同或相似度不是十分吻合的参照物时更显复杂，要计算"被评估车辆&参照车辆"的因素多，要精准估值是比较困难的。

任务实施

运用现行市价法进行计算，将计算结果填入下表空白处：

车型	哈弗 H6 2021 款 国潮版 1.5GDIT 自动冠军版	哈弗 H6 2021 款第三代 1.5T 自动两驱 Max	哈弗 H6 2021 款第三代 1.5T 自动两驱 Max
新车厂商指导价	11.39 万	12.89 万	12.89 万
上牌时间	2021-03	2021-1	2020-06
排量	1.5T	1.5T	1.5T
公里数	1.9 万公里	3.7 万公里	6.3 万公里
综合油耗	7.1L	6.6L	6.6L
技术状况	良好	良好	良好
交易时间	2022 年 1 月	2022 年 5 月	2022 年 8 月
付款方式	现金	现金	现金
成新率			
物价指数	1	1.02	1.03
成交价	9.5 万	9.85 万	

素养与思政

本任务要求分组训练，各小组在实训过程中必须相互沟通，协作学习。检查过程要求做到细心、细致、安全，注意培养分析与对比能力，实训过程要求全程实现 7S 管理。

任务训练

一、基础知识巩固

1. 运用现行市价法，需要找到可比的参照车辆，请写出评估车辆与参照车辆 10 个可比因素_____、_____、_____、_____、_____、_____、_____、_____、_____、_____。

2. 现场市价法又称_____法。是指通过比较_____与_____，然后进行调整而确定评估车辆价值的一种方法。

二、实践训练

运用现行市价法计算成新率和预估价

专业			班级		
姓名		学号		组号	
一、工作任务描述					
织到本地较大的二手车市场开展调研，各小组找一辆二手车作为评估目标，并通过询问了解近期成交的相近二手车情况，确定至少两辆作为参照车辆，运用现行市价法，计算目标车辆的评估值。（或者到至少两个二手车网站找到与评估目标相近的车辆作为参照车辆）。					
二、任务信息收集					
各小组在专任教师和企业兼职教师的指导下，分别在二手车行确定一辆二手车作为评估目标车辆。查找近期成交二手车中相近的车辆或上网找到类似已在近期成交的车辆，查询并记录车辆相关信息。					
三、任务实施					
1. 准备工作	（1）分组，并作好分工合作安排。 （2）作好外出教学的安排教育工作。				
2. 实训教学	（1）在专任教师及二手车行兼职教师指导下，确定其中 1 辆作为目标评估车辆。 （2）咨询车行兼职教师，查找近期成交的相近车辆，并记录其信息。或上网查找类似且近期成交的车辆信息。 （3）将目标车辆与参照车辆主要因素进行的比较，确定其价格差额。				
3. 完成计算	（1）运用现场市价法分别计算评估值。 （2）完成下表的填写。 <table><tr><td>序号</td><td>技术经济参数</td><td>参照车辆A</td><td>参照车辆B</td><td>评估车辆</td></tr><tr><td>1</td><td>车型</td><td></td><td></td><td></td></tr><tr><td>2</td><td>新车厂商指导价</td><td></td><td></td><td></td></tr><tr><td>3</td><td>上牌时间</td><td></td><td></td><td></td></tr><tr><td>4</td><td>排量</td><td></td><td></td><td></td></tr><tr><td>5</td><td>公里数</td><td></td><td></td><td></td></tr></table>				

续表

	6	综合油耗			
	7	技术状况			
	8	交易时间			
	9	付款方式			
	10	成新率			
	11	物价指数			
	12	成交价/评估价			

实践训练完成情况评价表

项目	赋分	自评得分	互评得分	教师评分
参照车辆的选择准确	20			
参照车辆的参数记录准确	30			
成新率计算正确	20			
预估价计算合理	30			
完成任务小结				
综合得分（自评得分10%，互评得分40%，教师评分50%）：				

二手车鉴定与评估

项目 7

新能源二手车鉴定及评估

任务 7-1  新能源汽车的评估技术鉴定

知识目标

1. 了解新能源汽车的分类。
2. 掌握新能源汽车的结构组成。
3. 掌握新能源二手车鉴定评估程序。

能力目标

1. 能根据车辆外观识别出新能源汽车类型。
2. 能用说出新能源汽车的基本结构。
3. 开展新能源二手车鉴定评估经营活动时能按照标准完成流程作业。

素质目标

1. 通过课堂教学活动培养学生的职业素养及法律意识。
2. 通过学生小组合作学习，培养学生爱岗敬业、团结互助、讲诚信的价值观。

任务引入

刘先生想要鉴定评估一辆比亚迪宋 DC 汽车，你作为鉴定评估人员，在完成新能源汽车鉴定过程中需要掌握哪些相关知识呢？

相关知识

一、新能源汽车的分类识别

1. 新能源汽车的分类

依照工信部 2009 年 6 月 17 日发布的《新能源汽车生产企业及产品准入管理规则》，将新能源汽车定义为：采用非常规的车用燃料作为动力来源（或使用常规的车用燃料、采用新型车载动力装置），综合车辆的动力控制和驱动方面的先进技术，形成技术原理先进，具有新技术、新结构的汽车。其中，非常规的车用燃料指的是除柴油、汽油以外的燃料。

新能源汽车包括混合动力汽车（HEV，Hybrid Electric Vehicle）、纯电动汽车（BEV，Battery Electric Vehicle）、燃料电池汽车（FCEV，Fuel Cell Electric Vehicle）、氢能源动力汽车、其他新能源汽车等各类产品，如表 7-1-1 所示。

表 7-1-1　新能源汽车的分类

车型分类	定义	具体车型细分	典型车型
混合动力汽车	使用电动机和传统发动机联合驱动的汽车	①燃料种类：汽油混合动力汽车和柴油混合动力汽车； ②动力耦合方式：串联式混合动力汽车（SHEV，Series Hybrid Electric Vehicle）、并联式混合动力汽车（PHEV）和混联式混合动力汽车（PSHEV）； ③油电混合程度：微度混合动力汽车、中度混合动力汽车和完全混合动力汽车； ④充电电源是否外接：插电式混合动力汽车和非插电式混合动力汽车	比亚迪唐插电混动汽车
纯电动汽车	完全由可充电电池（如铅酸电池、镍镉电池、镍氢电池或锂离子电池）提供动力源的汽车	时速和续航里程：城市纯电动汽车和全纯电动汽车	特斯拉 MODEL S 电动汽车
燃料电池汽车	利用氢气和空气中的氧在催化剂的作用下在燃料电池中经电化学反应产生的电能，并作为主要动力源驱动的汽车	/	丰田 MIRAI
氢能源动力汽车	以氢气等作为传统内燃机燃料的汽车	/	/
其他燃料的新能源汽车	以其他清洁能源（如天然气、甲醇等）作为燃料的汽车	/	/

2. 新能源汽车的类型识别

（1）外观特征和类型识别。

通常情况下，从外观上就能判断一辆汽车是传统汽车、纯电动汽车还是混合动力汽车。

①纯电动汽车，通常车辆上有 EV 等字样的标志，如图 7-1-1 所示。

②混合动力汽车，在汽车的尾部或前翼子板上通常有 HYBRID 或 H 类字样的标志，如图 7-1-2 所示。

图 7-1-1　纯电动汽车标识

图 7-1-2　混合动力汽车标识

③ 纯电动汽车和插电式混合动力汽车，需要通过外部充电的方式来获取电能，因此可以通过充电口这个特征进行判别。

（2）新能源汽车主要部件位置识别。

① 打开纯电动汽车前机舱。

打开新能源汽车前机舱盖，如果是纯电动汽车，将不再有内燃机的存在，取而之的是驱动电动机的控制器，以及用于充电或者分配电能的一些控制组件，其中最直观的应该是还有很多橙色的高压电缆。

② 打开混合动力汽车前机舱。

如果是油电混合动力汽车，将会发现在内燃机的旁边还会有橙色电缆以及用于控制电动机的控制器部件。

③ 新能源汽车仪表的特点。

纯电动汽车的仪表上不再有发动机转速表，取而代之的一般是电动机的输出功率表。混合动力汽车虽然保留了发动机转速表，但是上面通常还会增加一些特殊的具有混合动力标志的指示。

二、新能源汽车的结构组成

新能源汽车的类别有很多种，目前在我们日常生活中比较常见的是混合动力汽车和纯电动汽车。因此，下面将着重介绍混合动力汽车和纯电动汽车的基本结构。

1. 混合动力汽车的基本结构

混合动力汽车按不同的分类标准有不同的类别。此处，我们将依据动力耦合方式的不同学习混合动力汽车的基本结构。

（1）串联式混合动力汽车。

串联式混合动力系统主要由发动机、发电机、电动机、蓄电池等组成，动力总成部件发动机、发电机和电动机通过串联方式连接在一条动力传输线路上组成串联式混合动力汽车动力单元系统。

串联式混合动力的基本工作原理为：发动机带动发电机来进行发电，然后电能通过控制器（逆变器）输送给电池或驱动电机，然后由驱动电机提供动力来驱动汽车。串联混合动力汽车驱动方式如图7-1-3所示。

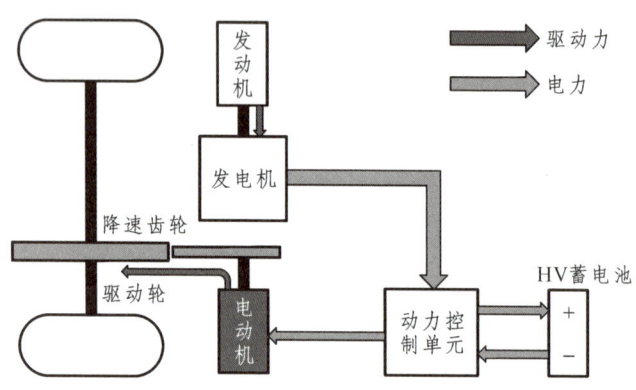

图 7-1-3　串联混合动力汽车驱动方式

（2）并联式混合动力电池。

并联式混合动力汽车的动力系统由发动机、变速器、电机、逆变器和动力电池等组成。在并联式混合动力系统中，电机既可作为电动机使用，也可作为发电机使用。

并联型混合动力汽车采用发动机和电动机两套各自独立的驱动系统；发动机可以单独驱动车辆，电动机也可以单独驱动车辆，发动机与电动机还可以联合驱动车辆，当发动机输出功率大于驱动车辆所需要的功率或再生制动时，电机工作在发电机状态，将多余的能量转化为电能充入蓄电池。并联混合动力汽车驱动方式如图7-1-4所示。

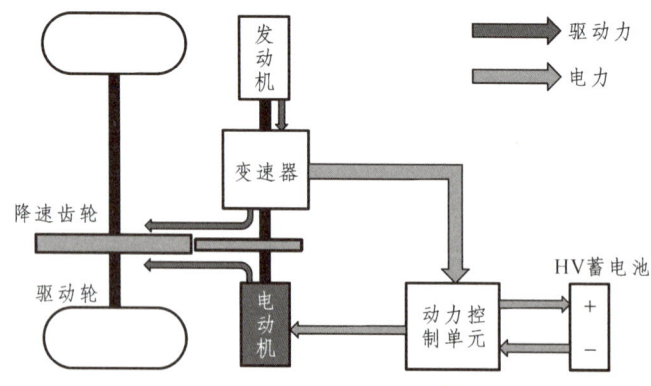

图 7-1-4　并联混合动力汽车驱动方式

（3）混联式混合动力汽车。

混联式混合动力系统又称串并联式混动系统，既有串联式的特点，也有并联式的特点，主要由发动机、发电机、电动机、蓄电池、动力分配装置、电子控制单元和驱动桥等组成，混联式混动系统的动力系统同样是由发动机、电机和驱动电机组成。与串联式相同的是发动机可以给电池充电，不同的是该系统下发动机可以直接驱动车辆；与并联式相同的是发动机可以直接驱动，不同的是该系统下发电机可以在电动机工作时给电池充电。混联式混合动力汽车发动机发出的功率一部分通过机械传动输送给驱动桥，另一部分则供给发电机发电；发电机发出的电能输送给电动机或电池，电动机产生的驱动力矩通过动力合成装置传送给驱动桥，当汽车运行在低转速范围内时，可以仅依靠低速大转矩的电动机驱动汽车，而当汽车在更高的速度范围内运行时，可以由高效率的发动机来驱动。混联式混合动力汽车的驱动方式如图 7-1-5 所示。

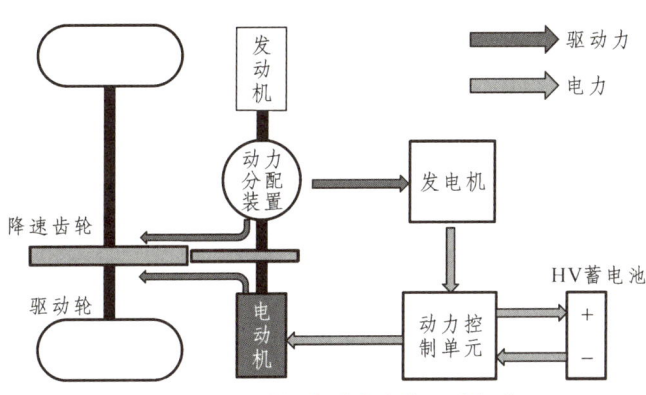

图 7-1-5　混联混合动力汽车驱动方式

2. 纯电动汽车的基本结构

燃油汽车主要由发动机，底盘、车身和电气四大部分组成，纯电动汽车的结构与燃油汽车相比，主要增加了电力驱动控制系统，而取消了发动机，电力驱动控制系统的组成与工作原理如图 7-1-6 所示，它由电力驱动主模块、车载电源模块和辅助模块三大部分组成。

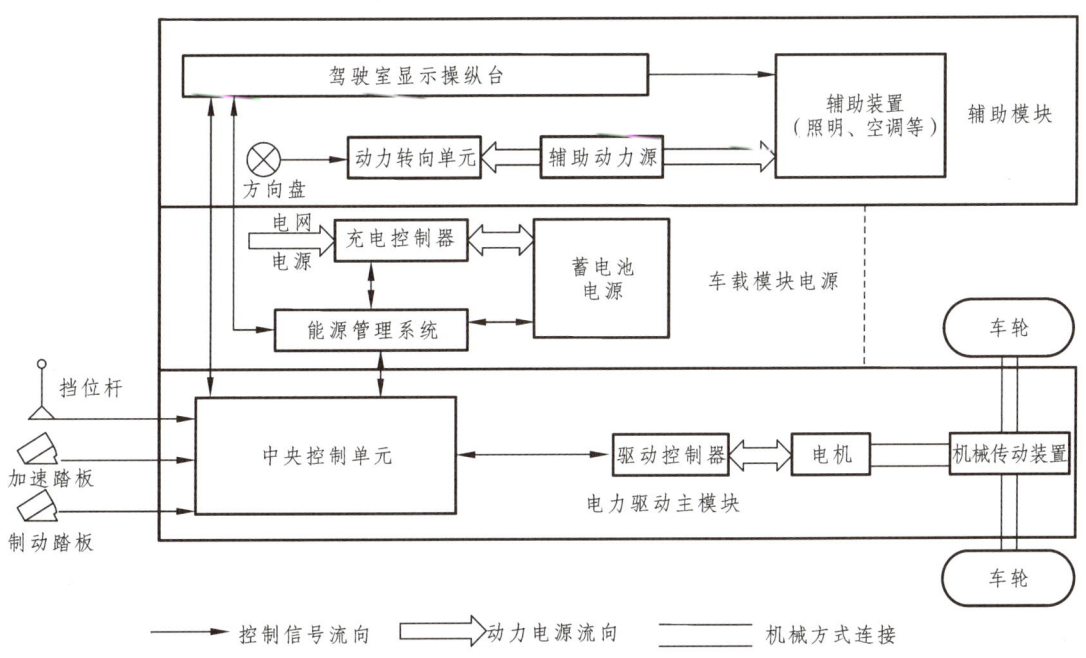

图 7-1-6　纯电动汽车电力驱动控制结构原理图

当汽车行驶时，由蓄电池输出电能（电流）通过控制器驱动电动机运转，电动机输出的转矩经传动系统带动车轮前进或后退。电动汽车续驶里程与蓄电池容量有关，蓄电池容量受诸多因素限制。要提高一次充电续驶里程，必须尽可能地节省蓄电池的能量。

三、新能源二手车鉴定评估程序

新能源二手车鉴定评估流程与普通乘用车一样，按《二手车鉴定评估技术规范》（GB/T 30323—2013）的要求需要经过：受理评估、查验可交易车辆、签订委托书、登记基本信息、判别事故车、鉴定技术状况、评估车辆价值、撰写并出具鉴定评估报告、归档工作底稿 9 个步骤，如图 7-1-7 所示。

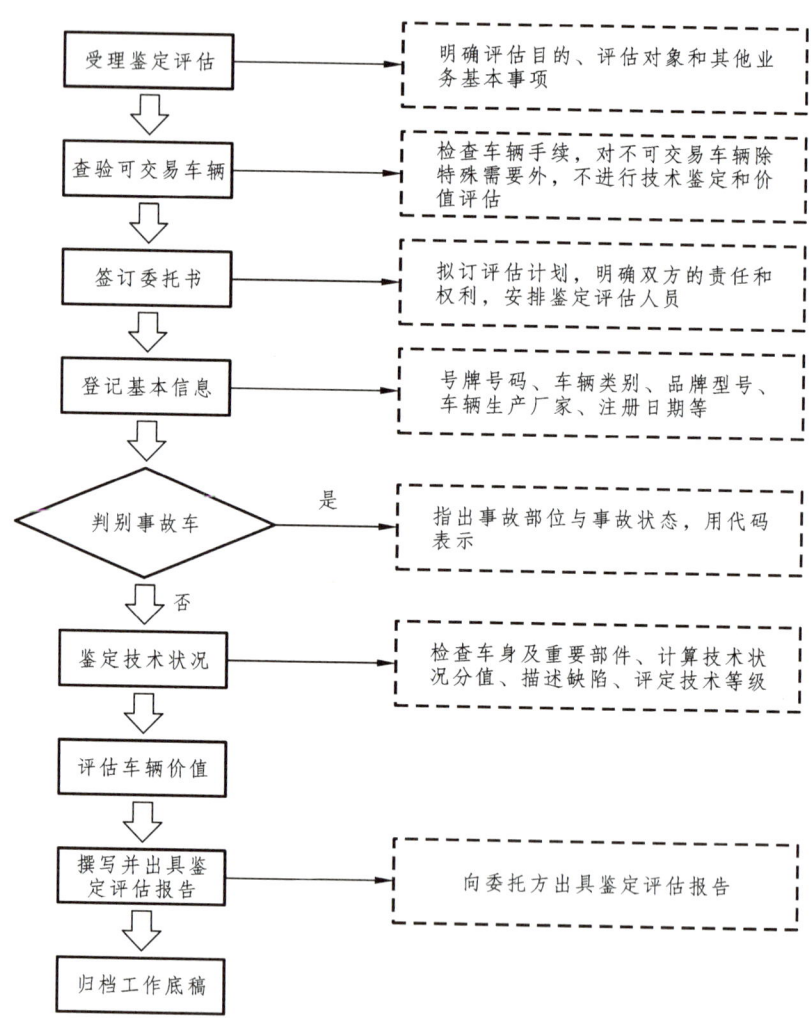

图 7-1-7　新能源二手车鉴定评估作业流程

任务实施

一、受理鉴定评估

1. 明确客户（委托方）的基本要求

（1）评估目的；

（2）评估基准日；

（3）期望完成的评估时间。

2. 根据客户要求，确定评估方法

（1）二手车所有权转让提供交易参考底价；

（2）抵押贷款，为抵押参考物价；

（3）司法裁定提供价格依据；

（4）拍卖、典当，提供参考底价；

（5）企业或个人发生产权变动，提供咨询服务；

（6）二手车延保，提供价格依据；

（7）识别非法车辆，严禁非法车辆流入市场。

二、检查可交易车辆

查验机动车登记证书、机动车行驶证、有效机动车安全技术检验合格标志、车辆购置税完税证明（免税车除外）、车辆保险单等法定证明、凭证是否齐全。按照表7-1-2内容判别。

表7-1-2 车辆检查项目

序号	检查项目	判别	
1	车辆是否国家强制报废标准	是	否
2	车辆是否处于抵押期间或者海关监管期间	是	否
3	车辆是否处于人民法院、检察院、行政执法等部门依法查封、扣押期间	是	否
4	车辆是否确定为盗窃、抢劫、诈骗等违法犯罪手段获取	是	否
5	电动机号是否与机动车登记证书上一致，且无修改痕迹	是	否
6	车辆识别代号（VIN码）是否与机动车登记证书上一致，且无修改痕迹	是	否
7	车辆是否是走私、非法组装车辆	是	否
8	车辆是否是法律法规禁止经营的车辆	是	否

三、签订委托书

对相关证照齐全车辆，签订填写"二手纯电动鉴定评估委托书"。

四、登记基本信息

（1）车辆使用性质信息：确认是营运车辆还是非营运车辆。

（2）车辆基本情况信息：车辆类别、品牌型号、号牌号码、生产厂家、注册登记日期、发证日期、表征行驶里程、动力性质等。

登记如表 7-1-3 所示的信息

表 7-1-3　车辆基本信息及重要配置登记表

车辆基本信息	品牌型号		牌照号码		
	电动机号		VIN 码		
	注册日期		发证日期		
	总质量/座位		表征里程		
	车辆类型	□国产 □进口	车身颜色		
	年检证明	□有（至_____年_____月）□无	购置税证书	□有 □无 □免税	
	车船税证明	□有（至_____年_____月）□无	交强险	□有（至_____年_____月）□无	
	使用性质	□营运用车 □出租车 □公务用车 □家庭用车 □其他			
	车辆生产厂家				
	车主姓名		企业法人证书代码/身份证号码		
重要配置	系统额定电量		剩余最大电量(%)		
	电池系统品牌		电机功率（kW）		
	安全气囊（个）		ABS	□有 □无	
	助力转向	□有 □无	ESP	□有 □无	
	其他重要配置				

素养与思政

本任务要求分组训练，各小组在实训过程中必须团结一致、相互合作学习；了解二手车交易的法律法规，讲诚信，了解国内外新能源汽车的发展，增强创新发展意识。操作过程中注意安全，要求全程实现 7S 管理。

任务训练

一、基础知识巩固

1. 新能源汽车包括_____、_____、燃料电池汽车、氢能源动力汽车、其他新能源汽车等各类产品。

2. 依据动力耦合方式不同,混合动力汽车可分为_____、_____和_____。

3. 根据外观特征和类型识别新能源汽车的类型。对于纯电动汽车,通常车辆上有_____等字样的标志;对于混合动力汽车,在汽车的尾部或前翼子板上通常有 HYBRID 或_____类字样的标志。

4. 新能源二手车鉴定评估流程,按《二手车鉴定评估技术规范》(GB/T 30323—2013)的要求需要经过:_____、查验可交易车辆、签订委托书、_____、判别事故车、_____、_____、撰写并出具鉴定评估报告、归档工作底稿9个步骤。

二、问答题

有哪些主要部件位置可以识别新能源汽车?

三、实践训练

模拟二手纯电动车鉴定评估作业

专业		班级	
姓名		学号		组号	

一、工作任务描述

二手纯电动车鉴定评估在实际操作中要严格按照流程来完成技术鉴定和价值评估。请完成二手纯电动车鉴定评估作业的工作任务。

二、任务信息收集

1. 二手纯电动车鉴定评估作业第一道流程是受理鉴定评估,主要是了解客户及其车辆的基本信息,明确客户要求,主要包括客户要求的(　　)、评估基准日和期望完成评估时间等。

　　A. 评估目的　　　B. 评估方法　　　C. 评估手段　　　D. 评估内容

2. 二手纯电动车鉴定评估作业第三道流程是签订委托书,委托书里拟定(　　),明确双方责任和权力,最后安排评估人员。

　　A. 评估目的　　　B. 评估计划　　　C. 评估内容　　　D. 评估方法

3. 二手纯电动车价值评估后需要向委托方出具(　　)。

　　A. 鉴定评估报告　B. 鉴定评估内容　C. 鉴定评估方法　D. 鉴定评估目的

三、请按要求模拟二手纯电动车鉴定评估作业流程,并记录作业过程信息

续表

二手纯电动车鉴定评估作业流程		任务信息	任务完成情况
1	受理鉴定评估	明确委托方基本要求，主要包括哪些？	基本要求情况记录：
2	检查可交易车辆	查验委托方应准备好的材料：	材料核查情况：
3	签订委托书	对相关证照齐全车辆，签订填写《二手纯电动鉴定评估委托书》	委托书签订的情况记录：
4	登记基本信息	基本信息登记主要包括哪些？	登记情况：
5	判别事故车、泡水车、火烧车	判别过程：	判别情况：
6	鉴定车辆技术状况	鉴定车辆技术状况主要有哪些模块：	完成情况：
7	评估车辆价值	评估车辆价值有哪些方法？	完成情况：
8	撰写并出具鉴定评估报告	《二手纯电动车鉴定评估报告》要求： （1）内容完整； （2）内容客观； （3）内容准确； （4）书写工整	完成情况：
9	归档工作底稿	将《二手纯电动车鉴定评估报告》及其附件与工作底稿独立汇编成册，归档备查，每一辆二手车都要单独建立档案	完成情况：

续表

四、任务完成质量检查

序号	检查项目	检查结果	
		合格	不合格
1	与客户的交流沟通、语言表达		
2	对二手纯电动车鉴定评估作业流程的掌握		
3	证件的核查是否完整正确		
4	车辆基本信息登记是否正确全面		
5	撰写鉴定评估报告是否完整		
6	工作态度、服务意识		

实践训练完成情况评价表

项目	赋分	自评得分	互评得分	教师评分
正确理解任务及流程	15			
语言表达及与客户沟通	20			
对任务程序的掌握程度	25			
相关材料核查的正确程度	30			
是否向客户作必要的说明	10			
完成任务小结				

综合得分（自评得分10%，互评得分30%，教师评分60%）：

任务 7-2 新能源二手车鉴定评估

知识目标

1. 掌握新能源二手车的相关术语及定义。
2. 了解新能源二手车车辆技术鉴定模块。
3. 了解新能源二手车价值评估的方法。

能力目标

1. 能对新能源二手纯电动车进行车身外观检查。
2. 能对新能源二手纯电动车动力电池总成进行检测。
3. 能对新能源二手纯电动车驱动电机总成进行检测。

素质目标

1. 通过课堂教学活动培养学生的职业素养及法律意识。
2. 通过学生小组合作学习，培养学生爱岗敬业、团结互助、讲诚信的价值观。

任务引入

小刘想鉴定评估一辆比亚迪 e5 汽车，在完成新能源纯电动汽车的鉴定评估时需要着重对该车哪些方面进行鉴定评估检测呢？

相关知识

一、新能源二手车的相关术语及定义

新能源二手车的相关术语及定义如表 7-2-1 所示。

表 7-2-1 新能源二手车的相关术语及定义

术语	定义
二手车	从办理完毕注册登记手续到达国家强制报废标准之前进行交易并转移所有权的汽车
新能源汽车	采用非常规的车用燃料作为动力来源（或使用常规的车用燃料、采用新型车载动力装置），综合车辆的动力控制和驱动方面的先进技术，形成技术原理先进、具有新技术、新结构的汽车
新能源二手车	同时符合二手车、新能源汽车两项定义的汽车

续表

动力电池系统	一个或一个以上蓄电池包及相应附件（蓄电池管理系统、高压电路、低压电路、热管理设备以及机械总成）构成的为电动汽车整车的行驶提供电能的能量存储装置
荷电状态（state-of-charge，SOC）	当前蓄电池中按照规定放电条件可以释放的容量占可用容量的百分比。SOC=放电容量/可用容量*100%，取值范围为 0%～100%，当取值为 0%时表示电池放电完全，当取值为 100%时表示电池完全充满
二手车鉴定评估	对二手车进行技术状况检测、鉴定，确定某一时点价值的过程。包括二手车技术鉴定和二手车价值评估两部分
二手车技术状况鉴定	对车辆技术状况进行缺陷描述、等级评定。主要针对二手车的各种技术状况进行综合检测、判断、分析后，得出一个明确的检测结果
二手车价值评估	根据二手车技术状况鉴定结果和鉴定评估目的，对目标车辆价值进行评估

二、新能源二手车车辆技术鉴定模块

根据新能源纯电动汽车的结构组成，可以将新能源纯电动汽车的技术鉴定划分为 7 个模块：动力电池总成、驱动电机总成、车身外观、驾驶舱、电子电器、车辆底盘、车辆路试。根据每个模块的技术鉴定评分表（见表 7-2-2）检查车辆各部分技术状况，对待评估的车辆进行技术鉴定评分，确定各部分分值（X_i）。车辆最终的得分（X）为各个模块技术鉴定评分的总和，满分为 100 分。计算方法如式 7-2-1 所示。

$$X = X_1 + X_2 + X_3 + X_4 + X_5 + X_6 + X_7 + X_8 \quad (7\text{-}2\text{-}1)$$

式中：X——车辆技术鉴定总得分；

X_1——动力电池总成鉴定得分；

X_2——驱动电机总成鉴定得分；

X_3——车身外观鉴定得分；

X_4——底盘鉴定得分；

X_5——驾驶舱鉴定得分；

X_6——电子电器鉴定得分；

X_7——功能性零部件及液态鉴定分；

X_8——路试鉴定得分。

新能源纯电动汽车的技术鉴定有 8 个模块。

表 7-2-2　新能源汽车鉴定项目得分表

序号	车辆鉴定项目	满分
1	动力电池总成	30
2	驱动电机总成	5
3	车身外观	15
4	底盘	10
5	驾驶舱	10

续表

序号	车辆鉴定项目	满分
6	电子电器	15
7	功能性零部件及液态	3
9	路试	12
	合计	100

我们着重介绍车身外观、动力电池总成和驱动电机总成检测，其余请参照《二手车电动乘用车鉴定评估技术规范》。

三、新能源二手车价值评估的方法

新能源二手车价值评估是根据新能源二手车技术状况鉴定结果及鉴定评估目的，对待评估的目标车辆价值进行评估。综合影响二手车价值的因素、结合二手车市场交易原因以及二手车交易习惯，目前主要的新能源二手车价值评估的方法包括现行市价法、重置成本法、收益现值法和清算价格法，如表7-2-3所示。

表7-2-3 新能源二手车价值评估的主要方法

方法	含义	前提条件	适用范围	优点	不足
现行市价法	根据车辆型号、配置、技术状况，依据市场现行的流通价格，最终确定待评估车辆价值	二手车交易市场充分活跃	适用于畅销车型的评估	考虑了市场因素的影响，评估结果易被接受。对市场的公开和活跃程度要求高	对市场的公开和活跃程度要求高
重置成本法	在当前条件下重新购置一辆全新状态的待评估车辆，所需要的全部成本减去待评估车辆的实体性贬值、功能性贬值、经济性贬值之后剩余的价值，作为待交易车辆的评估价格	车辆已经投入使用且车辆能够继续使用	国内目前运用最广泛的评估方法	比较充分地考虑了车辆的损耗，评估结果更加贴合实际	各种贬值的计算计算难度大，经济性贬值很难估算
收益现值法	通过估算待评估车辆未来使用期限内能产生的预期收益，并将预期收益以一定的折现率或资本化率折算成现值	被评估车辆能够带来未来现金流	投资营运车辆的评估	充分考虑了被评估车辆的继续使用价值	预期收益和折现率的预测难度较大

续表

方法	含义	前提条件	适用范围	优点	不足
清算价格法	企业由于破产、倒闭等原因，要求在规定时间内将资产进行快速变现的一种资产评估方法	车辆持有者有快速变现车辆的需求	适用于被评估车辆被迫快速变现的情况	考虑了快速变现带来的价格折扣	应用面具有局限性，清算价格折现率不容易确定

新能源二手车价值评估方法中，国内目前运用最广泛的评估方法是重置成本法，因此下面我们重点介绍重置成本法的运用。

利用重置成本法计算车辆价值的计算方法如式（7-2-2）所示。

$$W = R \times C \tag{7-2-2}$$

式中：W——待评估车辆价值；

R——更新重置成本；

C——综合成新率。

（1）更新重置成本 R 的计算。

① 根据在评估基准日购置一辆与待评估车辆车型、配备完全一样的新车所花费的全部成本。

② 如果同款车型停产，难以计算更新重置成本，此时应选取型号、配置最接近的新车，将单独计算车辆的价值作为更新重置成本。

（2）综合成新率 C 的计算

综合成新率 C 的组成包括年限成新率和技术鉴定成新率，计算方法如式（7-2-3）所示。

$$C = y \times \alpha + t \times \beta \tag{7-2-3}$$

式中：C——综合成新率；

y——年限成新率；

α——年限成新率权重系数；

t——技术鉴定成新率；

β——技术鉴定成新率权重系数。

其中，α、β 由市场行情、电池剩余质保、电池是否可以更换等因素确定，且 $\alpha+\beta=1$。

① 年限成新率 y 的计算。

年限成新率 y 与车辆预计剩余使用年限和车辆使用年限有关，其计算方法如式（7-2-4）所示。

$$y = \frac{n}{N} \tag{7-2-4}$$

式中：y——年限成新率；

n——车辆预计剩余使用年限；

N——车辆使用年限。

一般来说，车辆使用年限为 15 年，即 $N=15$；如果实际车辆使用年限超过 15 年，按车辆实际使用年限计算；有明确年限规定的车辆按实际要求计算。

② 技术鉴定成新率 t 的计算。

技术鉴定成新率 t 的计算方法如式（7-2-5）所示。

$$t = \frac{X}{100} \tag{7-2-5}$$

式中：X——车辆技术状况鉴定得分。

四、应用举例

【案例 1】某公司 2019 年 10 月花费 40 万元购置一辆国产小型客车作为公务车使用，想在本地二手车市场交易。首先经过技术鉴定，此车外观有少量钣金和更换；内饰整洁；电子系统使用正常；此车公里数较大，维修保养情况一般，路试情况一般，综合车况鉴定为二级，车辆技术状况鉴定总分为 80 分。根据电池剩余质保，可以更换电池等因素确实技术鉴定成新率权重系数为 70%。车辆鉴定评估基准日为 2022 年 10 月 1 日，此车的更新重置成本为 40 万元。根据以上鉴定资料，对该车进行评估。

解：采用重置成本法计算，已知更新重置成本为 40 万元，只需计算综合成新率即可车辆价值。根据公式 $C = y \times \alpha + t \times \beta$，计算如下：

（1）计算年限成新率 y。

已知车辆为非营运国产小型客车，因此该车规定的使用年限为 180 个月。该车 2019 年 10 月购置，2022 年 10 月进行评估，车辆已使用年限为 3 年，合计 36 个月，有 $n=(180-36)$ 个月，则

年限成新率 $y=n/N=(180-36)/180=80\%$

（2）技术鉴定成新率 t。

已知该车技术鉴定分值 X 为 80 分，则

技术鉴定成新率 $t=X/100=80/100=80\%$

（3）计算综合成新率 C。

已知技术鉴定成新率权重系数 $\beta=70\%$，有年限成新率 $\alpha=1-\beta=30\%$，则

综合成新率 $C=y\times\alpha+t\times\beta=80\%\times30\%+80\%\times70\%=80\%$

（4）计算车辆评估价值 W。

已知更新重置成本 $R=40$，则

评估价值 $W=R\times C=40\times80\%=32$（万元）

任务实施

一、新能源二手纯电动车车身外观检查

车身外观检查主要包括如图 7-2-1 所示的 13 个车身覆盖件、连接柱、车辆四轮（轮胎和轮毂）、备胎、玻璃、减振器、后视镜、刮水器、充电接口及护盖等项目。可使用全自动电子车身检测仪、车辆外观缺陷测量工具或者漆膜厚度仪结合目测法对车身外观进行检测。新能源二手纯电动汽车车身外观检查项目如表 7-2-4 所示。

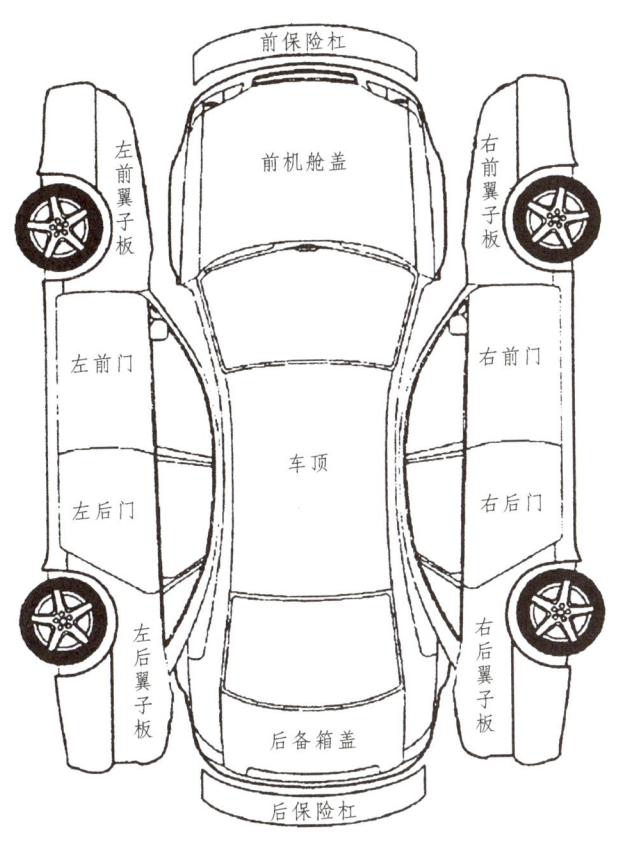

图 7-2-1 车身外观展开示意图

表 7-2-4 新能源二手纯电动汽车车身外观检查项目

序号	检查项目	序号	检查项目
1	保险杠无缺陷（划痕、变形、锈蚀、裂痕、凹陷、修复痕迹）	8	轮胎无缺陷（变形、开裂、鼓包、偏磨）、花纹深度大于1.6毫米
2	发动机舱盖无缺陷（划痕、变形、锈蚀、裂痕、凹陷、修复痕迹），工作正常	9	备胎无缺陷（变形、开裂、鼓包、偏磨）、花纹深度大于1.6毫米
3	翼子板无缺陷（划痕、变形、锈蚀、裂痕、凹陷、修复痕迹）	10	前后风窗及车窗玻璃无破损
4	车门无缺陷（划痕、变形、锈蚀、裂痕、凹陷、修复痕迹），工作正常	11	后视镜无缺陷（划痕、变形、锈蚀、裂痕、凹陷、修复痕迹），工作正常
5	车顶无缺陷（划痕、变形、锈蚀、裂痕、凹陷、修复痕迹）	12	刮水器（雨刮片、雨刮臂）正常工作
6	后备箱盖无缺陷（划痕、变形、锈蚀、裂痕、凹陷、修复痕迹），工作正常	13	充电接口及护盖无缺陷（划痕、变形、锈蚀、裂痕、凹陷、修复痕迹），工作正常
7	车身连接柱无缺陷（变形、扭曲、更换、烧焊、褶皱）		

二、新能源二手纯电动车动力电池总成检测

动力电池系统是电动汽车重要组成部分,作为驱动纯电动汽车系统的唯一动力源,它的性能好坏将直接影响车辆续航里程和动力性。动力电池总成的检测主要包括电池系统外观及充电功能检查、电池综合性能检查和电池质保检查。

1. 电池系统外观及充电功能检查

电池系统外观及充电功能检查项目如表 7-2-5 所示。

表 7-2-5 电池系统外观及充电功能检查项目

序号	检查项目	扣分值	序号	检查项目	扣分值
1	电池铭牌与原厂基本数据是否一致	-5	8	电池冷却系统无渗漏、损坏现象	-1
2	无起火痕迹	-5	9	电池系统插接件无异常现象(松动、脱落、变形、腐蚀)	-1
3	无腐蚀痕迹	-5	10	直流充电插座无异常(松动、脱落、变形、腐蚀)	-1
4	无浸水痕迹	-5	11	交流充电插座无异常(松动、脱落、变形、腐蚀)	-1
5	电池包为原厂配件	-5	12	电池高低压线束及防护无破损腐蚀现象	-1
6	电池包/防护罩无变形、破损现象	-5	13	充电功能正常(交流、直流充电)	-5
7	电池包固定件无松动、破损现象	-1	14	其他(只描述缺陷,不扣分)	0

注:电池系统,总分 30 分,扣完为止。

2. 电池综合性能检查。

(1)电池系统基本性能检查。

利用汽车故障电脑诊断仪读取电池系统数据,确保电池系统不存在电池系统电压、温度、绝缘等故障后进行下一步检查。

(2)电池综合性能评估。

电池综合性能评估需要通过充电完成对电量(或容量)的测量。目前常用的有两种方法包括采用电量评估测量动力电池系统可重入电量和采用容量评估法测量动力电池系统实际容量。

(3)电池系统辅助评估。

利用历史数据,综合电量(容量)估算方法进行辅助评估。也就是利用车主出具经过认定或第三方监测平台提供的历史数据,综合驾驶行为、充电行为等方面完成辅助评估。

三、新能源二手纯电动车驱动电机总成检测

驱动电机总成检测首先采用目视方法完成对电机及控制器的外观检查，其次利用汽车故障诊断仪读取电机系统参数，确保电机系统无故障情况，排除安全隐患，才能进行路试检查。驱动电机总成检查项目如表 7-2-6 所示。

表 7-2-6 驱动电机总成检查项目

序号	检查项目	扣分值	序号	检查项目	扣分值
1	驱动电机铭牌齐全、内容清楚，与出厂数据一致	-5	6	电机冷却系统无渗漏、损坏现象	-1
2	无起火痕迹	-5	7	电机系统插接件无异常（松动、脱落、变形、腐蚀）	-1
3	无腐蚀痕迹	-5	8	电机系统高低压线束和防护端无破损腐蚀现象	-1
4	无浸水痕迹	-5	9	驱动电机及控制器安全接地检查合格	-1
5	电机与控制器表面无碰伤、划痕	-1	10	其他（只描述缺陷，不扣分）	

注：驱动电机总成共 5 分，扣完为止。

素养与思政

本任务要求分组训练，各小组在实训过程中必须团结一致、相互合作学习；了解二手车交易的法律法规，讲诚信；了解发达国家的新能源二手车市场发展情况，增强规范意识。操作过程中注意安全，要求全程实现 7S 管理。

任务训练

一、基础知识巩固

1. 新能源二手车车辆技术鉴定模块主要包括：＿＿＿＿＿＿＿＿＿＿＿＿＿＿＿＿＿。
2. 新能源二手车车辆价值评估方法主要包括：＿＿＿＿＿＿＿＿＿＿＿＿＿＿＿＿＿。

二、问答题

二手纯电动车动力电池总成检测项目有哪些？

三、实践训练

二手纯电动车动力电池外观检查

专业			班级	
姓名		学号		组号

一、工作任务描述

各组分别检查一台二手纯电动车的动力电池外观。

二、任务信息收集

序号	检查项目	判别	
		是	否
1	电池铭牌与原厂基本数据是否一致		
2	无起火痕迹		
3	无腐蚀痕迹		
4	无浸水痕迹		
5	电池包为原厂配件		
6	电池包/防护罩无变形、破损现象		
7	电池包固定件无松动、破损现象		
8	电池冷却系统无渗漏、损坏现象		
9	电池系统插接件无异常现象（松动、脱落、变形、腐蚀）		
10	直流充电插座无异常（松动、脱落、变形、腐蚀）		
11	交流充电插座无异常（松动、脱落、变形、腐蚀）		
12	电池高低压线束及防护无破损腐蚀现象		
13	充电功能正常（交流、直流充电）		

实践训练完成情况评价表

项目	赋分	自评得分	互评得分	教师评分
正确理解知识	25			
检查方法、步骤、数据正确	40			
表达清晰准确	15			
结果判断正确	20			
完成任务小结				
综合得分（自评得分10%，互评得分30%，教师评分60%）：				

二手车鉴定与评估

项目 8

二手车交易实务

任务 8-1　二手车收购与销售

知识目标

1. 能说出有哪些二手车收购的渠道、有哪些二手车不能收。
2. 能描述二手车门店销售的基本流程及经营策略。
3. 能说明二手车网上销售的主要渠道及需要收集的材料。
4. 能说出 4S 店二手车置换的运作模式及置换流程。

能力目标

1. 能完成二手车收购任务。
2. 能完成二手车的销售相关任务。

素质目标

1. 通过课堂教学活动培养学生的职业素养及法律意识。
2. 通过学生小组合作学习,培养学生爱岗敬业、团结互助、讲诚信的价值观。

任务引入

对于经营二手车的车行、经销商而言,如何能找到优质的二手车源,避开二手车收购的陷阱,如何通过灵活多样的二手车销售方式、多种营销渠道扩大销量,是二手车行及经营者需要解决的两大难题。二手车的收购来源就是经营者赖以生存的基础,而销售则是企业发展之道。通过本次任务的学习,你将能学会:怎样才能收到好的二手车,收购二手车的时候有哪些注意事项,二手车销售都有哪些销售的方式和渠道等。

相关知识

一、二手车的收购

1. 二手车商的收车渠道

(1) 客户主动上门卖车。

二手车的收车渠道有很多,凡是有车的都是二手车潜在的收购目标。其中之一就是,有车主会主动上门到店面(如二手车市场)卖车。有部分车主认为到 4S 店的置换价格低,还有的车主不能进行置换,就直接开车到二手车市场来卖。个人车主的二手车是收车的一手货源,价格相对较低,被忽悠的概率也低。

二手车商的收车渠道

二手车门店的选址就很重要，如二手车交易较为集中的区域、集散地，或者车辆管理所附近，这些地方有较好的集客能力，不用做广告，车主们都会到这里咨询或出售车辆。不过，竞争会比较激烈，收购的车辆价格可能会更高一些。

（2）二手车交易网站。

第二种渠道是二手车交易网站，一般都会有大量的二手车信息，而且很多是个人车源。主要有以下交易类型：

① C2C：个人对个人；

② B2C：商家对个人；

③ B2B：商家对商家；

④ C2B：个人对商家。

主流的二手车交易网站都会涉及到 B2C+C2B+B2B 三大模式，同时都会拓宽到汽车金融等业务范围。其中，C2C 模式是二手车网站占比较大的模式，平台主要业务是虚拟寄售，广告、推送的信息最多，最大的问题是服务质量难以保证。

二手车交易网站是二手车产业链上流通环节的重要方式。二手车的投资融资环境不断变动，各家都不断拓展自己的边界，尝试多种模式。

（3）二手车商同行间批发。

第三种收车渠道是二手车同行间批发。二手车交易当中，同行之间相互交易非常普遍。各个二手车商的定位及擅长不同，有些专门做日系车，有的专门做德系车，还有的专做冷门车，同行之间也一般会共享资源。通过这种渠道收购二手车时，需要注意规避以下风险：

（1）虚报车况：实车车况与所描述相差甚远；

（2）超低价车骗取定金：先报低于行情的价，收取定金后消失；

（3）报假车：联系时先报个好车好价，等上门看车时却说车刚卖了，再推荐其他的车。

只要能规避风险，通过同行之间的信息互通、资源共享，可以方便地找到二手车源。

（4）修理厂、4S 店收车。

第四种收车渠道是 4S 店、汽车维修厂，这是二手车的最大来源渠道。这类渠道需要有合作的 4S 店、修车厂等，由于能接触到大量车主，可提供较多的二手车收购货源。4S 店置换的车辆很大一部分是被二手车商收购了。

修理厂的二手车中好车相对较少，往往是些大事故车、毛病多且修不彻底的问题车，收购此类渠道的二手车，需要审慎且能对车况做出较准确的评估和判断。

（5）贷款公司抵押车。

第五种收车渠道是贷款公司的抵押车。抵押车是车主在金融机构用车辆抵押贷款后，因无力偿还贷款等原因被抵押权人收回的车辆。

这种车二手车商一般车况较好、价格也较低，但需要特别注意的是，二手车是否能合法办理过户。

（6）租赁公司车源。

主流的汽车租赁公司每年都有几批租赁车放到市场。有些租车公司的车队规模超过 8 万台 200 多款型，每年需要处置的二手车保守估计超过 5 万台，是不小的体量。租赁公司的车源也没有想象那么差，收购价格还是比较诱人的，但还需要对车况进行准确的评估和判断，能避免买到事故车之类的问题车，还是可以考虑的。

（7）短视频、小广告收车。

第七种收车渠道是通过多种媒体、平台，发布短视频、小广告等收购二手车。比如，比较流行的通过抖音等短视频、媒体平台收购车源，效果还是不错的。这种渠道收到的也大多是个人车源，价格上比去4S店、维修厂普遍要低一些。

小结：

二手车收购的主要渠道有：车主上门卖车、各大二手车交易网站二手车、同行间二手车交易批发、汽车4S店、修理厂车源、二手车中介提供车源、贷款公司抵押车、租赁公司的二手车等，二手车来源渠道多样。除了以上渠道，其他的渠道还有轮胎店、保险公司等，也有二手车收购，商场、停车场、酒吧等地方，也可见到二手车的身影。

对于经营二手车的车商而言，没有二手车收购就谈不上销售，也就无法产生利润，企业将无法生存。二手车的收购来源就是经营者的生存之源。

2. 哪些二手车不能收

在收购二手车过程中，需要注意避免收到以下问题车源：

（1）达到或接近报废期限的车。

2020出台的国家最新车辆强制报废规定中，以下三种车的乘用车在强制报废范围：

哪些车不能收

一是行驶里程达60万公里的车。针对这类情况，还要注意分辨二手车是否被调低了里程表。

二是年检不合格或不按时年检的车。

三是排放超标车辆。目前国内不同地区，已执行国5或国6汽车排放标准，超标车按规定需要强制报废。

（2）抵押期间的车。

抵押期间的车是无法办理过户的。办理抵押的车辆物权暂时不属于车主所有，需要还清抵押款，解除抵押后确权，才能办理过户。另外，根据我国的担保法规定，抵押的是汽车行使权，而不是汽车所有权。故抵押权人也需要在债权到期通知债务人后仍无法按期履行债务的，方可拍卖车辆抵债或者折价抵债。

（3）查封、扣押期间车。

法院扣押车辆的，车辆将不能再使用。

法院查封车辆的，不得再办理转移或者抵押等手续，不影响车辆使用。查封后，汽车不能买卖登记过户而转移所有权。

（4）盗、抢车辆

一般指公安车管部门已登记上牌的，在使用期内丢失的或被不法分子盗窃、并在公安部门报案的车辆。根据《中华人民共和国刑法》，购买盗抢车辆，将处以三年以下有期徒刑、拘役或者管制，并处或者单处罚金；情节严重的，处三年以上七年以下有期徒刑，并处罚金。

盗、抢车辆不允许进行车辆过户、转籍等一切交易活动。

（5）走私、非法拼装车

走私车辆：指没有通过国家正常进口渠道进口、未完税的车辆。

拼装车辆：指不法厂商为牟取暴利，非法生产、拼装、无产品合格证的假冒、低劣汽车，有些是境外整车切割、境内焊接拼装。

走私、非法拼装车均为违法行为，此类二手车的交易同样涉嫌违法。

（6）违章、肇事未结案的车。

车辆发生车祸、事故后，如造成违章肇事逃逸的，会有登记在案，这种二手车是不允许过户的。

交通事故处理查询方法：登陆当地交通公安网，查询机动车信息，输入车牌号和车架号后六位即可查询。

（7）证件手续不完整的车。

收购二手车时要查验车辆的证件有：车主身份证、机动车登记证书、车辆购置附加费（税）证明、机动车行驶证等。如车辆无合法手续或证件不齐全是不能买卖及过户的。

3. 收购二手车应注意的问题

（1）尽量买一手车（还没有被过户过的车）。

（2）了解车主卖车的原因动机。

（3）车主是个人还是单位（机动车登记证书有记录），汽车销售公司试驾车、无数人开过的最好不收。

（4）充分考虑车辆的完全价值（车辆实体的产品价值和车辆牌证、税费等各项手续的价值）。如证件和规费凭证不全，会造成经济损失、转籍过户麻烦等。

（5）收购后需支出的费用：公路养路费、保险费、日常保养费、停车费、收购支出的货币利息和其他管理费等。

（6）防止收购偷盗车、伪劣拼装车：一旦有所失误，除了造成直接经济损失，还会在社会上造成不良影响、损害公司的形象。

（7）确保所收购的不是二手车泡水车、事故车。

小结：

通过本课堂的学习，了解有哪些二手车是不能收购的，不可交易车辆的类别及相应检查项目，如表8-1-1所示：

表8-1-1 二手车收购检查项目

序号	检查项目
1	已报废或达到国家汽车报废标准的车辆
2	在抵押期间或未经海关批准的海关监管的车辆
3	在人民法院、人民检察院、行政执法等部门依法查封、扣押期间的车辆
4	通过盗窃、抢劫、抢夺、诈骗等违法手段获得车辆
5	发动机号码、车辆识别代号（VIN码）与机动车登记证书登记号码不相符，或有锉改迹象的车辆
6	走私、非法拼（组）装的车辆
7	没办理必备证件、税费、保险和无有效机动车检验合格标志的车辆，或手续不齐全的车辆
8	国家法律法规禁止经营的车辆

收购二手车时要多了解，注意车辆是否有违法、造假、拼装、事故、水泡等问题，避免落入陷阱。

二、二手车销售

1. 二手车的整备翻新

正规的二手车商在收购车辆后，会对二手车建立新的维修保养记录，主要内容包括：检查车辆是否有事故，评判事故大小、车辆受损程度，并对车辆进行全面的检查和保养，对有问题的地方进行维修或更换零部件，再精洗整车。这需要投入一定时间与成本，但经过翻新的二手车可以有较好的销售价格。二手车翻新的方法如下：

（1）先检查二手车是否有机电方面的问题，针对问题进行维修或零件更换，确保车况正常，到用户手里就能正常使用。

（2）检查车辆的外观，是否有剐蹭过或者有色差的地方，有的话就要重新做漆，确保外观正常顺眼。收购的二手车或多或少会有些瑕疵，需要重新上漆的。

（3）去除车身杂物，再用万能清洁剂清洗玻璃、漆面、金属片上的污垢。

（4）按新车的标准精洗发动机舱、后备箱、轮胎轮毂、保险杠、挡泥板、扰流板、塑料装饰板、排气管等细节也要注意清洗翻新。

（5）使用专用清洁液清洁仪表板、门框、内饰及座椅，汽车顶棚、地毯等绒布部位要用中性清洗液擦洗，并用细毛刷彻底清理出风口，以免残留污渍，妨碍空调出风口的正常工作。

（6）全车抛光打蜡，让二手车外观焕然一新。发动机舱喷表板蜡，给内饰喷表板蜡，给轮胎上刷点轮胎油。

二手车整备翻新的作业流程如图 8-1-1 所示：

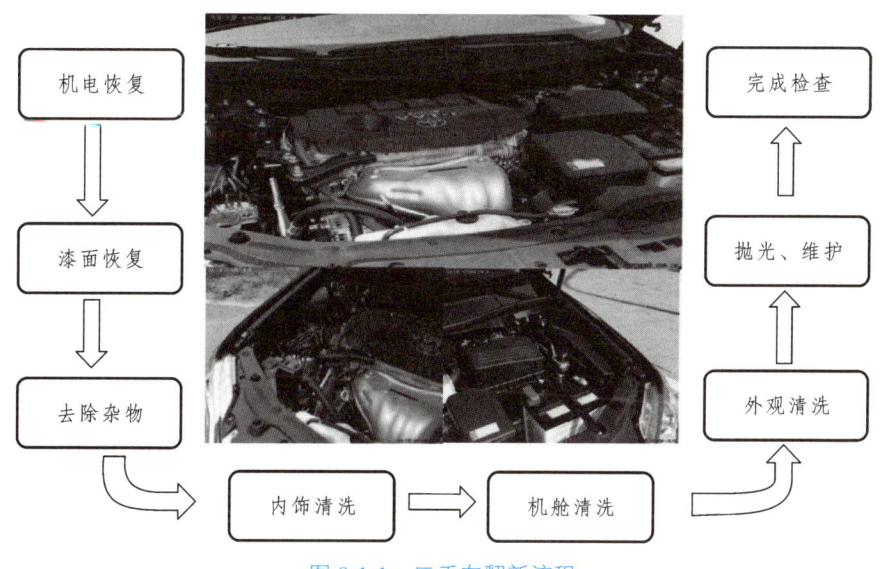

图 8-1-1 二手车翻新流程

收购二手车之后，进行全面仔细的整备，大大减小了车辆在售后出现故障的概率，这也是二手车行业向标准化、专业化发展的表现。如图 8-1-2 所示，为整备前后的发动机舱对比。

（a）翻新前的发动机舱　　　　　　　　（b）翻新后的发动机舱

图 8-1-2　二手车翻新前后对比图

2. 二手车门店销售

（1）二手车门店销售的流程。

二手车门店销售共 8 个基本流程，如图 8-1-3 所示：

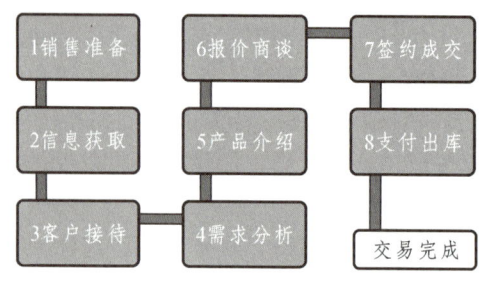

图 8-1-3　二手车门店销售基本流程

① 销售准备。

销售准备主要包括以下四个方面：

一是职业素养（知识、素质、礼仪等方面）；

二是专业形象（衣着、形象、举止等方面）；

三是商品资料（库存车型、特点、价格等方面）；

四是销售工具（名片、客户资料、报价单等方面内容）。

② 信息获取。

通过以下问题了解客户购车意向：何时购车（分辨购车意向级别的关键）、购车预算（全款或贷款购车、针对预算推荐相应车型）、有无意向车型（在售车型与意向是否匹配、意向车型特点与客户需求匹配强化）、看车经历（近期有无到店看车、有无看车比较）、用车经历（有车经历、有无出售或置换意向）。

③ 客户接待。

初次到店客户接待流程如图 8-1-4 所示：

邀约到店客户的接待流程如图 8-1-5 所示：

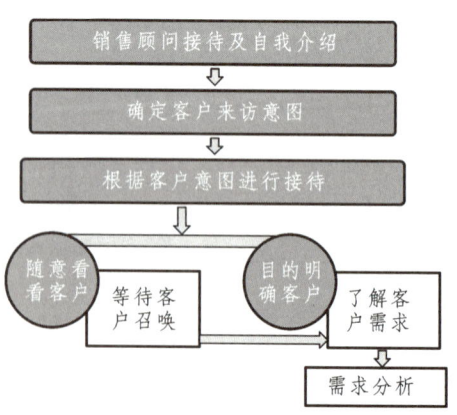

图 8-1-4　初次到店客户接待流程

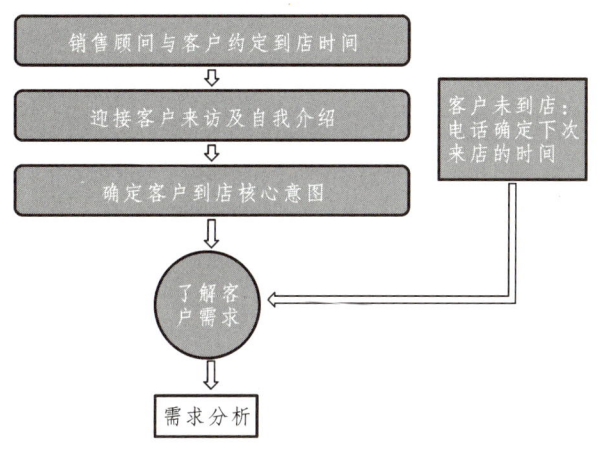

图 8-1-5　邀约到店客户接待流程

④ 需求分析。

需求分析的工作流程包括：了解客户购车计划—分析客户购车需求—确定客户购车热度—提供购车方案，具体内容如图 8-1-6 所示：

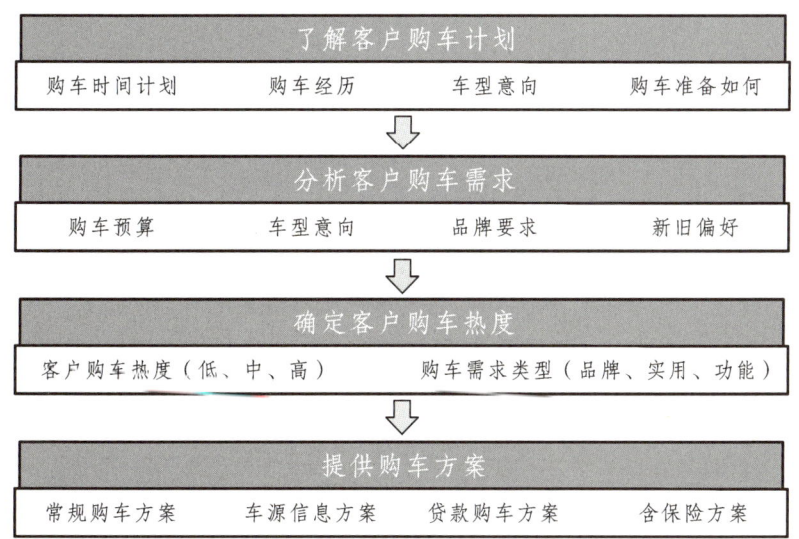

图 8-1-6　需求分析的工作流程

⑤ 产品介绍。

向客户提供 2 台以上在库商品车进行六方位介绍，使顾客感受有可选择空间，可先由销售顾问讲解介绍，再引导顾客自行观看和做出判断。产品介绍前，可适当告知客户门店经营原则（诚信、售后等）、二手车产品特点、看车流程等，适当做好铺垫。外观介绍如图 8-1-7 所示。

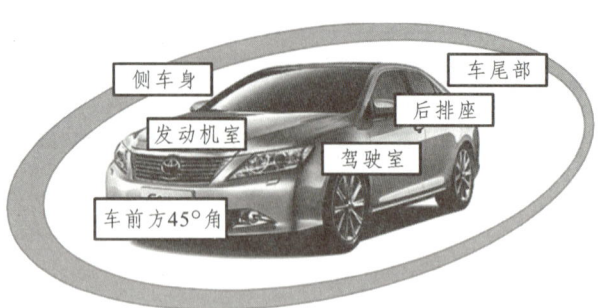

图 8-1-7 二手车产品外观介绍

产品介绍重点为：发动机舱、驾驶室、后排座椅、副驾驶位、后备箱，具体如图 8-1-8 所示。

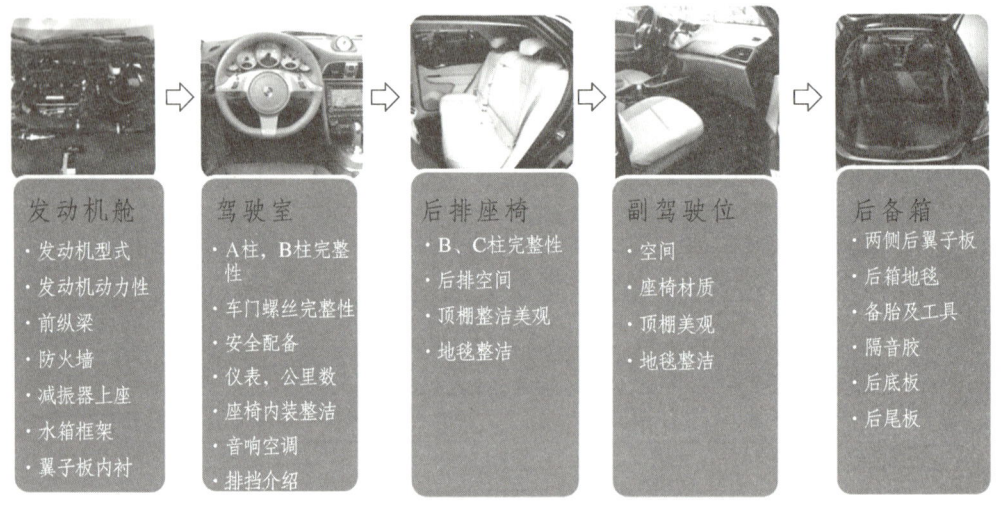

图 8-1-8 二手车产品重点介绍内容

⑥ 报价商谈。

报价商谈主要有三个流程：试乘试驾—确定购车方案—报价商谈，具体内容如图 8-1-9 所示：

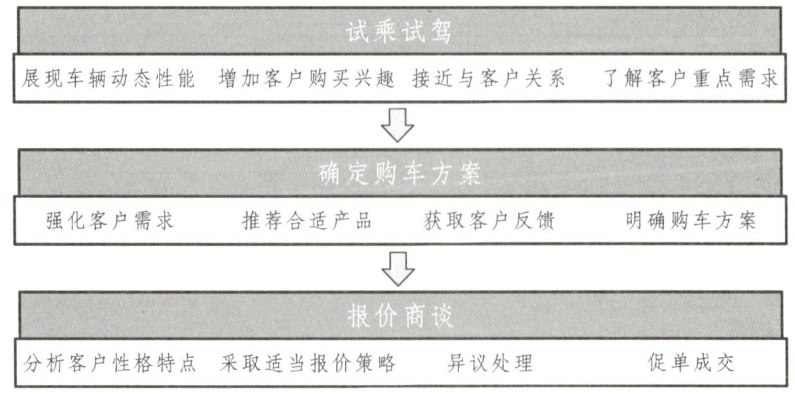

图 8-1-9 报价商谈的流程及内容

⑦ 签约成交。

签约成交的流程如图 8-1-10 所示，主要约定服务内容、付款方式、办理过户、购车协议（交付时间、其他约定等）。

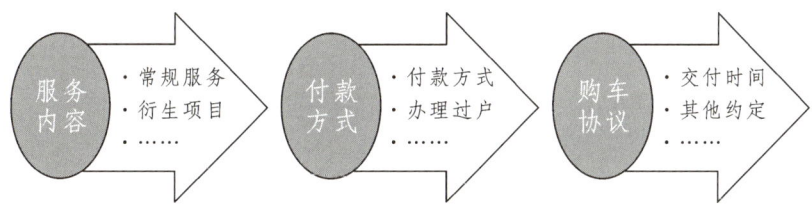

图 8-1-10　签约成效的流程及内容

⑧ 交付出库。

确认交付时间及车辆、签订车辆手续物品交接单、办理交车仪式及售后交接等。

（2）二手车门店经营策略。

二手车门店经营策略可以从以下方面考虑：

① 借助网络用精美图片及时做好零售车辆发布及信息推送；

② 车辆零售定价方面不能虚高标价；

③ 周期长的车辆，果断降价尽快销售，促进周转避免积压；

④ 遇到降价等政策性因素，应果断降价，规避风险；

⑤ 手车应确保库存周期在安全范围内，有足够的预计利润；

⑥ 通过及时有效的电话、后台、在线交流等方式跟进维系客户群体；

⑦ 及时更新维护微信公众号，丰富内容，提升互动；积累潜在客户群体。

3. 二手车置换（4S 店）

（1）二手车置换的定义。

狭义的二手车置换：就是"以旧换新"业务，即经销商通过二手商品的收购与新商品的对等销售获利。狭义的置换业务在已成为世界各国流行的销售方式。

二手车置换

广义的二手车置换：指在以旧换新业务基础上，兼容二手车整新、销售、跟踪服务及二手车折抵分期付款等一系列业务项目组合，成为一种有机而独立的营销方式。

（2）国内主要二手车置换运作模式。

① 用本厂旧车置换新车。

例如：厂家为"一汽大众"，车主可将旧捷达车折价卖给一汽大众的零售店，再买一辆新宝来。

② 用本品牌旧车置换新车。

例如：拥有一辆"大众"品牌旧捷达的车主，可以在任何一家"大众"零售店里置换到一辆他喜欢的帕萨特。

③ 不限品牌置换

只要购买本厂或本厂家的新车，可不限品牌置换旧车。国外主要采用此种模式，这也是对买车人最便利的模式。但由于不同品牌、车型的二手车技术及配件差别大，维修档案不明等，对厂商或经销商具有较大的挑战性。

（3）二手车置换授权经销商特点。

① 打破车型限制：二手车置换授权经销商对所要置换的旧车以及选择购买的新车，都没有品牌及车型的限制，可以任意置换。

② 让利置换，旧车增值：二手车置换授权经销商通常以最高价格收购二手车，收购钱款可冲抵新车的价格，使车辆置换成为顾客购买新车的一项增值服务。

③ 提供全程"一对一"的置换连锁销售服务模式。

④ 完善的售后服务：通过置换购买的新车，二手车置换授权经销商将提供保险、救援、替换车、异地租车等完善的售后服务。

（4）二手车置换质量认证。

① 质量认证定义。

经厂商授权的汽车经销商将收上来的该品牌二手车进行一系列的检测维修后，成为该品牌认证车辆，在售出后提供质量担保及品质保证。

② 我国的二手车认证。

上汽通用公司的二手车认证：经多道程序严格筛选，无法律纠纷，非事故车，无泡水，使用不超过 5 年，里程不超过 100 000 km，不是营运和租赁车，认证的二手车有统一的"诚新"品牌。

一汽大众的二手车认证：有包括发动机、底盘、车身、电器等各大系统及总成的 141 项检测标准。

其他的还有如奥迪、丰田的二手车认证等等，都建立了相关的认证标准。

（5）二手车置换的基本流程。

二手车置换包括旧车出售及新车销售两个环节，流程大体如图 8-1-11 所示。

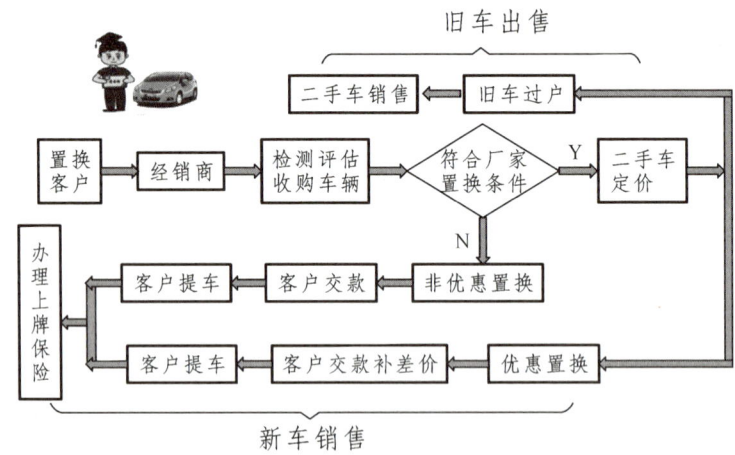

图 8-1-11　二手车置换的基本流程

（6）二手车置换的注意事项。

在开展二手车置换业务时须注意以下事项：

① 车辆牌照：新车仍使用原二手车牌照的，经销商代办退牌手续和新车上牌手续；新车上新牌照的经销商可代办相关手续。

② 新车需交钱款=新车价格-旧车评估价格。

③ 贷款置换：如果旧车贷款尚未还清，可由经销商垫付还清贷款，款项计入新车需交钱款；或由贷款人自行还清贷款后交易。

④ 降低收购风险：定价签约与交车之间间隔不可太久，一旦车辆在此期间发生事故或故障，新车价格、二手车的市场价格发生变动，都将影响最终的置换业务完成。

4. 二手车网上销售

（1）拍摄二手车相片。

购买二手车的消费者，会通过网络大概了解车辆的配置、新旧程度等信息。因此，拍出能够真实反映车辆使用情况的高质量的照片，通过图片的形式向消费者展示车辆的真实情况，是二手车的互联网销售成功的第一步。需要拍摄二手车的外观正面、后方、侧机各个方向、内饰中仪表盘、方向盘、换挡杆、座椅、脚垫、车顶、后排座椅等主要部件高清相片。

二手车网上销售

（2）收集二手车资料。

① 车辆登记证。

车辆登记证为车辆的户口本，是车辆所有权的法律证明，一般拍摄1~6页，反映车辆信息和过户情况；

② 车辆行驶证。

上面记录车辆车牌号码、车主姓名、型号类别、发动机号和车架号、承载要求、初次登记日期以及年检情况重要信息。具有唯一性，只对应一组发动机号、车架号和车牌号码。

③ 车主信息证明。

二手车收购、交易前，需要对车主信息进行核对，并拍照存档。私人客户，对车主身份证或军官证、护照拍照；对于公户客户需对公司组织机构代码或公司营业执照拍照。交强险正本、副本：在二手车交易中，交强险具有随车原则，不解除交强险保险合同，作为过户的必备材料。要特别对前挡风玻璃左上角的年检标志和交强险标志进行拍照，以反映出二手车合法性。

（3）二手车网上销售渠道。

① 独立网站。

搭建独立网站的目的就是为了在搜索引擎网站进行关键词搜索，精准获客，如百度、360等。

② 公众号。

依托微信等公众号、小程序引流，使意向客户下沉，等待转化。

③ 与第三方二手交易平台线上合作。

方式同线下渠道二手车行合作类似，只是大家都是独立运营，如瓜子二手车、人人车、58同城等。

④ 自媒体平台获客。

如微博、抖音、头条、百姓网、知乎、一点、B站等，通过广告推广、内容输出方式，精准获客，这个也是现阶段比较主流的网络营销方式。

⑤ 行业平台进行深度合作。

如与汽车之家，懂车帝，易车网等大流量的行业平台进行合作获客。

任务实施

一、盗、抢车辆的识伪检查

（1）查档案：查询车辆管理部门的档案资料、报案记录等。
（2）查发动机号：车上发动机号有无凿改痕迹、褶皱、焊接痕迹。
（3）查 VIN 码：有无重复（修改过）、钢印周围是否变形等问题。
（4）查车钥匙：车锁是否原装完好，有无更换过。
（5）查牌照：牌照号与车辆的新旧程度是否相符。
（6）查门窗玻璃：是否为原配正品、窗框四周防水胶是否撬开痕。
（7）查车辆外漆：是否全身重新做过油漆，或者改变原车辆颜色。

汽车车玻璃检查的注意事项：原厂汽车玻璃都会有玻璃品牌的 logo（标识）、厂家 logo 和生产日期，如果生产日期相差很大或是没有厂家 logo 则一定是后换的，如图 8-1-12 所示：

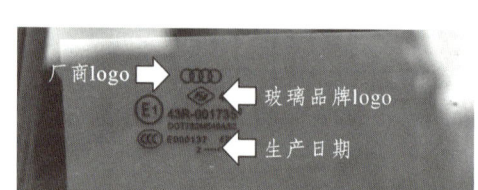 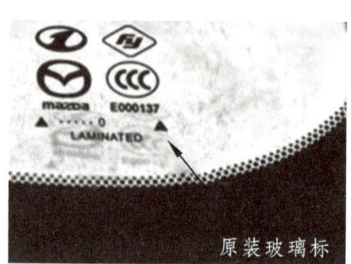

图 8-1-12　汽车玻璃标识

二、走私车辆、拼装车辆的鉴别

（1）查档案资料：运用公安车管部门档案资料，确定车辆的合法及来源情况；
（2）查产品合格证、维护保养手册：进口车必须查验进口产品检验证明书和商验标志；
（3）检查车外观：是否重新做油漆、线条是否流畅、焊接、缝隙是否整齐均衡；
（4）查看车内饰：内饰材料、内饰压条、车顶装饰材料。
（5）检查发动机等：和其他零部件、查看电线管路布置；
（6）核对发动机号码和车辆识别代码：（车架号码）字体和部位。

三、二手车整备翻新

二手车整备翻新的要求与作业要点如图 8-1-13～图 8-1-15 所示：

全车外表：
(1) 用清水洗净车身外部灰尘
(2) 擦干全车水渍
(3) 喷上去柏油剂
(4) 约15分钟之后以海棉擦拭全车
(5) 以肥皂水洗掉去柏油剂
(6) 用清水将全车外部擦洗一遍
(7) 用抹布将全车由上至下擦干，包括车窗玻璃、保险杠及前后灯罩及后视镜

车轮、门坎和保险杠下方：
(1) 用高压水管冲洗车轮部分及底盘部分
(2) 用刷子清洗前后翼子板内侧、车胎、轮圈细缝、前后保险杠下方、门坎下方及门框内侧
(3) 查看底盘是否有掉漆及锈蚀现象，若有，先刮除锈斑，以砂纸磨过后再同色补漆

发动机室：
(1) 打开引擎盖检查各项油品（机油、刹车油、变速箱油、动力方向盘油）以及水箱水、电瓶水、雨刷水等是否足够且干净
(2) 用清洗液加以清洗干净（需注意高压线圈、计算机点火系统及保险丝盒的防水效果）
(3) 检查并整理引擎室线路
(4) 检查火花塞导线及各类皮带是否有破损

轮圈：
(1) 喷上铝合金轮圈专用清洁液
(2) 等待数分钟之后刷洗干净
(3) 检查胎压是否足够

图 8-1-13　二手车整备翻新作业要点（一）

车厢内部：
(1) 拿出车内所有的物品（包括地毯、脚垫、座椅套等），并清洗
(2) 用吸尘器将车厢内部全部吸干净
(3) 有污垢的地方用内饰清洁剂刷洗干净

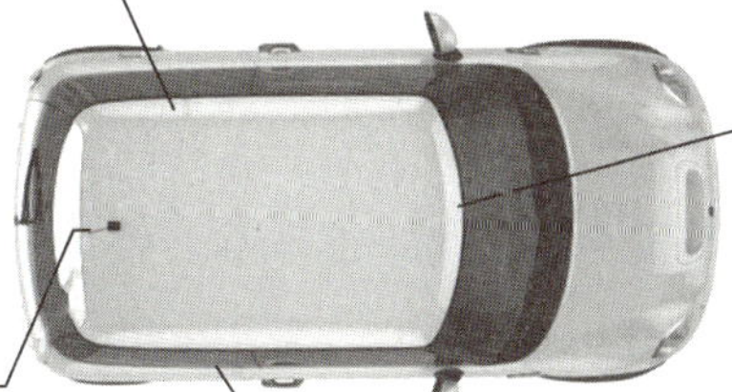

仪表板和中控台：
(1) 用吸尘器将仪表板、中控台及座椅吸干净
(2) 用棉花棒沾清洁液清洁各通风口的细缝凹槽
(3) 以内饰专用清洁开始清理内饰，顺序为车顶内衬板、仪表板、中控台、门内衬板、座椅、地毯

后备箱：
(1) 清出后备箱内所有物品
(2) 将备胎及后备箱地毯拿出来清洗
(3) 用吸尘器将这些地方仔细吸干净
(4) 喷上清洁液擦洗干净
(5) 将随车工具归位
(6) 检查并整理音响线路及刹车车灯线路

门框：
(1) 打开车门看车内有无漏水
(2) 清除车门门框四周边缘及防水胶条上的水迹、泥垢
(3) 检查门框防水条有无破损，如有破损立即更换
(4) 检查门框边缘有无锈斑。若有，先刮除锈斑，再用砂纸磨过后涂上同色漆

图 8-1-14　二手车整备翻新作业要点（二）

车厢内部：
（1）内饰上保养液。皮革、塑料、绒布等不同材质需分别处理
（2）将洗干净的脚垫及座椅套装好

车门下方：
（1）检查车门门底下是否有泥土及锈蚀
（2）清除泥土及锈蚀
（3）检查并确保门底下的排水孔通畅

车辆外观：
（1）以海绵打上一层粗蜡或烤漆白蜡，要以直线方式进行，由车顶、引擎盖、后备箱盖、车身左右等部位处理
（2）保险杠是黑色塑料材质且无烤漆的，则不要上蜡
（3）再以海绵打上一层细蜡，方法相同
（4）一个地方打完蜡再打下个部分，否则上蜡时间太久打光时很累且留下蜡痕

全车：
（1）全车玻璃喷上清洁液后，以干布擦拭干净
（2）检查车辆内外有无缺损的零件
（3）查看车身是否有擦伤掉漆，若有，用同色补漆小心修补，涂上几层就可
（4）用牙刷祛除全车标志细缝及玻璃凹槽内的残留蜡渍
（5）轮胎喷上轮胎液

图 8-1-15　二手车整备翻新作业要点（三）

四、二手车拍照上线集客

1. 二手车拍照准备工作

（1）彻底清洗、擦拭车辆外观、内饰，车内无多余物。

（2）二手车前挡风玻璃和仪表盘上无杂物。

（3）二手车车牌无遮挡，真实反映车辆信息。

（4）所有车门处于关闭状态使图片反映出车辆整体状况。

（5）方向盘回正，所有车轮处于直线行驶状态。

（6）二手车拍摄背景为可支撑干净、整洁的背景布。

（7）像素、档位设置、感光度等符合要求数码相机。

2. 拍照时间和场地的选择

选择空旷室外拍照，注意光照强度、角度及天气对图片质量影响；用正面光照、顺光角度拍摄，避免强烈光照及光照不足环境下拍照；一般雨天不拍照；选择在方便展示店面、品牌信息地方进行。

3. 车辆拍照的部位

（1）拍摄车辆外观照。

① 正前照。车前 2.5 m 处拍照，重点展示前保险杠、进气格栅、牌照及牌照框、前挡风玻璃、发动机舱等部位（见图 8-1-16）。

② 正后照。在车后 2.5 m 处拍照，重点展示车辆后保险杠、牌照及牌照框、后挡风玻璃、后备箱等部位（见图 8-1-17）。

图 8-1-16　车辆正前照

图 8-1-17　车辆正后照

③ 正侧面照。在车辆正侧面拍摄，记录车辆侧面腰线平顺性、车门漆面情况、各缝隙上下均匀、一致（见图 8-1-18）。

④ 左前侧照。于车辆左前侧进行拍照：脚与左侧车头对正、右后侧右侧车尾对正，向后退几步，相机保持 45°左右的角度拍照（见图 8-1-19）。

图 8-1-18　车辆正侧面照

图 8-1-19　车辆左前侧照

⑤ 右后侧照。于车辆右后侧进行拍照：脚与左侧车头对正、右后侧右侧车尾对正，向后退几步，相机保持 45°左右的角度拍照（见图 8-1-20）。

图 8-1-20　车辆右后侧照

（2）拍摄车辆内饰照。

① 仪表盘照。拍摄仪表盘时需接通全车电源，显示车辆里程表及指示灯的情况，以便初步判断车辆线路是否有故障或有过泡水事故（见图 8-1-21）。

图 8-1-21　仪表盘照

② 方向盘和换挡杆磨损情况照。拍摄方向盘、方向盘套以及换挡杆的磨损情况，了解车辆的使用强度，并结合表征里程数判断该车是否为"调表"车辆（见图 8-1-22）。

③ 方向盘照。拍摄方向盘情况迅速了解车辆配置（多功能方向盘等）图为自动挡舒适版和自动时尚版高尔夫方向盘配置（见图 8-1-23）。

图 8-1-22　方向盘和换挡杆磨损情况照　　　　图 8-1-23　方向盘照

④ 座椅照。拍摄车辆座椅照片，可以通过照片了解座椅材质，如实反映车辆配置，以及是否新旧、损坏等情况（见图 8-1-24）。

图 8-1-24　座椅照

⑤ 发动机舱照。从发动机舱正面、侧面和内部分别拍照，正面拍照主要拍摄发动机舱内的防火墙；侧面拍照的拍摄位置包括左右减震、左右水箱支架和左右大梁（见图 8-1-25）。

图 8-1-25　发动机舱照

⑥ 后备箱照。拍摄左右翼子板和左右翼子板内侧情况，如实反映后翼子板是否存在切割、焊接的情况。拍摄后备箱盖的安装螺栓，展示后备箱盖是否存在拆卸、修复的情况。图为二手车后备箱安装螺栓，从螺栓漆面来看可以判断后备箱存在拆卸和维修的情况。（见图 8-1-26）

图 8-1-26　后备箱照

4. 拍摄车辆信息照

（1）车辆登记证书。

车辆登记证书是车辆所有权的法律证明。一般拍摄1~6页，反映车辆信息和过户情况（见图8-1-27）。

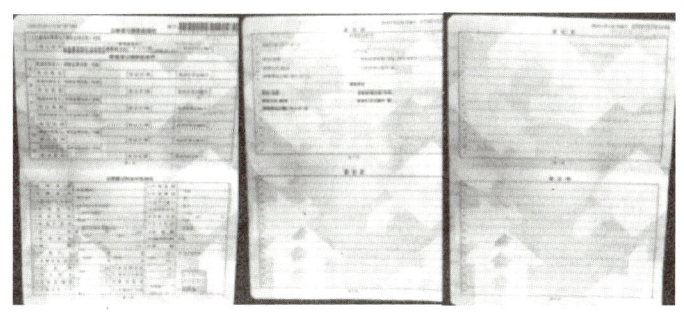

图8-1-27　车辆登记证书

（2）车辆行驶证照。

车辆行驶证书记录车辆车牌号码、车主姓名、型号类别、发动机号和车架号、承载要求、初次登记日期以及年检情况重要信息，具有唯一性，只对应一组发动机号、车架号和车牌号码（见图8-1-28）。

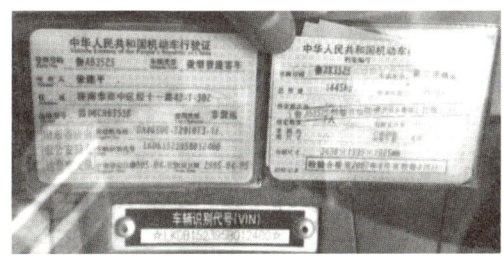

图8-1-28　车辆行驶证照

（3）车主信息证明照。

私人客户，对车主身份证或军官证、护照拍照；对于公户客户需对公司组织机构代码或公司营业执照拍照（见图8-1-29）。

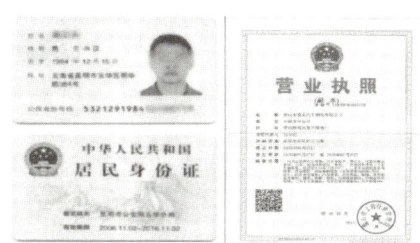

图8-1-29　车主信息证明照

（4）交强险正本、副本照。

交强险具有随车原则，不解除交强险保险合同，作为过户的必备材料。要特别对前挡风玻璃左上角的年检标志和交强险标志进行拍照，以确保二手车合法性（见图8-1-30）。

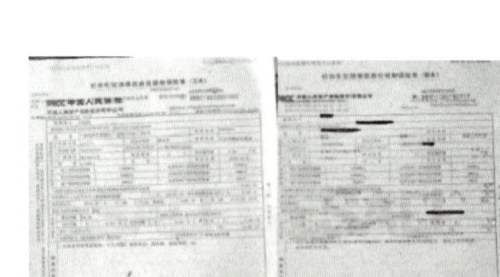

图 8-1-30　交强险正本、副本照

二手车拍摄注意事项：

避免在有强光照射的环境下和昏暗光照环境下拍照。要采用正面光照，不得采用侧面光照或逆光。车辆整体照片拍摄高度采用"平拍"，内饰照片以及局部照片高度采用"俯拍"。拍摄的所有照片，都要做到"轮廓分明，牌照号码清晰，车身颜色真实"。

素养与思政

本任务要求分组训练，各小组在实训过程中必须团结协作、合作学习；注重培养法律意识；操作过程中注意安全，要求全程实现 7S 管理。

任务训练

一、基础知识巩固

1. 国内主要二手车置换运作模式有_____、_____和_____三种。
2. 二手车的收购渠道主要有_____、_____、_____、_____、_____、_____和_____。
3. 二手车收购的主要渠道有_____、_____、_____、_____、_____和_____。
4. 不能收购的二手车有_____、_____、_____、_____、_____、_____和_____。

二、问答题

1. 哪些销售二手车时，对顾客进行产品介绍主要有哪些内容？

2. 说明二手车拍照的具体操作流程及要求？

三、实践训练

二手车整备翻新

专业			班级	
姓名		学号		组号

一、工作任务描述

专业的汽车整备翻新，是根据汽车特点，对汽车进行全面而细致的清洁和养护，使汽车恢复美观、舒适、良好的驾乘环境，并延长汽车使用寿命的一种技术手段。

请完成指定二手车的整备翻新工作任务。

二、任务信息收集

1. 进行车辆整备时，可用到下列哪些清洗或清洁剂（　　）。

　　A. 柏油清洗剂　　B. 清水　　C. 内饰清洁剂　　D. 铝合金轮毂专用清洁液

2. 进行车辆整备时，整备的车辆部位有（　　）。

　　A. 全车外观　　B. 发动机室　　C. 车厢内部　　D. 后备箱

3. 列出二手车整备翻新的操作基本流程：

三、请完成车辆整备作业，并记录操作过程信息

整备翻新的部位		整备翻新前情况	整备翻新后情况
车辆外观清洁		漆面、外观清洁前情况描述： 可能存在的问题： 外观清洁注意事项： 打蜡注意事项：	漆面、外观清洁后情况描述：
		车轮、轮毂、门坎和保险杠下方部位清洁前情况描述：	车轮、轮毂、门坎和保险杠下方清洁后描述：

续表

发动机舱清洁		发动机室清洁前情况描述：	发动机室清洁前后情况描述：
车厢内部清洁		车厢内部清洁前情况描述： 需注意的问题： 上内饰保养液注意事项：	车厢内部清洁后情况描述：
后备箱的清洁、整理。		后备箱清洁前情况描述： 需注意的问题：	后备箱清洁后情况描述：

四、任务完成质量检查

序号	检查项目	检查结果	
		合格	不合格
1	车身外观清洁		
2	发动机室清洁		
3	车厢内部清洁		
4	后备箱的清洁、整理		
5	操作标准及规范		
6	工作态度		

实践训练完成情况评价表

项目	赋分	自评得分	互评得分	教师评分
正确理解任务及知识	25			
操作方法标准规范	25			
项目表达清晰准确	25			
任务完成正确完整	25			
完成任务小结				
综合得分（自评得分10%，互评得分30%，教师评分60%）：				

任务 8-2 二手车提档过户

知识目标

1. 能说出办理二手车过户的必要性。
2. 能说出二手车过户的基本流程。

能力目标

能引导客户办理二手车提档过户手续。

素质目标

1. 通过课堂教学活动培养学生的职业素养及法律意识。
2. 通过学生小组合作学习，培养学生爱岗敬业、团结互助、讲诚信的价值观。

任务引入

二手车行举行"易车庆国庆"优惠促销活动，一客户到店向销售顾问了解店内二手车置换的相关信息，并计划以旧的桑塔纳置换新一辆帕萨特，经过一番了解对比后完成了交易，销售顾问与客户一同进行了二手车的置换业务，然后办理二手车转移登记手续。那么，二手车交易后如果不办理过户手续会出现哪些问题？二手车的提档过户手续是如何办理的呢？在本次任务的学习中将解答并进行模拟训练。

相关知识

一、办理二手车过户的必要性

1. 办理二手车过户的作用

办理二手车过户的作用是保证所购买二手车的合法性。具体而言有以下几点：

（1）从法律上完成车辆所有权的转移，保障车辆来源的合法性。

（2）明确买卖双方与车辆相关的责任划分：债务纠纷、交通违法等，确保了买卖双方的合法权益。

（3）可以避免买到走私车和盗抢车等非法车辆。

二手车过户

2. 二手车过户所需手续

二手车过户需要的手续如图 8-2-1 所示：

247

（1）卖方需提供：车主身份证、车辆行驶证、购车（含过户）发票；单位卖方的，要提供组织机构代码证书原件、公章。

（2）买方提供：身份证，外地买主上当地牌要有效期内居住证，单位买方的提供组织机构代码证书原件、公章。双方签订二手车买卖合同，前提是二手车应符合过户条件（合法来源、无质押、查封、无违章及未处理事故、无欠费等）。

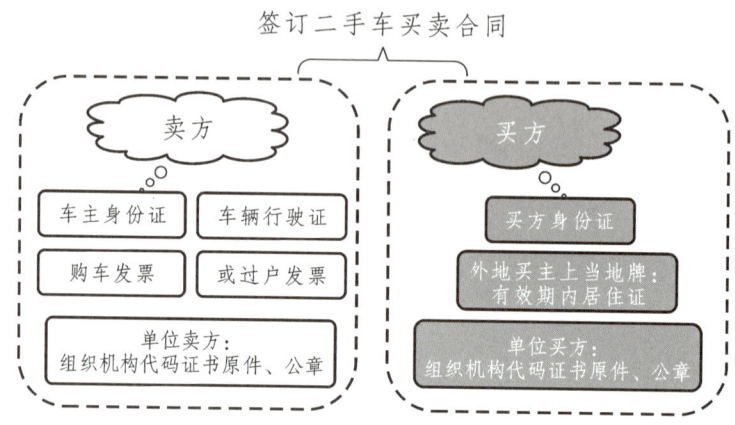

图 8-2-1　二手车过户所需手续

注意事项：提前是二手车应符合过户条件（合法来源、无质押、查封、无违章及未处理事故、无欠费等）。

3. 二手车不过户的可能后果

如果不办理二手车过户手续，可能出现的后果是：

（1）对于买方：会因车辆的所有权非己所有，无法办理最基本的车辆年检、保险，以及车辆租赁、质押、继承、转让等，需原车主协助办理。

（2）对于卖方：仍保留着该车所有权，也同时仍拥有车辆发生债务纠纷（滞纳罚款、车辆事故经济责任的大额或巨额赔偿的义务。

二手车不办理过户后果案例分析：

案例 1：深圳郭先生到二手车市场以 30 000 元的价格出售自己的丰田汽车。与二手车行签订了买卖合同后店家支付 25 000 元给郭先生，并称在车辆过户以后会再将剩余的 5 000 元也支付给郭先生。由于有其他事情要处理，郭先生在 5 天后再次到二手车市场，却发现这家二手车店关门消失了。更不幸的是，郭先生收到交警部门发来的违章通知，而且随后的年审也没有办理。郭先生是钱没收完还要处理一大堆违章的麻烦事。

案例 2：徐某支付了包含车费、挂靠费和保险费在内共 51 500 元，向王某购买了一台二手货车，但没有去办理过户手续。后来等徐某开着货车去车管所办理年审时，被通知货车护栏高度、外观以及车门都被改装过，无法通过年审。徐某向王某申请退车退款，却遭到王某拒绝，只能向法院起诉。

案例 1 中，卖家郭先生被二手车商欺骗，导致车钱两空及违章通知等麻烦。

案例 2 中，买家徐某因没有办理过户没能第一时间发现车辆问题导致吃亏。

通过两个案例分析可看出，买卖二手车交易后不办理过户对于双方来说都会吃亏。

4. 二手车买方不办理过户怎么办

根据《机动车登记规定》，车辆所有权发生转移时，要在 30 天内到车管所办理变更登记手续，如遇二手车买方耍赖不过户，可以向交管部门反映，让交管部门督促买方完成过户。

二、二手车过户的基本流程

1. 二手车卖方需要准备的材料

（1）卖方需要准备的材料。

二手车卖方需要准备以下材料，样例如图 8-2-2 所示。

① 原车主身份证原件及复印件各 1 张/代理人身份证原件及复印件各 1 张；

② 登记证原件及复印件各 1 张（大绿本）；

③ 行驶本原件及复印件各 1 张；

④ 原始购车发票（红联）或上次过户发票（红联）原件及复印件各 1 张；

⑤ 购置税完税证明（2001 年以前小红本 2001 年以后小绿本）；

⑥ 卖方属单位的则需要组织机构代码证书原件及公章。

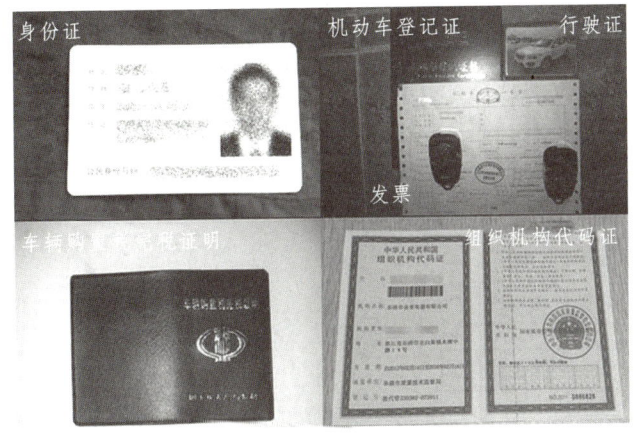

图 8-2-2 二手车过户卖方需要准备的证件资料样例

（2）二手车买方需要的资料。

以北京市为例，二手车买方需要准备以下材料，样例如图 8-2-3 所示：

① 新车主身份证原件 1 张、复印件 3 张/代理人身份证原件及复印件各 1 张；

② 机动车注册、转移、注销登记表/转入申请表（新车主所有）；

③ 北京市个人小客车配置指标原件 1 张，复印件 3 张（中签结果）；

④ 买方属单位的，则需要组织机构代码证书原件及公章；

⑤ 如果是外地户口上当地牌照另需有效期内暂住证。

2. 二手车过户基本流程

二手车过户的基本流程包括二手车过户的验车、验手续、查违法、签订交易合同、交纳过户手续费、开二手车销售发票等环节。二手车过户的基本流程及北京市旧机动车市场车辆过户流程示意图如图 8-2-4 所示：

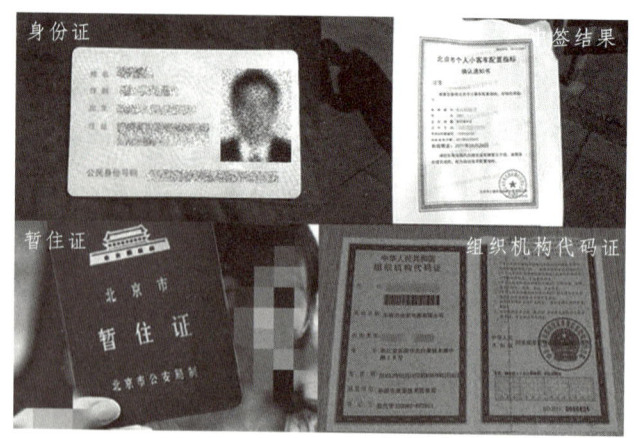

图 8-2-3　二手车过户买方需要准备的证件资料样例

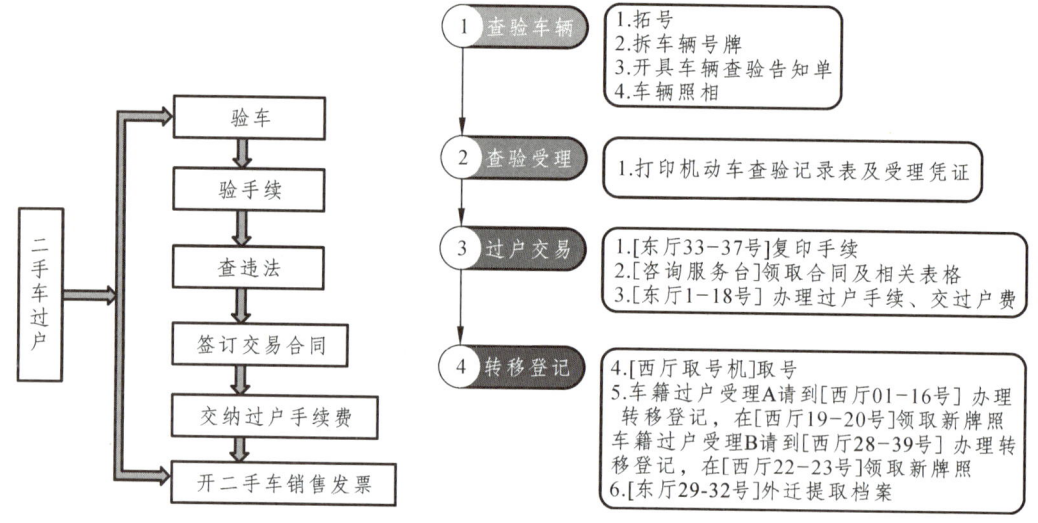

图 8-2-4　二手车过户的基本流程

（1）验车。

验车是买卖双方到二手车交易市场办理过户业务的第一道程序，由市场主办方委派业务人员办理。主要查验以下项目：

① 车辆识别代号：是否有更改、变动、凿改、挖补、打磨痕迹或垫片、擅自打刻等异常情形；

② 发动机型号/号码；

③ 车辆品牌/型号；

④ 车身颜色；

⑤ 核定载人数；

⑥ 车辆类型；

⑦ 号牌/车辆外观形状；

⑧ 轮胎完好情况；

⑨ 安全带、三角警告牌；

验车时要对车辆进行拆牌、拓号、验车、照相，填写车辆检验单，记录车辆查验情况，样例如图 8-2-5 所示。

北京市东方旧机动车交易市场车辆检验单

卖方：______ 电话：______

买方：______ 电话：______

号牌号码 ______ 车辆类型 ______

车辆名称 ______ 使用性质 ______

车辆识别代号 ______ 发动机号 ______

排气量 ______ 年份 ______ 颜色 ______

注册登记日期 ______ 登记证号 ______

原购车价 ______ 交易管理费 ______ 有效期 ______

验车员 ______ 年 月 日

备注：

号牌号码 ______ 登记日期 ______ 年份 ______

厂牌名称 ______ 颜色 ______ 排气量 ______

车辆类型 ______ 使用性质 ______

原购车价 ______ 经 办 人 ______

年 月 日

一：证件基本情况

证件	有	无	证件	有	无	证件	有	无
身份证	✓		车船证	✓		保险	✓	✓
产权证	✓		养路费	✓		合格证		✓
行驶证	✓		车船购置税	✓		车辆发票（过户票）		✓
证件过户/转籍：齐全□ 真实☑ 有效☑ 一致☑								

二：车辆基本情况

品牌型号：帕萨特SVW7183BGI

车 牌 号：沪DK1629

车型种类：轿车

登记日期：2003.6

表显里程（KM）：40191

颜 色：银色

车辆识别代码：LSVCB49F732272458

发 动 机 号 码：ANQ0114910

使用性质：非营运☑ 营运□ 营转非□

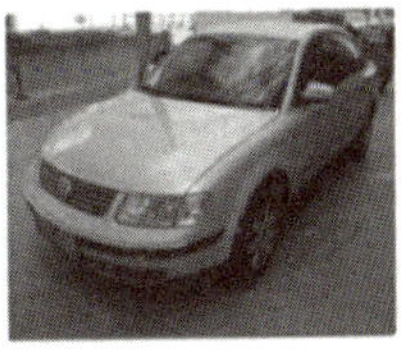

三：车辆配置 有配置☑ 无配置□

发动机	L4☑ L6□ V6□ V8□ V12□ 其他□			排量（L）	1.8
供油方式	电喷（单点□ 多点☑ 直喷□）化油器□ 混合动力□			座椅调节	手动☑ 电动□
变速器	手动□ 自动☑ 手动一体□ CVT□			座椅	针织□ 真皮☑
ABS制动系统	有☑ 无□			天窗	有□ 无☑
安全气囊	单囊□ 双囊☑ 多囊□			后视镜调节	电动☑ 手动□
排放	欧1□ 欧2□ 欧3☑ 欧4□			中控门锁	有☑ 无□
空调	手动☑ 自动□ 没有□	卫星导航（GPS）	有□ 无☑	CD	有□ 无☑
巡航定速（CCS）	有□ 无☑	防盗系统	有☑ 无□	VCD	有□ 无☑
倒车雷达	有□ 无☑	助力转向	有☑ 无□	DVD	有□ 无☑
备注说明					

图 7-7 车辆检验单

图 8-2-5　二手车过户车辆检验单样例

（2）验手续。

就是车辆的手续检查。

① 查验车辆证件。

包括：机动车来历相关凭证（购车发票、进口、调解裁定、仲裁裁决、继承赠与、机关采购调拨、资产重组、盗抢理赔等相关证明）、机动车登记证书、机动车行驶证。

② 查验税费证明。

查验车辆的完税证明。

③ 查验车辆所有人身份证明。

车辆所有人身份证明：车主为自然人的，提供个人身份证；车主为单位的，提供身份证件为企业的法人代码证书；车主为外籍公民的，提供护照及工作（居留）证。

（3）查违法。

查违法就是查询交易的二手车是否有违法行为记录，具体方法是登陆车辆管理部门的信息数据库或查询网站进行查询，如图 8-2-6 所示：

（4）签订交易合同。

如达成购买意向，买卖双方签订二手车交易合同，如图 8-2-7 为上海市二手车交易合同参考样例：

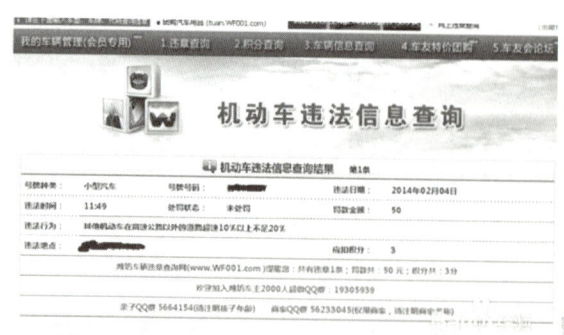
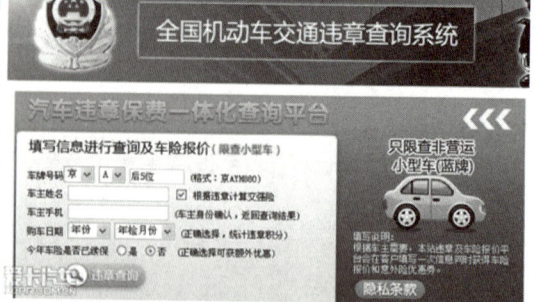

图 8-2-6　二手车违法信息查询

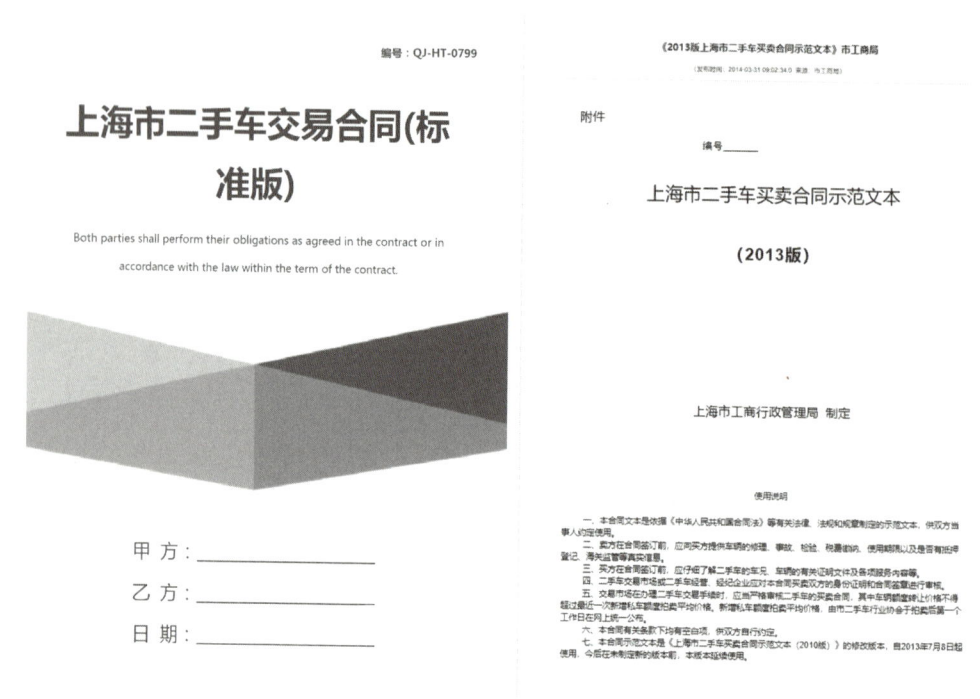

图 8-2-7　二手车交易合同参考样例

（5）交纳手续费。

手续费也称过户费，指在二手车交易市场中办理交易过户业务相关手续服务费用。

二手车过户费主要按排量、年份进行收取，根据轿车、越野车、客车、货车等车辆类型以及不同排量范围、载重量范围等类别的不同，采取不同的收费标准。

（6）开具二手车销售统一发票。

又称"过户发票"是二手车来历证明及办理转移登记手续变更的重要文件。由有开票资格的二手车经销企业或拍卖企业开具，须经驻场工商部门审验合格后，在开具发票上加盖"工商行政管理局旧机动车市场管理专用章"后才能生效，这步骤称为"工商验证"。

（7）卖方应向买方交付的手续。

二手车交易完成后，卖方应当及时向买方交付车辆、号牌及车辆法定证明、凭证。车辆法定证明、凭证主要包括：
　　① 机动车登记证书；
　　② 机动车行驶证；
　　③ 有效的机动车安全技术检验合格标志；
　　④ 车辆购置税完税证明；
　　⑤ 车辆保险单；
　　⑥ 其他税费缴付凭证。
　　（8）保险过户。
　　按规定，车险跟车不跟人，故二手车交易同时，不解除保险。

3. 哪些二手车不能过户

不符合国家有关规定不能过户的二手车有：
（1）申请车主印章与原登记车主印章不相符的；
（2）未经批准擅自改装、改型更变更载质量、乘员人数的 ；
（3）违章、肇事未处理结案的或公安机关对车辆有质疑的；
（4）达到报废年限的；
（5）未参加定期检验或检验不合格的；
（6）新车入户不足三个月的（进口汽车初次登记后不满二年的，但法院判决的除外）；
（7）人民法院通知冻结或抵押期未满的；
（8）属控购车辆无《申报牌照证明章》的；
（9）进口汽车属海关监管期内，未解除监管的。

三、二手车转移登记手续办理程序

二手过户后按图中流程，分同城和异地两种情况，办理二手车转移登记手续，如图 8-2-8 所示。

1. 本市过户的车辆转移登记

以北京为例，本市过户的车辆转移登记，需要的资料如下 9 个方面：
（1）买方身份证明原件及复印件
（2）机动车登记证书原件。
（3）机动车行驶证原件。
（4）北京市小客车指标确认通知书。
（5）车辆正规照片 2 张。
（6）机动车查验记录表。
（7）过户发票二联。
（8）委托代理人、委托书、代理人身份证原件及复印件
（9）车辆现牌照。

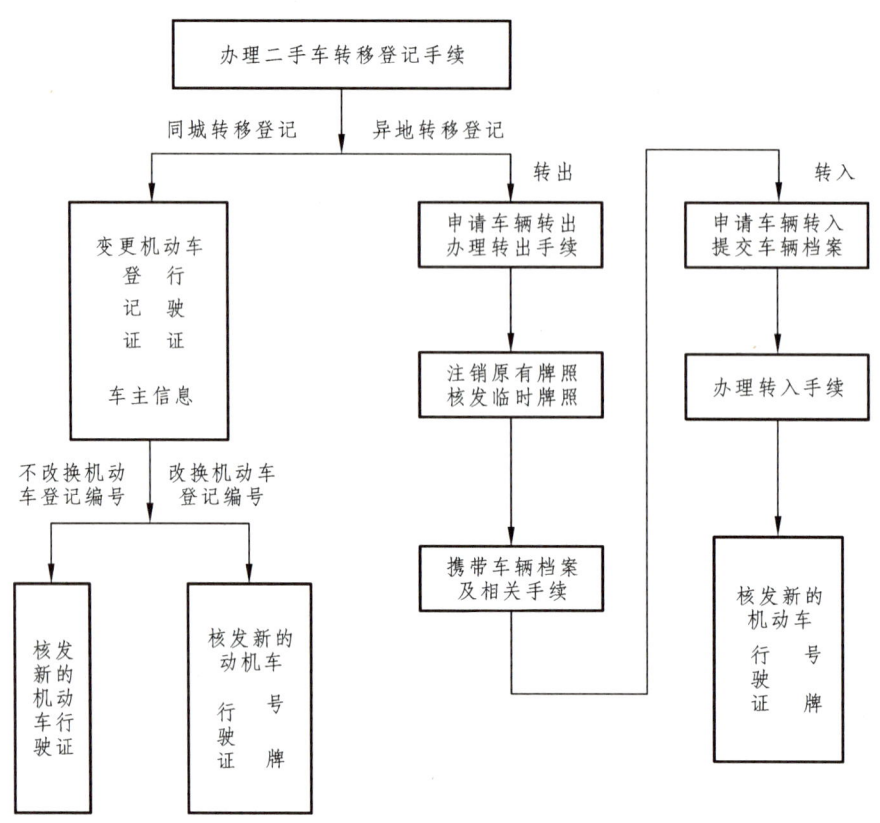

图 8-2-8　办理二手车转移登记手续的程序

2. 外迁过户的车辆转移登记

外迁过户的车辆转移登记，除了第 4 项目北京市小客车指标确认通知书，其他相同：

（1）买方身份证明原件及复印件。

（2）机动车登记证书原件。

（3）机动车行驶证原件。

（4）车辆正规照片。

（5）机动车查验记录表。

（6）过户发票二联。

（7）委托代理人、委托书、代理人身份证原件及复印件。

（8）车辆现牌照。

3. 车辆保险变更

车辆转移登记完成后到相应的保险公司变更车辆保险受益人即可。

小结：二手车过户流程如表 8-2-1 所示

表 8-2-1　过户流程及所需手续（以北京旧机动车交易市场为例）

流程	具体流程		所需手续	
查验车辆	1. 拓号； 2. 拆车辆号牌； 3. 开验车单； 4. 车辆照相		1. 机动车行驶证原件； 2. 机动车登记证书原件	
车辆信息查询	1. 环保标准； 2. 查询违章		1. 机动车行驶证原件； 2. 机动车查验记录表原件	
办理过户	1. 打印手续； 2. 填写合同、填表； 3. 办理过户手续； 4. 交纳交易服务费		1. 机动车行驶证原件及复印件； 2. 机动车登记证书原件及复印外； 3. 机动车查验记录表原件复印件； 4. 原始购车发票/过户发票原件复印件； 5. 北京市小客车指标确认通知书 2 份； 6. 买卖双方证件（身份证、买方暂住证、军官证、组织机构代码证）原件及复印件； 7. 北京市旧机动车买卖合同； 8. 委托代理人、委托书、代理人身份证原件及复印件	
转移登记	本市	外迁	本市	外迁
	1. 领取照片； 2. 转移登记； 3. 领回执单； 4. 选年牌号； 5. 办理邮寄； 6. 缴费领证	1. 领版照片； 2. 外迁受理； 3. 收取牌照； 4. 缴费打证； 5. 提取档案	1. 买方身份证明原件及复印件； 2. 机动车登记证书原件； 3. 机动年行驶证原件； 4. 北京市小客车指标确认通知书； 5. 车辆正规照片 2 张； 6. 机动车查验记录表	1. 买方身份证明原件及复印件； 2. 机动车登记证书原件； 3. 机动车行驶证原作； 4. 车辆正规照片； 5. 机动车查验记录表； 6. 过户发票二联； 7. 委托代理人、委托人、代理人身认证原件及复印件； 8. 车辆现牌照

素养与思政

本任务要求分组训练，各小组在实训过程中必须协作、相互合作学习；遵守二手车交易相关法律法规，讲诚信；注重培养精心、细心的专业素质，操作过程中注意安全，要求全程实现 7S 管理。

任务训练

一、基础知识巩固

1. 二手车办理过户可以从法律上完成车辆_____的转移，保障车辆来源的_____；并明确买卖双方与车辆相关的_____划分：_____纠纷、_____违法等，确保了买卖双方的合法权益；可避免买到_____车和_____车等非法车辆。

2. 二手车应符合的过户条件包括_____、无_____、_____、无_____及_____等。

3. 二手车过户时，卖方需提供_____、_____、_____发票；单位卖方的，要提供_____原件、_____。买方提供：身份证、外地买主上当地牌要_____、单位买方的提供_____、_____。

4. 根据《机动车登记规定》，车辆所有权发生转移时，要在_____天内到_____办理变更登记手续。

二、问答题

1. 哪些二手车不能过户？

2. 说明二手车转移登记的办理程序？

三、实践训练

模拟引导客户办理二手车过户

专业			班级		
姓名		学号		组号	
一、工作任务描述					
二手车交易像买房子一样属于产权交易范畴，涉及相关必要的过户手续及证明文件。二手车交易后必须办理提档过户手续，以完成合法的交易。 请完成引导客户办理二手车过户的工作任务。					

续表

二、任务信息收集

1. 二手车交易市场中办理交易过户业务相关手续服务费用,按( )进行收取,根据车辆类型、载重范围等有不同的收费标准。
   A. 车辆的品牌　　B. 车辆的新旧程度　　C. 车辆的排量和年份　　D. 车辆载重
2. 验车是买卖双方到二手车交易市场办理过户业务的第一道程序,由( )委派业务人员办理。
   A. 卖方　　B. 市场主办方　　C. 买方　　D. 运管部门
3. 验车时要对车辆进行( )。
   A. 拆牌　　B. 拓号　　C. 验车　　D. 照相
4. 二手车交易完成后卖方应向买方交付的手续有哪些?

三、请按要求模拟引导客户办理二手车过户相关手续,并记录办理过程过程信息

序号	二手车过户基本流程	任务信息	任务完成情况
1	核查卖方准备手续证件	填写卖方应准备好的材料:	材料核查情况:
2	核查买方准备手续证件	填写买方应准备好的材料:	材料核查情况:
3	查验二手车	填写主要查验的项目:	查验的情况记录:
4	二手车手续证件检查	二手车应过户具备的手续证件:	核查情况:
5	查违法	查询方法途径:	查询情况:
6	签订交易合同	合同主要有哪些内容:	完成情况:

续表

7	交纳手续费	过户手续费如何收取？	完成情况：
8	开具二手车销售统一发票	开据二手车过户发票有什么要？过户发票应如何验证生效？	完成情况：
9	保险过户	关于二手车保险手续是如何规定的？	完成情况：

四、任务完成质量检查

序号	检查项目	检查结果	
		合格	不合格
1	与客户的交流沟通、语言表达		
2	对二手车过户的流程掌握		
3	证件的核查是否完整正确		
4	验车内容是否正确全面		
5	保险手续办理		
6	工作态度、服务意识		

实践训练完成情况评价表

项目	赋分	自评得分	互评得分	教师评分
正确理解任务及流程	15			
语言表达及与客户沟通	20			
对任务程序的掌握程度	25			
相关材料核查的正确程度	30			
是否向客户作必要的说明	10			
完成任务小结				
综合得分（自评得分10%，互评得分30%，教师评分60%）：				

参考文献

[1] 赵培全，周稼铭. 二手车鉴定·评估·交易全程通[M]. 北京：化学工业出版社，2016.
[2] 张艳芳. 二手车鉴定评估与交易[M]. 北京：清华大学出版社，2015.
[3] 徐杰，孙永利. 二手车鉴定评估[M]. 2版. 重庆：重庆大学出版社，2015.
[4] 马海英. 二手车鉴定与评估[M]. 北京：北京理工大学出版社，2019.
[5] 吴兴敏，吴志强. 二手车鉴定与评估[M]. 北京：人民邮电出版社，2014.
[6] 毛矛. 二手车鉴定与评估[M]. 2版. 北京：国防工业工业出版社，2016.
[7] 朱晓红. 二手车鉴定与评估[M]. 北京：机械工业出版社，2018.
[8] 王国强，王一斐. 二手车鉴定评估与交易[M]. 长沙：中南大学出版社，2016.
[9] 陆炳仁，李明杰，张德虎. 二手车鉴定与评估[M]. 南京：东南大学出版社，2017.
[10] 明光星，杨洪庆. 二手车鉴定与评估[M]. 2版. 北京：中国人民大学出版社，2021.
[11] 李玉柱. 二手车鉴定与评估[M]. 北京：北京大学出版社，2012.
[12] 班孝东. 二手车鉴定与评估[M]. 北京：高等教育出版社，2021.
[13] 辛长平，邱贺平. 二手车鉴定评估基础与实务[M]. 北京：电子工业出版社，2014.
[14] 李敏. 二手车鉴定与评估[M]. 南京：南京大学出版社，2019.
[15] 孙剑菁. 二手车鉴定与评估[M]. 北京：清华大学出版社，2015.
[16] 肖东玲. 二手车鉴定与评估[M]. 北京：机械工业出版社，2014.